# 数字化管理师能力评价与培养

陈其伟　孙　杰　王仰富　常国珍　李　圆　编著

U0360266

清华大学出版社

北　京

## 内 容 简 介

本书系统地解读了数字化管理师的 13 项核心能力，涵盖数字化战略规划、数据管理与应用、数字化项目管理、产品与服务管理、数字化变革与创新、效益与价值管理等关键领域，并采用一致的"从背景开始，以终为始"的任务设计合约逻辑模型，方法、工具和技术与实际工作紧密结合，为数字化管理人才培养提供系统的指南和路径。

本书为"数字化管理师培训及等级认证考试"指定教材，适用于各行业管理数字化相关工作的人员，包括战略、研发、营销、交付、服务、人力资源、IT、财务等领域的数字化管理从业者，以及有志于从事数字化管理工作的潜在人才。

**图书在版编目（CIP）数据**

数字化管理师能力评价与培养 / 陈其伟等编著.

北京：清华大学出版社, 2024. 9. -- ISBN 978-7-302

-66925-8

Ⅰ. F272.7

中国国家版本馆 CIP 数据核字第 2024NJ0167 号

责任编辑：王　军
封面设计：周周设计局
版式设计：芃博文化
责任校对：孔祥亮
责任印制：刘海龙

出版发行：清华大学出版社
　　　　　网　　　址：https://www.tup.com.cn，https://www.wqxuetang.com
　　　　　地　　　址：北京清华大学学研大厦 A 座　　　　邮　　编：100084
　　　　　社 总 机：010-83470000　　　　　　　　　　邮　　购：010-62786544
　　　　　投稿与读者服务：010-62776969，c-service@tup.tsinghua.edu.cn
　　　　　质 量 反 馈：010-62772015，zhiliang@tup.tsinghua.edu.cn
印 装 者：大厂回族自治县彩虹印刷有限公司
经　　销：全国新华书店
开　　本：170mm×240mm　　　印　　张：18.25　　　字　　数：368 千字
版　　次：2024 年 9 月第 1 版　　　印　　次：2024 年 9 月第 1 次印刷
定　　价：98.00 元

产品编号：105803-01

## 本书编委会

主　任：陈其伟

副主任：孙　杰　　王仰富　　常国珍　　李　圆

委　员：史　凯　　杨通鹏　　王　磊　　從　申　　夏　东

　　　　黄德毅　　王晨志　　刘静晶　　杨鸿飞

## 推 荐 序

时代在发展，分工在深化，一个新的职业"企业数字化管理师"正在成长。新的职业需要新的人才、新的知识体系，《数字化管理师能力评价与培养》一书正是在这样的环境中应运而生的。

在新一代信息技术快速发展、广泛应用的推动下，人类社会正在走向数字经济时代。在这样的历史性变革中，有战略眼光的企业家应该为适应这个浪潮和成为走向未来的赢家着手布局。有效推动数字化转型和培养或吸聚数字化人才成为其中两个重要的环节。没有一个企业不希望拥有能带领企业数字化转型健康前行的领军者，没有一个企业不希望自己的员工拥有良好的数字素养。本书以企业数字化管理师的视野正面回答了这个问题，并从3个层面展开介绍了企业数字化管理师的能力和职责要求。

首先是战略、规划和架构层面。本书强调了企业数字化战略规划的关键要素要与本企业业务战略保持一致，以此为基础，合理规划和利用资源，推动数字化转型的有效执行和持续增值；强调了数字化管理师应策划组织的变革、推动制度创新，引领组织保持领先地位；明确了应该在数字化转型的过程中做好企业的组织设计与管理，让组织更敏捷，在这样的基础上，做好企业的架构设计与管理，构建数字化总体架构蓝图，确定流程管理及优化，提高组织运营效率及管理水平；在这样的过程中，数字化管理师应组织提升企业员工的数字化适应力、胜任力和创造力。

其次是数字化转型的实施层面。本书强调了企业数字化转型的项目要从发现值得解决的问题出发，在设计和开发时要重视用户体验；要做好数字化项目管理，实现既定的价值和质量目标；在整个数字化转型的过程中要特别重视知识和数据的管理与应用，服务企业的决策和运营优化。

第三是数字化转型的管理层面。本书突出了效益与价值管理，从整体看是为企业实现既定的发展目标作出贡献，从具体项目看是为企业的市场、财务提供确定的商业价值；数字化管理师应通过数字化转型提升企业数字化变革的风险管理能力，要保障数字化转型的具体项目及整体发展的安全和可持续性。

　　本书中有很多精辟的分析值得反复学习。例如，关于需求分析的目标、方法、原则，强调要用一系列的方法步骤，满足企业的业务需求和实现业务目标，确保需求分析和管理的结果能够为企业带来实际的商业价值。再如关于数字化成效，指出企业应该选择如现金流和规模的增长、客户满意度的提升以及质量、成本/效率的优化等指标成效。

　　数字化转型尚处于发展早期，未来必将有更多的创新实践来丰富这个领域的理论和知识体系。数字化管理师应不断总结正反两方面的经验，努力更新知识、提升能力，以期在历史大变革中，勇立潮头、谱写人生的壮丽篇章。我希望也相信本书的作者们能与时俱进，适应时代的需求，将不断丰富的实践总结为可复制的经验、上升到理论，使本书成为推动数字化转型健康发展的力作。

　　是以为序。


　　　　　　　　　　　　　　　　　　　　　　　　　　杨学山
　　　　　　　　　　　　　　　　　　　　　　　工业和信息化部原副部长

本书针对国家数字经济发展战略和规划，系统解析了数字化管理师的核心能力，可帮助读者提升数字素养，驱动业务创新，为组织的数字化转型和战略目标实现提供强有力支持，为企事业单位培养和管理数字化人才提供全面指南。无论是数字管理从业者还是潜在人才，本书都是掌握数字化管理精髓、助力企业高质量发展的必读之作！

——单志广，国家信息中心信息化和产业发展部主任、智慧城市发展研究中心主任

在我国发展数字经济的过程中，人才是关键要素。数字化意识和数字化能力已成为现代人才胜任体系和综合素质中必不可少的要素。《数字化管理师能力评价与培养》一书在这方面作出了积极探索和系统梳理，相信会对管理者有参考价值。

——董小英，北京大学光华管理学院管理科学与信息系荣休教授

本书研究了优秀的企业数字化管理人才所具备的能力，参考了欧盟、新加坡等国家的能力标准，并融合了理论、知识和技能，可帮助读者对数字化变革有新的认知，掌握新的实践能力，进而驱动企业数字化、创造新价值。数字化正与时俱进，AIGC 等科技不断更新，智能体被热烈探讨，未来必将有更多的创新实践。每位参与数字化的管理人才可利用这本书更新知识基础，不断总结自己的实践经验，进而提升能力，成为引领企业数字化的管理人才。

——钱大群，IBM 大中华区前董事长兼首席执行总裁

数字化转型是企事业单位当前和未来相当长一段时间内的战略性任务，而缺乏既懂数字技术又懂业务管理的"数字人才"则是一种普遍存在的挑战。要想尽快培育出更多的数字人才，不能单纯依靠传统人力资源管理的工作和方法。《数字化管

理师能力评价与培养》的出现为此类管理和培训提供了高价值的参考和选择。本书并非泛泛说教，而是提供了扎实的理论体系和深厚的实战性指导，因为它完全出自一群经验丰富又善于实操的信息化工作者。如果能有效利用本书，那么对于组织来说有利于借助数字化转型的进程塑造一个新群体、培育一种新能力，对于员工来说则有利于引导其提升一种新素养、开创一类新职业。

——李红，中国信息协会副会长兼秘书长

数字化在中国已上升为国家战略，到 2035 年，数字中国建设将有望取得显著成就。届时，将不再单纯讨论"数字化转型"的概念，因为中国整体将步入一个成熟的数字时代。数字中国的推进为国家发展、民族振兴、社会进步、产业升级以及个人建业提供了一个极为宝贵的"契机"。《数字化管理师能力评价与培养》一书为数字化人才培育提供了清晰和实践性极强的指南和路径，其价值和影响力甚为瞩目，值得一荐。

——张兴国，中国饭店协会酒店数字化专业委员会理事长、
中国酒店科技联盟(CHTA)首席执行官

数字化管理师不仅是技术的运用者，更是企业战略的执行者。他们通过运用数字化思维解读商业运作，洞察客户需求，驱动业务创新，为企业的数字化转型提供了有力的支持。《数字化管理师能力评价与培养》是一部全面、系统的数字化管理师培训教材和指南。它不仅为数字化管理师的个人成长提供了有力支持，也为企业的数字化转型提供了宝贵参考。我相信，随着数字化进程的不断加快，这本书将会成为越来越多数字化管理师和企业的必备读物。

——赖能和，中国石油集团东方地球物理公司数据中心原总工程师、教授级高级工程师

如果您也关注如何通过数字化转型实现新质生产力部署，以及如何在数字化领域构筑培育中高级人才链，那么我推荐您阅读《数字化管理师能力评价与培养》。本书以深刻独到的时代洞察和逻辑缜密的叙述架构账，数字化管理思想火花在书中不断闪现与碰撞。全书可读性很强，将帮助您重新审视面向产业创新发展的数字人才培养模式，着力打造高素质数字化素养人才模式，蓄力发展新质生产力。

——董坤磊，华润数科控股有限公司董事长

"业务数字化，数字业务化"，数字化已成为所有企事业单位的必修课。企事业单位不仅要借力数字技术实现可持续发展，还要通过数字化创新实现高质量发展，这是摆在大家面前要解决的很现实的问题。《数字化管理师能力评价与培养》这本书提供了从理论到实践，从顶层设计到落地操作执行的详尽路径，是一本值得研读的实用指南！

——周韩林，中国黄金集团黄金珠宝股份有限公司科技信息部总经理

在党和国家大力倡导培育新质生产力，赋能中国式现代化建设的大背景下，数字化从业者又一次站在了时代发展的风口上。数字化转型不仅是技术革新，更是管理思维的革新。《数字化管理师能力评价与培养》一书以其前瞻性视角和实操性指导，为数字化管理人才的成长提供了宝贵的知识资源和行动指南。它不仅揭示了数字化转型的本质，更引领我们以创新思维应对未来挑战，是每位数字化从业者必读的宝典。

——骆学农，中国中纺集团信息化中心总经理

在数字经济时代，赋能高质量发展、推动数字化转型、发展新质生产力都需要一批数字化管理人才。《数字化管理师能力评价与培养》这本书适逢其时，它系统总结了各级数字化管理师须具备的能力模型和知识体系，为立志成为数字化管理方面人才的读者提供了发展方向和路径。

——杨军红，中电建路桥集团信息化管理部主任

当前，中国数字经济的发展已从信息化走向产业转型和社会治理有机融合的数字化，同时企业面临产品同质化、市场竞争压力、国际化发展等方面的挑战和机遇，数字化可以重塑商业模式、流程体系、组织变革及价值链体系的敏捷性，助推企业提升运营能力、降本增效、快速应对市场变化、加快海外布局；数字化转型对于企业来说是顺应时代和行业发展的战略布局，IT 人员的结构要从传统的 IT 平台转向新时代快速迭代的数字化新平台建设，需要培养新型数字化人才作支撑。《数字化管理师能力评价与培养》一书所传授的知识不仅具有理论性，更具备实操性，可让企业更好应对数字化转型过程中的挑战。

——杨国涛，北汽福田汽车股份有限公司副总裁

数字化转型是利用新一代信息技术进行业务变革和发挥数据要素作用的转型行动，不仅要发挥数字化技术的牵引作用，还要推动业务变革与业务优化。这就要求上到高层下到普通员工都要具备数字化管理的理论、知识和技能，提升数字化素养。《数字化管理师能力评价与培养》一书的出版恰逢其时，是企事业单位培养既懂技术更懂业务的数字化管理人才的很好教材，也是推动数字化赋能企业高质量发展的行动指南。

——黄文强，南方航空副总信息师

数字化人才是企业转型、创新的关键要素。数字中国赋能千行百业，需要千千万万专业人才助力；本书对数字化管理师的能力评价与培养兼具方法论与实战性，对数字化推动者来说可起到启思导行作用。

——杨健伟，深圳市蓝凌软件股份有限公司董事长

面对数字化浪潮的到来，未来每一家组织都是数字化组织，如何利用数字化为组织实现降本增效和敏捷发展，是摆在管理者和 IT 从业者面前的重要课题。《数字化管理师能力评价与培养》是一本理论与实践相结合的知识读物，该书结构清晰，深入浅出地阐明了一家组织在面对数字化转型过程中需要面对的管理与技术难题。我相信每一位有志于从事数字化管理的读者都能从中受益，实现自身数字化管理能力提升，助力组织数字化转型升级。

——王晨志，泛微网络科技股份有限公司副总裁

由数字技术带动的数字经济时代已经到来，这不只是一次生产力的革命，更是一次认知革命。我们需要以新的视角、新的思维去解构以往熟悉的一切。当下数据要素作为一种新的生产要素，随着新质生产力的提出，必然催生新的生产关系和生产模式，而数字化管理师就是其中的关键角色，将成为企业数字化转型的协调者、组织者、推动者、守护者。本书成体系地为数字化人才培养指明了方向和路径，应当成为每一位数字化转型管理者案头的必备书籍之一。

——夏东，易华录数据资产化事业部副总经理、易华录数字技术人才研究院院长

在产业数字化、数字产业化的第四产业时代，传统的 CIO、CTO 已不能满足产业数字化转型要求。"管理模式牵引、业务需求驱动、IT 技术实现"的三结合是对数字化管理师的综合水平能力要求。《数字化管理师能力评价与培养》一书基于业务管理视角，采用"从背景开始、以终为始"的任务设计合约逻辑模型，对实现"信息化与精细化管理融合、互联网与物联网整合去中心化、信息互通共享"的工业 4.0 产业模式具有赋能作用，对推动医疗卫生产业"以健康为中心"的数字化转型具有借鉴和指导作用。

——王景明，中国卫生集团有限公司董事、河北华奥医院院长

本书基于中国软件行业协会团体标准，凝聚了众多专家智慧，融合了理论与实践，内容丰富。相信它的面世，将有力促进数字化管理人才的培养，为推动包括卫生健康在内各个行业的高质量发展和数字中国建设提供人力支撑和保障。

——沈韬，北京卫生信息技术协会会长

《数字化管理师能力评价与培养》一书是数字化转型时代的航海图，各位专家精于笔端，洞悉了数字化浪潮下职场人所面临的挑战与机遇。本书以系统的视角剖析了数字化管理师的核心素养，兼具深度与广度，以隽永的智慧启迪读者认清数字世界的本质。对于有志于在数字化浪潮中乘风破浪的职场人而言，这本书提供的不仅是知识与技能，更是迈向卓越的不竭动力。

——孙甄，海南省信息协会副会长、海南省信息产业投资集团有限公司 CIO

迅猛发展的新一代数字技术衍生出了新产业和新业态，也引发了社会职业结构较大规模的变迁。为更好地推动数字化管理师这一新职业的社会适应力，需要阐明新职业在国家层面、社会层面、行业领域、个人发展等方面的多维价值，构建能力评价标准并提出培养策略。

——李卫兵，中国长江电力股份有限公司副总信息师

"谁人不识 CIO"，在当今数字化时代，信息技术对企业的发展至关重要，CIO 也成为企业中不可或缺的角色。从 IT 工程师到 IT 主管到 CIO 再到 CEO 不乏成功的案例，这样的路径都是通过不断的学习和知识迭代实现的。虽然类似 AI 机器程序员 Devin 的诞生让很多 CIO 有些焦虑，核心逻辑还是驾驭 AI 的人最重要。《数

字化管理师能力评价与培养》一书的出版将为企业数字化转型、数字化人才培养提供有力支持，也为实现人工智能突破性应用提供有效学习路径。

——宋世武，中粮福临门食品营销有限公司 CIO

人是生产力中最活跃的因素，也是最具有决定性的力量。当前，全球新一轮科技革命与产业变革向纵深推进，要做强做优做大我国数字经济，加快发展新质生产力，关键在于培养包括数字化管理师等在内的大量新质数字人才。《数字化管理师能力评价与培养》一书的出版将为数字化管理人才培养提供重要支撑。

——王磊，中国宏观经济研究院研究员

中国有句古话"没有行市有比市"，意思是没有通用标准时，就和行业标杆对比。对于寻求数字化转型突破的企业而言，《数字化管理师能力评价与培养》一书无疑是"比市"。书中深入解读了数字化管理师所需的 13 项核心能力，并提供了实际工作中的方法、工具和技术，让读者能够直接应用于实践。借助这本书，企业可以培养出符合自身发展需求的数字化管理人才，能够把转型方案落地，为企业的高质量发展提供有力支持。

——吕本富，中国科学院大学网络经济和知识管理研究中心主任、
国家创新与发展战略研究会副会长

在生产力三要素中，劳动者是最具有能动作用的因素，始终处于主导地位。新质生产力本质上就是"以劳动者、劳动资料、劳动对象及其优化组合的跃升为基本内涵"的先进生产力。目前，数字技术已赋予劳动资料数字化属性，数据正成为劳动对象之一，与之相匹配的劳动者必须跃升为掌握数字化知识、技能与管理方法的创新型劳动者。从这个意义上讲，本书是新质生产力数字化人才培养的开山之作，值得各行各业借鉴。

——毛江华，中关村天使投资联盟执行秘书长

# 前　言

　　"数字经济"自2017年政府工作报告首次提及至今,已多次被写入政府工作报告。2022年1月,国务院发布《"十四五"数字经济发展规划》,提出到2025年我国数字经济核心产业增加值占GDP比重达到10%、数据要素市场体系初步建立、数字经济治理体系更加完善等目标。发展数字经济成为构建现代化经济体系的重要引擎、构筑竞争新优势的重要抓手。培育数字化人才是加快发展数字经济的重要一环,在《"十四五"国家信息化规划》《提升全民数字素养与技能行动纲要》等系列政策文件中均有提及。通过制定数字化人才标准,形成系统的培养体系,大力提升劳动者数字素养与技能,加速数字化转型进程,是"数字中国"建设的内在要求。

　　数字化管理人员是企事业单位数字人才的重要组成部分,包括管理数字化相关工作的人员,用数字化工具、系统、方法从事战略、研发、营销、交付、服务、人力资源、IT、财务等各类经营管理活动的人员,从事数字化系统、工具的管理、开发与应用的技术管理人员。数字化管理师是数字化管理人员中的优秀代表,能够将数字化能力与其他各类工作能力融会贯通,在企事业单位各岗位上为所在组织、所处行业进行数字化赋能,推动数字化转型,引领发展,创造价值。

　　2022年12月,中国软件行业协会颁布《企事业单位数字化管理师能力评价标准》团体标准(以下简称《标准》,全文见附录)。该标准由中国软件行业协会提出并归口,由中国软件行业协会信息主管(CIO)分会、中国南方航空集团有限公司、北京捷恩旭技术咨询有限公司等14家业界企事业单位参与编制。标准中对数字化管理工作需要的主要数字化能力进行了描述,明确了各等级数字化管理师的职级定位与概述、主要工作、所需能力及其水平要求。

　　依据该标准,中国软件行业协会联合业界企事业单位及专家共同编著《数字化管理师能力评价与培养》(以下简称本书),旨在推动数字化管理人才的评价与培养,满足行业人才迫切需求,促进数字化管理师能力整体提升,为"数字中国"战略落地提供人才保障。

　　在构建数字化管理师各能力项的知识体系时,本书基于业务管理视角,采用一致的"从背景开始,以终为始"的任务设计合约逻辑模型,包含7个环环相扣的关键步骤：背景、目标、效果检验、输出结果、过程、输入资源和外部因素。这种设计不仅为数字化管理师能力的评价与培训提供了系统性和全面性的指导，还注重在结构、叙述方式和逻辑上实现一致性，统一使用专业用语。同时，所介绍的方法、工具和技术与实际工作紧密结合，可直接应用于数字化管理师的实践。这种紧密结合确保了本书所传授的知识不仅具有理论性，更具备实操性。这样的设计有助于提升数字化管理师的实际工作能力，使其更好地应对职业领域中的挑战。

为了帮助读者全面快速地提升数字化管理能力，除了正文讲述，书中还提供了丰富的视频、习题与解答。

**能力自测与解析**：通过每部分开头的自测题和解析，读者可以在开始学习之前评估自己的基础知识和技能水平，有助于了解自己的强项和需要加强的地方，明确学习目标。

**导读视频**：通过每章开头的导读视频(二维码扫描播放)，作者非常直观地解释重要概念，帮助读者理解章节内容，激发学习兴趣，并且为深入学习打下基础。

**测试题与答案**：章节末尾的测试题可以让读者对所学内容进行复习和实践，通过解决问题来巩固知识。

不同级别的数字化管理师和所在的不同岗位需要综合运用不同的数字化能力组合。数字化管理师应根据自身岗位职责和主要工作，在具备数字素养与技能这一通识核心能力素质的基础上，选择重点深入学习某部分能力，并结合自身负责的业务特征和专业能力需求，形成适应未来数字化管理的独特能力。

本书共 15 章：第 1、2 章由陈其伟编写；第 3、4 章由常国珍编写；第 5 章由王磊、王仲富共同编写；第 6 章由北京易华录信息技术股份有限公司、常国珍共同编写；第 7 章由蓝凌软件股份有限公司、孙杰共同编写；第 8 章由陈其伟、従申共同编写；第 9 章由泛微网络科技股份有限公司、孙杰共同编写；第 10 章由刘静晶、杨鸿飞共同编写，杨通鹏参与内容贡献；第 11 章由王仲富编写；第 12 章由孙杰编写；第 13 章由史凯编写，王仲富参与内容贡献；第 14 章由陈其伟、従申共同编写；第 15 章由杨通鹏编写，陈其伟参与内容贡献。

另外，陈其伟负责全书审校工作，孙杰、王仲富、常国珍参与了辅助审校和编辑工作，李圆、张齐齐、苏巧玲、付媛媛、李伶参与编辑以及组织管理等工作。

由于编者水平所限，书中难免有欠妥之处，恳请读者不吝赐教并提出宝贵意见，相信读者的反馈将会为未来本书再次修订提供良好的帮助。

编　者

# 作者简介

**陈其伟,** 数字产业创新研究中心副主席、独立 CIO、高级工程师,国家级专业技术人员继续教育基地专家,IDC 中国数字化转型大奖和世界智能大会优秀案例大奖的专家评委;拥有三十多年的从业经验,先后在惠普青岛、博士伦等多家知名企业任 CIO;曾荣获 2018 IDC 中国数字化转型杰出贡献奖,在企业数字化转型与创新领域研究颇深且实战经验丰富。

**孙杰,** 中科天机 CTO,中国计算机学会 CCF 专家,元宇宙产业委常务委员,业内云计算专家、数字化转型专家,阿里云 MVP,腾讯云最具价值专家;拥有二十多年的 IT 从业经验,先后在大型央国企、互联网公司工作,在工作之余还亲自翻译和编写《云原生基础架构》《企业私有云建设指南》《油气行业数字化转型》等多本著作,其在云计算、元宇宙和行业数字化转型上有深入研究和实践经验,并在多个行业会议上作为重磅嘉宾精彩分享广受好评。

**王仰富,** 太原晋阳数字经济产业研究院院长,曾任某国际机构首席咨询专家,中国区 IT 咨询总监。拥有二十多年信息化规划、IT 治理规划工作经验,主导或参与编著《中国企业 IT 治理之道》《集团企业 IT 架构治理》《CIO 新思维:职业能力提升之道》《CIO 新思维Ⅲ:变革时代的企业 IT 战略与实务》等著作。

**常国珍,** 北京大学会计学博士,CDA 数据科学研究院院长,中国大数据产业生态联盟专家委员会委员,腾讯云最具价值专家(TVP),多所高校校外导师;曾任 Thoughtworks 中华区数据科学家、毕马威咨询大数据总监;主要从事金融、电信和汽车等行业的数字化运营工作,擅长将流程优化、数据科学、人工智能、数据管理等技术进行有机的整合,帮助企业建立数字化用户运营体系,培养企业数字化文化,设计数据分析人员成长路径;著有《Python 数据科学:技术详解与商业实践》等多本著作。

**李圆**，中国软件行业协会 CIO 分会秘书长，数字产业创新研究中心秘书长，中关村天使投资联盟副秘书长，锦囊专家创始人，天津大学 EMBA；20 年来参与一千余家企业信息化、数字化研究，著有《数字化黄金圈：企业数字化蓝图与行动指南》一书，组织撰写和发布 2018—2021 年《中国数字企业白皮书》《中国首席数据官白皮书》《中国汽车行业数字化转型白皮书》等多份研究报告。

# 目　　录

# 第1部分

# 数字化管理人才培养综述

2024年4月2日，人力资源和社会保障部、中共中央组织部、中央网信办、国家发展改革委、教育部、科技部、工业和信息化部、财政部、国家数据局等九部门印发《加快数字人才培育支撑数字经济发展行动方案（2024—2026年）》，要求紧贴数字产业化和产业数字化发展需要，用3年左右时间，扎实开展数字人才育、引、留、用等专项行动，提升数字人才自主创新能力，激发数字人才创新创业活力，增加数字人才有效供给，形成数字人才集聚效应，着力打造一支规模壮大、素质优良、结构优化、分布合理的高水平数字人才队伍，更好支撑数字经济高质量发展。

**数字化管理师：引领数字化转型，助力高质量发展**

数字化管理人才涵盖了管理数字化相关工作的人员，应用数据、数字化工具和系统从事各类经营管理及业务活动的从业者，以及从事数字化系统、工具的管理、开发和应用的技术管理人员。

数字化管理师是经过专业资格认证的专业管理人员，拥有数字化思维，能够利用数据资源和数字技术进行数字化管理与创新，推进组织数字化转型。

数字化管理师共设4个等级，分别为初级、中级、高级和正高级。每个等级的数字化管理师需要具备若干项数字化管理关键能力，以引领数字化转型，助力高质量发展。

**数字素养与技能：提升全员数字化适应力、胜任力和创造力**

数字素养与技能是在数字化环境中，有效且负责任地应用数字技术获取、评估、管理和创造数字信息的能力和素质。

数字素养已成为高级管理和各专业领域人员的核心能力素质模型的一部分，数字化管理师需要在现有专业能力素质模型基础上增补新的数字化管理能力，成为跨领域复合型人才。

提升全民数字素养与技能是适应数字化时代的战略任务，有助于提高组织的竞争和可持续发展能力，从而提升企事业单位全员数字化适应力、胜任力和创造力。

　　企事业单位数字素养与技能框架旨在创造一致的愿景，提高组织内特定目标群体的素质素养与技能，并确保在各项任务中一致应用。最终，该框架可根据需要进行调整，以满足特定需求，例如课程开发、能力提升等。

　　在开始本部分的学习之前，请先自我判断对于数字化管理师的了解程度。

**1. 数字经济对国家经济的发展起到了哪些重要作用？**

　　A. 促进经济增长、提升竞争力和推动产业升级

　　B. 增加信息不对称，导致市场垄断和消费者权益受损

　　C. 加速劳动力结构转型，提高就业质量和增加就业机会

　　D. 推动互联网产业，但可能减缓传统产业发展，导致经济不稳定和贫富差距扩大

**2. 数字化管理师在企业数字化转型中的作用主要体现在哪个方面？**

　　A. 提高组织效率和降低成本

　　B. 持续创新，以引领市场趋势

　　C. 确保数字安全和数据隐私

　　D. 优化传统业务模式，以适应数字化环境的变化

**3. 数字化转型的成功与否取决于哪项关键因素？**

　　A. 技术投入的多少

　　B. 领导层的数字化素养和承诺

　　C. 员工的抗拒程度

　　D. 外部竞争环境的压力

可扫描二维码查看答案解析。

# 第 1 章

# 数字化管理师：引领数字化转型，助力高质量发展

## 1.1 概述

### 1.1.1 数字化管理师的背景和培养目标

"数字经济"已成为国家战略，旨在拉动经济增长和产业升级。政府也明确提出数字化发展目标，强调全民数字素养与技能提升。

数字化人才的培养和获取是加快数字经济发展的关键一环，然而组织在这方面面临着多重挑战。

- 挑战一：数字化人才匮乏。复合型数字化人才需求增加，市场上供不应求，现有组织的管理和业务骨干也需要提升数字化能力。
- 挑战二：缺乏数字化人才标准。缺乏一致性的数字化人才定义和标准，导致选拔、培养、使用和评估困难。
- 挑战三：数字化人才培养体系化不足。数字化人才结构不合理，缺乏有效培养方法，影响全面提升数字化人才。
- 挑战四：缺乏支持与引导。缺乏清晰的培养路径和支持，难以跟上数字化战略的迭代需求。
- 挑战五：知识传承不匹配。新技术迭代速度快，员工获取新知识的速度不足。

数字化管理师是数字化人才的关键组成部分，扮演着推动数字化转型的关键角色。2019 年，人社部、市场监督局、统计局联合发布了新的数字化管理师国家职业信息，将数字化管理师纳入组织管理的必备人才之列。然而，数字化管理师的能力标准尚未统一认可，亟须建立行业广泛认可的、科学的数字化管理师等级、能力评价准则，以及培训认证体系。

中国软件行业协会于 2022 年 12 月发布了《企事业单位数字化管理师能力评价标准》(以下简称《标准》)以规范数字化管理师的发展和评价。此标准描述了数字化管理工作所需的能力，有助于提升数字化人才质量，推动数字经济的发展。

数字化管理师是数字化管理的杰出代表，致力于推动企业数字化转型。他们在各经营管理岗位上将数字化能力与其他工作能力融合，为组织和行业提供数字化支持，推动全产业链和全价值链的数字化转型，提升管理效能，实现降本提效和增收，引领发展，创造价值。

为满足数字化时代需求，中国软件行业协会开展了"数字化管理师能力培训及等级认证"计划。数字化管理师培养原则是终身教育，目标包括提升数字素养与技能、加强专业能力、增补数字化管理能力、培养跨领域管理人才、推动整体数字化转型、提高企业竞争力。

总体而言，数字化管理师培养的目标是培养具备数字素养与技能、专业能力和数字化管理能力的跨领域管理人才，以引领数字化转型，提高工作效率，创造更大价值，助力高质量发展。

## 1.1.2　数字化管理师相关概念解析

数字人才的定义目前尚未达成一致，各国主要基于就业者是否具备 ICT 相关数字技能进行划分。经济合作与发展组织(OECD)将数字经济所需的技能分为三大类。

- ICT 普通能力：涵盖基础数字技能，如计算机操作、软件使用和信息检索等。
- ICT 专业能力：包括开发 ICT 产品和服务所需的技能，如编程、网页设计、电子商务，以及大数据分析和云计算等。
- ICT 补充能力：指利用数字技能辅助解决工作问题，如处理复杂信息、沟通与合作、提供解决方案等。

随着数字化转型的深入，社会对数字人才的共识不断增强。数字人才不再局限于技术人员，也包括那些能够将数字技能应用于工作场景，为组织和客户创造价值的人才。数字人才分类涵盖数字化管理人才、数字化应用人才和数字化专业人才。

在"数字化管理师能力培训及等级认证"体系中，管理的概念广泛，包括企事业单位中的各类组织行为，涵盖产供销研人财物投等的管理。

在数字经济时代，企事业单位通过"数字企业新型人才能力素质灯塔模型"(如图 1-1 所示)，将全员数字素养与技能提升与数字化转型路径相结合。该模型将数字人才分为三类：数字化战略管理人才、数字化融合应用人才和数字化专业人才；同时分为数字化管理师和数字化工程师两个系列，以业务架构为界，旨在构建更加扎实的数字驱动人才体系，实现数字化战略的成功实施。对于高级管理和专业领域人员，数字素养已成为核心能力模型的一部分，而数字化管理师则需要在现有模型基础上增补新的数字化管理能力，成为跨领域复合型人才。

图 1-1　数字企业新型人才能力素质灯塔模型

**数字化管理人员**作为企事业单位数字人才的重要组成部分，不仅包括管理数字化相关工作的人员，也包括应用数据、数字化工具、系统、方法从事战略、研发、营销、交付、服务、人力资源、财务、IT 等各类经营管理及业务活动的人员，以及从事数字化系统、工具的管理、开发与应用的技术管理人员。

**数字化管理师**是指经过专业资格认证的，拥有数字化思维，有能力利用数据资源、数字技术在相关业务或职能领域进行应用实践，实现战略、研发、营销、交付、服务、人力资源、IT、财务等方面的数字化管理与创新，以更好地推进组织数字化转型的专业管理人员。

# 1.2　效果检验

## 1.2.1　狭义的效果检验——数字化管理师能力培训及等级认证

参与数字化管理师能力培训及等级认证的个人可通过认证测试评估培训效果。认证主要是根据教育心理学家本杰明·布鲁姆的六级分类教学目标，依照《标准》中的定义，测试考生在相关等级数字化管理师方面应具备的核心数字化能力项的知识和技能。

布鲁姆的教学目标分为 6 个层次：记忆、理解、应用、分析、评价和创造。数字化管理师认证根据这一分类对不同等级的考生进行测试，根据考试成绩评定合格与否。通过认证测试，个人可证明在数字化管理能力方面的掌握程度与水平。

- 初级管理师测试：重点评估布鲁姆第 1 级(50%)、第 2 级(30%)、第 3 级(20%)。
- 中级管理师测试：重点评估布鲁姆第 2 级(50%)、第 3 级(30%)、第 4 级(20%)；测试包括案例分析问答题。
- 高级管理师测试：重点评估布鲁姆第 3 级(50%)、第 4 级(30%)、第 5 级(20%)；

测试包括 1.5 小时实战作业。

- 正高级管理师测试：重点评估布鲁姆第 4 级(50%)、第 5 级(30%)、第 6 级(20%)；包括 2～3 小时实战作业和论文答辩。

## 1.2.2　广义的效果检验——数字化管理师培养

数字化管理师培养效果可从以下几个维度评估，每个维度提供量化和定性指标供参考。

### 1. 数字素养与技能维度

- 数字素养与技能掌握程度：通过考试成绩或实际操作测试评估。
- 数字信息处理能力：评估在实际数字化环境中应用数字技术获取、评估、管理和创造数字信息的程度。
- 数字化解决问题能力：通过案例分析或实际业务问题解决，评估计算思维、专业知识和数字化工具的综合应用。

### 2. 专业能力维度

- 领域专业知识水平：通过考试或实际项目评估，确认对特定领域知识的掌握。
- 跨领域合作能力：通过 360 度评估、同事和团队反馈等方式了解协作和沟通能力。
- 创新能力：通过提出创新方案、项目成果、专利申请等评估创新能力。

### 3. 数字化管理能力维度

- 数字化战略规划等中定义的 13 项能力：对考生进行相关等级数字化管理师核心数字化能力测试，确认其是否具备相应能力及水平。
- 数据驱动决策：观察在决策过程中是否充分利用数据分析和决策的能力。
- 数字化团队管理：通过团队绩效、员工满意度调查等手段评估数字化团队管理水平。

### 4. 组织数字化转型维度

- 数字化转型成果：通过业务效率、质量改进、成本降低等数据指标评估转型成果。
- 数字化转型影响力：通过内外部调查评估数字化转型对组织的影响和认可程度。
- 创造价值能力：通过新产品与服务、市场份额增长等指标评估数字化管理师在组织中创造的价值和贡献。

采用绩效评估、360 度评估、案例分析、员工调查等方法，定期进行绩效评估和反馈有助于全面提升数字化管理师培养效果，推动数字化转型取得更显著成果。

## 1.3 输出结果

### 1.3.1 狭义的输出结果——数字化管理师能力培训及等级认证

布鲁姆的教学目标[1]包括 6 个层级，如图 1-2 所示。在培训中，通常能达到的层级为记忆、理解和应用。

图 1-2 布鲁姆教学目标的六大认知层级

- 记忆层：通过提供清晰的学习材料、重点概念强调和反复复习，帮助学员记住相关的信息和知识。
- 理解层：通过示例、案例分析和讨论，引导学员深入理解所学习内容的内涵和意义。
- 应用层：通过实际操作、模拟练习和项目实践，让学员将所学知识和技能应用于实际情境中解决问题。

分析、评价和创造层通常需要更多实际工作经验和深入思考，不是通过培训活动就能完全掌握的。

培训应重点关注记忆、理解和应用层面，为学员建立扎实基础；同时，鼓励在实际工作中实践和探索，逐渐提高对更高层级目标的理解和应用能力。培训是数字化管理师成长的一环，实践和学习的积累才能使其达到更高层级的能力水平。

数字化管理师培训与布鲁姆教学目标层级的关系如下。

**布鲁姆第 1 级：记忆——查找或记忆信息**

数字化管理师需要具备查找或记忆信息的能力，建立基础知识，为解决复杂问题打下基础。

**布鲁姆第 2 级：理解——理清信息并从中找出意义**

---

1 布鲁姆的教学目标分类(Bloom's Taxonomy)是由本杰明·布鲁姆(Benjamin Bloom)于 1956 年提出的一个教育领域的概念，用于分类教育目标和学习目标。它被广泛应用于教育评估和教学设计中。

数字化管理师需要对学习的内容进行初步领会，用自己的语言表达、解释和概述所学知识的意义。

**布鲁姆第3级：应用——以新的(但类似的)形式使用信息**

数字化管理师需要将抽象概念运用于特定或新的情境，解决实际问题。初级者在他人指导下应用，中级者能独立应用，高级者能在新的、不确定的情境中应用。

**布鲁姆第4级：分析——拆分信息并探索其中的关系**

数字化管理师需要在数字化业务或管理情境中分析数据，理解各部分之间及各部分与总体之间的联系。中级者在给定情境中进行分析，高级者进行结构化分析，解决复杂问题。

**布鲁姆第5级：评价——评判性地审查信息并做出判断**

数字化管理师要能以特定标准客观、深刻地评价信息和观点。这是高级数字化管理师的培养目标。

**布鲁姆第6级：创造——利用信息创造出新的东西**

数字化管理师需要以独创性思维和知识重新组合信息，创造新的模型或结构，提出新的解决方案和创新思想。这对正高级数字化管理师而言，具有极大的挑战性，对创新能力要求较高。

综合来看，数字化管理师需要在这6个层级上不断提升，从简单的记忆和理解，逐步发展到应用、分析、评价和最终的创造。培养计划和评估机制应针对不同层级，确保数字化管理师在领域中具备全面的能力。

## 1.3.2　广义的输出结果——数字化管理师培养

数字化管理师培养过程的输出结果包括以下方面。

- 理论知识与技能掌握：学员全面掌握数字化管理师的理论、知识、技能，包括法规和标准，建立扎实的理论基础和实践能力。
- 数字素养与能力提升：学员在培训中提升数字素养与技能，了解数字化变革本质，掌握不同等级数字化管理师的具体工作内容和能力要求，能在实践中灵活应用，解决问题并创造价值。
- 底层逻辑与实操方法掌握：通过系统学习和实践，学员掌握数字化变革的底层逻辑和实操方法，参与实际项目实战，提高自身能力，取得更好成果。
- 行业洞察和趋势把握：学员了解行业最新趋势和发展动态，包括数字技术应用趋势和转型案例，提高应对未来挑战的前瞻性。
- 业界专家交流与人脉拓展：培训中，学员与数字化管理专家及业界人士建立人际关系网，为职业发展和实践提供有力支持。

- 数字化管理师能力等级证书获得：学员通过学习、实战作业和考试后获得中国软件行业协会颁发的数字化管理师能力等级证书，这是对其数字化管理领域能力的认可和职业发展的资格证明。
- 终身学习和自我发展：学员树立终身学习意识，不断自我发展，因为数字领域知识和技能会不断更新，需要持续学习以保持竞争力。

这些培训成果将使学员成为适应数字化转型、具备强适应性的数字化管理人才，为企事业单位的数字化发展做出贡献。

## 1.4　数字化管理师能力评价标准

《标准》旨在描述数字化管理工作所需的主要能力，明确不同等级数字化管理师的职级、工作职责、所需能力及水平要求。该标准为数字化管理师的提升和认证培训提供指导，推动企事业单位实现数字化转型。

通过这一标准，实现以下目标。

- 职位等级明确：明确初级、中级、高级和正高级数字化管理师的职级，协助企事业单位准确定位各级数字化管理师的职责和职级。
- 工作职责明确：阐明不同等级数字化管理师主要从事的工作内容，包括数字化转型中的任务和项目。
- 能力水平明确：列出不同等级数字化管理师所需的关键能力，并明确各项能力的水平要求，帮助数字化管理师了解自己的提升方向。
- 指导培训和认证：为数字化管理师提供明确的能力提升方向，指导培训和认证过程中的发展重点。
- 促进队伍建设：有助于企事业单位建立健全数字化管理师队伍，提高组织在数字化转型中的管理水平和效率。

### 1.4.1　数字化管理师职业功能

《标准》涵盖了 4 个等级的数字化管理师，包括各级的名称、职级定位与工作概述、主要任务、核心数字化能力及水平级别。

通过数字企业新型人才能力素质灯塔模型的分析，我们认为：数字化管理师应该同时具备坚实的数字素养与技能基础、现有岗位职责的专业能力或领导才能，再加上相应的数字化管理增补能力。这样有机结合的能力组合能更好地实现业务价值。这意味着他们应该具备数字化思维，有能力在业务中充分应用数据、数字技术和相关应用程序，有效地进行管理和融合运用。总之，数字化管理师是跨领域的专业管理人士，他们的存在能够引领数字化转型、助力高质量发展。

《标准》把数字化管理师分为 4 个能力等级，分别是初级、中级、高级和正高级，还规定了数字化管理师应具备的 13 项专业数字化管理能力。每个等级的数字化管理师须具备若干项数字化管理关键能力(如图 1-3 所示)，这些能力还必须达到相应水平级别，两者之间具有特定的因果关系。

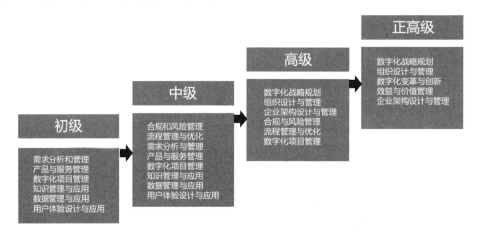

图 1-3　数字化管理师能力等级进阶图

■ 初级数字化管理师：作为企事业单位数字化管理的基础工作执行者，应具备一定的数字素养与技能，熟练掌握至少一项数字化管理的关键能力。初级数字化管理师的关键能力包括：需求分析和管理(第 3 章)、用户体验设计与应用(第 4 章)、数字化项目管理(第 5 章)、数据管理与应用(第 6 章)、知识管理与应用(第 7 章)、产品与服务管理(第 8 章)。

■ 中级数字化管理师：作为企事业单位数字化管理的中坚力量及主要执行者，应具备比较完备的数字素养与技能，精通若干项数字化管理的关键能力。中级数字化管理师的关键能力包括：需求分析和管理(第 3 章)、用户体验设计与应用(第 4 章)、数字化项目管理(第 5 章)、数据管理与应用(第 6 章)、知识管理与应用(第 7 章)、产品与服务管理(第 8 章)、流程管理与优化(第 9 章)、合规与风险管理(第 10 章)。

■ 高级数字化管理师：作为企事业单位各经营管理领域的数字化管理的主要责任人，是数字化战略的主要制定者之一，负责相关组织架构、业务架构、业务运营模式等数字化的主要设计。高级数字化管理师的关键能力包括：数字化项目管理(第 5 章)、流程管理与优化(第 9 章)、合规与风险管理(第 10 章)、企业架构设计与管理(第 11 章)、组织设计与管理(第 12 章)、数字化战略规划(第 13 章)。

- ■ 正高级数字化管理师：作为企事业单位数字化管理的主要引领者，是所在组织数字化驱动的发展战略的主要制定者之一，对数字化转型贡献重大。正高级数字化管理师的关键能力包括：企业架构设计与管理(第 11 章)、组织设计与管理(第 12 章)、数字化战略规划(第 13 章)、数字化变革与创新(第 14 章)、效益与价值管理(第 15 章)。

不同职级的数字化管理师有各自的职责、能力级别需求和工作任务，详细要求请参阅《标准》。此评价标准能够明确不同职级数字化管理师的发展方向和职责，推动数字化管理师队伍的建设，提升整体数字化能力。

## 1.4.2　数字化管理师能力域与能力框架

为了更系统和连贯地培养数字化管理师的能力，我们定义了一个包含三大能力域和 13 个数字化能力项的数字化管理师能力框架，如图 1-4 所示。秉承"数字化黄金圈"[1]为什么、怎么做和做什么的理念，该框架首先明确数字化战略领导能力域，要求数字化管理师先想清楚为什么进行数字化变革，确保做正确的事。其次，关注数字化组织运营能力域，要求数字化管理师能说明白应该怎么做，确保正确地做事。最后，强调数字化价值实现能力域，要求数字化管理师须把工作做到位，确保把事做正确。

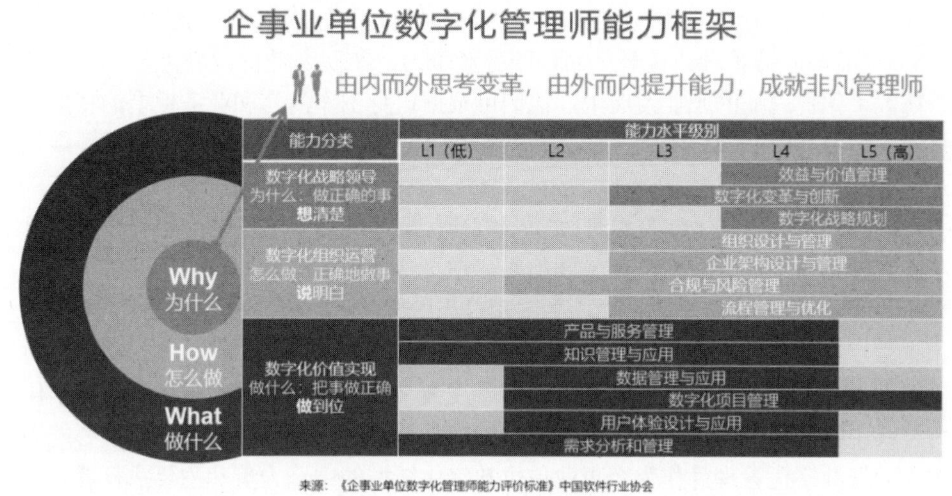

图 1-4　数字化管理师能力框架

通过突出不同能力域的关注点和目标，学员能更好地理解数字化管理师在各个方面的职责和要求，有针对性地提升相应的能力，为职业发展提供有力支持。整个

---

1　"数字化黄金圈"概念来自《数字化黄金圈：企业数字化蓝图与行动指南》，后者是一本专注于企业数字化转型的书籍，该书提出了"数字化黄金圈"框架，旨在帮助传统企业将数字化梦想转化为实际行动。

能力评估和培养过程将更加有据可依,使数字化管理师在实际工作中更加游刃有余。

## 1. 数字化战略领导能力域

- 数字化战略规划:对齐业务战略,合理规划和资源,助力有效执行和持续增值。
- 数字化变革与创新:策划变革、推动创新,引领组织保持领先地位。
- 效益与价值管理:定义价值目标,引领变革成功。

## 2. 数字化组织运营能力域

- 组织设计与管理:让组织更敏捷,适应数字化转型的需求。
- 企业架构设计与管理:构建数字化总体架构蓝图,支持数字化转型目标实现。
- 合规与风险管理:保障安全和可持续,提升信任和信誉度。
- 流程管理与优化:提高组织运营效率,助力数字化战略的落地。

## 3. 数字化价值实现能力域

- 需求分析和管理:辨识组织和消费者需求,发现值得解决的问题。
- 用户体验设计与应用:设计愉悦易用、超预期产品,提高用户满意度。
- 数字化项目管理:实现价值和质量目标,并在约束范围内完成项目。
- 数据管理与应用:支持决策、优化运营,实现数字资产增值。
- 知识管理与应用:赋能组织和个人,持续提升适应力和智力资本。
- 产品与服务管理:提升产品和服务竞争力,实现高效价值交付。

在数字化管理师的职业发展中,他们可根据自身工作内容和业务模型的特点,选择深入学习其中一部分能力,形成独特的数字化管理能力组合。这有助于数字化管理师更好地应对各种挑战,提升职业素养,并为组织的数字化转型提供保障。

不同级别和岗位的数字化管理师需要综合运用不同的数字化能力组合。因此,数字化管理师应根据自身职责和主要工作,在具备通识核心专业能力的基础上选择深入学习 13 个数字化管理师能力中的一部分,并结合业务特征和专业需求,形成适应未来数字化管理的独特能力。

根据《标准》,初级数字化管理师需要专注数字化价值实现能力域的六项数字化能力。其中数据管理与应用和数字化项目管理是初、中级数字化管理师的核心能力要求。中级数字化管理师作为企事业单位数字化转型的中坚力量和主要执行者,需要掌握数字化价值实现能力域的六项能力,并加强对流程管理与优化以及合规与风险管理的学习。数字化战略规划是高级数字化管理师的核心能力,各级数字化管理师都应重视合规与风险管理,中级管理师还需要深入了解战略规划的指导作用。

在《标准》中,每个能力项包含以下五部分:能力名称、描述、能力水平,以及涉及的主要知识和专业技能。行为技能没有单独列出,而是融入各级管理师工作任务和所需能力水平级别的描述中。这五部分共同构成数字化管理师能力的全面评估。当前的能力框架暂未包括任职资格、学历、认证和工作经验等因素，如图 1-5 所示。

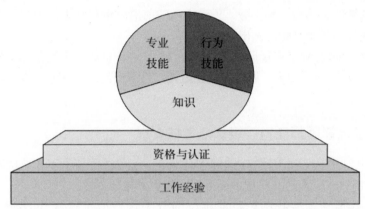

图 1-5 企事业单位人才专业能力构成

这里的**能力**指的是通过应用知识、专业技能和行为技能以实现可观察结果的综合素质。《标准》中定义的能力集提供了与数字化管理师主要工作内容相匹配的关键能力项，以及与要求相一致的能力水平级别的描述。这些信息为识别、评价、部署和发展专业能力提供了必要的依据。

当前版本的《标准》定义了数字化管理师需要具备的 13 个关键数字化管理能力，并为每个能力设立了 L1～L5 五个水平级别，以展示数字化管理师在不同能力领域的发展程度，具体如下。

- L1：具备基本的数字素养与技能，能在他人的指导或协助下，运用数字化相关知识和技能完成工作任务和解决问题。在稳定的环境中工作并对自己的行为负责。

- L2：具备数字素养与技能，能独立地熟练应用和管理数据和应用系统开展工作，在规定的工作边界内能够成功完成大多数任务，包括执行制度及体系的要求。同时能够使用创造性思维构建概念和抽象模型，解决可预测的或有时不可预测的环境中的复杂问题。

- L3：理解并掌握数字素养与技能，能带领其他人有效地完成工作。参与制定和推广制度和体系，遵循并发起特定数字技术或数字业务领域的创新方法，并在不可预测的环境中领导和承担团队绩效和发展的责任。

- L4：掌握广泛的数字素养与技能，肩负广泛的职责范围，具备在复杂环境中组织识别、设计、研发及部署专有应用的能力。主导相关领域的制度和体系的制定与推广，拥有咨询、改进或创新的经验。全面负责在不熟悉和不可预测的环境下的业务及员工的战略发展。

■ L5：精通广泛的数字素养与技能，能够提供专家级数字化咨询、改进和创新的专业意见，领导他人成功利用数字素养与技能完成工作。负责组织相关领域的总体责任和义务，凭借卓越的前沿思维和知识，为组织内外创新解决方案和未来塑造做出贡献。

通过终身学习，数字化管理师从为什么开始，由内而外思考变革，由外而内不断提升自身的数字化适应力、胜任力和创造力，方能更好地迎接未来数字化挑战，成就非凡。

## 1.4.3　数字化管理师能力等级认证考核要求

数字化管理师认证属于数字化专业技术资格，旨在为全国企事业单位数字化管理人员提供科学、公正的专业技术资格认定和水平测试。

培训课程紧密围绕我国企事业单位的数字化转型实践展开，基于 T/SIA 035-2022《企事业单位数字化管理师能力评价标准》，结合了理论、知识、技能和实际案例；主要面向数字化管理工作人员和在经营管理活动中应用数字化工具的人员，旨在培养符合相关能力要求的数字化管理人才。

认证和培训由中国软件行业协会组织，实行统一大纲、统一流程、统一命题、统一标准、统一证书。每年进行认证和续证，通过认证的个人获得相应等级的数字化管理师证书，在全国范围内有效。

不同等级的数字化管理师具有不同的报考要求。

### 1. 初级数字化管理师

取得初级培训学时证明，且满足以下条件之一者，可报名参与"初级数字化管理师能力等级认证"。

■ 大专或以上学历者；
■ 连续从事数字化相关工作≥1 年。

### 2. 中级数字化管理师

取得中级培训学时证明，且满足以下条件之一者，可报名参与"中级数字化管理师能力等级认证"。

■ 取得"初级数字化管理师能力等级认证"，且连续从事数字化管理工作≥2 年；
■ 大学本科或以上学历者，且连续从事数字化管理工作≥2 年。

### 3. 高级数字化管理师

取得高级培训学时证明，且满足以下条件之一者，可报名参与"高级数字化管理师能力等级认证"。

■ 取得"中级数字化管理师能力等级认证"，且连续从事数字化管理工作≥3 年；

- 拥有硕士或以上学位，且连续从事数字化管理工作≥3 年；
- 担任单位中层干部≥3 年，且连续从事数字化工作≥7 年。

### 4. 正高级数字化管理师

取得正高级培训学时证明，且满足以下条件之一者，可报名参与"正高级数字化管理师能力等级认证"。

- 取得"高级数字化管理师能力等级认证"，且连续从事数字化管理工作≥7 年；
- 拥有硕士或以上学位，且连续从事数字化管理工作≥7 年；
- 担任单位中层干部≥5 年，且连续从事数字化工作≥10 年。

获得数字化管理师认证将帮助不同等级的专业人士准确评估自己的能力水平，并有针对性地进行提升和发展，以更好地适应数字化管理领域的不断发展和变化的挑战。

# 1.5　输入资源

为顺利启动和推进数字化管理师培养计划，以下资源和机制保障是必要的。

- 领导支持：高层领导应全力支持培养计划，将其纳入战略规划和人才发展计划，确保高度重视和认可。
- 资源投入：提供适当资金和人力资源，包括培训师资费用、课程开发成本，以及员工参与培训的时间和精力。
- 培养计划：制定明确的培养计划，包括内容、方法、周期和实战演练，确保与数字化转型战略相契合。
- 学习平台：提供在线学习平台、培训材料和文档，便于管理师灵活学习和获取知识。
- 培训师资：确保拥有高水平的培训师资团队，具备数字化领域经验和卓越教学能力。
- 学习氛围：营造积极学习氛围，鼓励员工参与培训，分享学习心得，促进学员间的交流与互助。
- 奖励机制：设立激励机制(如提供晋升机会和薪酬奖励)，以提高培养计划的吸引力。
- 跟踪和评估：建立有效的培养跟踪和评估机制，及时了解培训效果，调整计划，不断改进。

这些资源和机制保障为数字化管理师培养提供了基础和支持，确保了培训过程有效进行，可帮助管理师在实践中应对挑战，推动数字化转型。

# 1.6　总结与思考

数字化管理师是具备专业资格认证和数字化思维的卓越复合型数字化管理人员。他们在业务领域运用数据资源和数字技术，推动数字化管理与创新，涉及战略、研发、营销、交付、服务、人力资源、财务、IT 等多个方面，促进组织数字化转型。数字化管理师在学习实践中通过业务优化和创新转型，塑造新动能，实现新价值的创造、传递和获取，推动组织的升级与创新发展。

数字化管理师的发展路径包括完成数字化能力通识学习，掌握数字化管理、数字素养与技能以及 13 个数字化关键能力的基本概念和框架，形成数字化管理能力地图。根据个人职业发展规划和岗位需求，数字化管理师有针对性地学习关键数字化能力知识与技能，并进行实践应用。他们逐步从个人业务操作发展到团队领导和管理体系构建，最终实现开创性创新，不断发展并逐渐达到初级、中级、高级、正高级数字化管理师的典型能力水平。

**思考题**

1. 在当前版本的《标准》中，具体规定了哪些数字化管理能力？

2. 为何将终身学习作为数字化管理师的教育宗旨？这如何有助于保持与数字领域快速发展的同步并提升个人竞争力？

3. 在个人工作和职业发展规划中，如何确定并优先掌握最迫切需要的数字化管理能力，以更有效地推动组织的数字化转型？

**本章测试题**

1. 下列哪项最准确地描述了数字化管理师的培养目标？

 A. 提升数字技术的应用能力，以适应日益复杂的数字化环境

 B. 培养跨领域管理人才，推动企业整体数字化转型

 C. 加强组织内部协作，促进数字化管理效能

 D. 扩大数字化转型的规模和影响力，以提高企业竞争力

2. 根据《企事业单位数字化管理师能力评价标准》，数字化管理师的主要职责是什么？

 A. 制定组织的战略和发展计划

 B. 分析和利用数据资源进行业务创新

 C. 管理组织的人力资源和财务

 D. 为组织提供 IT 技术支持和服务

3. 某公司新雇用了一位数字化管理师，他负责分析公司现有数据以优化运营效率。这位管理师需要达到布鲁姆教学目标的哪个层级的知识和技能？

　　A. 布鲁姆第 1 级：记忆　　　　　　B. 布鲁姆第 2 级：理解

　　C. 布鲁姆第 3 级：应用　　　　　　D. 布鲁姆第 4 级：分析

4. 根据《企事业单位数字化管理师能力评价标准》的定义，数字化管理师需要具备若干项关键能力，并在相应水平级别上达到要求。请问数字化管理师的能力要求是什么？

　　A. 仅需要拥有数字化思维和专业资格认证即可

　　B. 需要具备数据分析和数字技术应用的能力

　　C. 需要精通战略管理和领导力技巧

　　D. 需要熟悉 IT 系统和网络安全的管理

5. 关于数字化管理师所需具备的能力要求，以下哪项描述是最准确的？

　　A. 数字化管理师只需要具备数字素养与技能基础即可

　　B. 数字化管理师需要同时具备数字素养与技能基础、现有岗位职责的专业能力或领导才能，以及相应的数字化管理增补能力

　　C. 数字化管理师只需要拥有数字化思维和应用数据的能力

　　D. 数字化管理师的主要职责是进行数字技术的管理和运用

6. 对于数字化管理师培养计划，以下哪项不是必要的资源和机制保障？

　　A. 领导支持　　　　　　　　　　　B. 资源投入

　　C. 社交媒体推广　　　　　　　　　D. 培养计划

7. 在某制造企业进行数字化转型项目的过程中，以下哪个级别的数字化管理师最适合负责该项目的执行和管理？

　　A. 初级数字化管理师　　　　　　　B. 中级数字化管理师

　　C. 高级数字化管理师　　　　　　　D. 正高级数字化管理师

请扫描二维码查看答案解析。

# 第 2 章

# 数字素养与技能：提升全员数字化适应力、胜任力和创造力

## 2.1 概述

### 2.1.1 数字素养与技能的背景与目标

#### 1. 背景

数字技术的快速发展使数据和数字技术成为生活、学习、工作和创新的核心。然而，这也带来了一系列问题和挑战，主要包括如下。

- 数据使用问题：数字技术带来信息过载、隐私泄露、大数据杀熟、数据滥用和算法不公等问题。
- 网络安全问题：数字技术的普及使网络安全、电信诈骗等问题备受关注。
- 心理和行为问题：注意力分散、游戏和短视频成瘾等心理和行为问题需要引起关注。
- 数字意识与技能问题：数字意识薄弱、数字产权保护不足、数字技能不足等问题意味着需要提高数字素养技能水平。
- 数字人才培养问题：数字从业者需求旺盛，但高端数字人才短缺，培养任务繁重。
- 数字鸿沟问题：不同社会群体在数字资源获取、处理和创造方面存在较大能力差距，弱势群体的数字素养与技能水平亟待提高。

因此，提升全民数字素养与技能已成为适应数字化时代的重要任务。

数字素养与技能是随着数字技术的融入而发展的基本技能，涵盖媒介素养、技术素养、信息素养，最终演变为数字素养。它是应对社会信息化和经济全球化的基本技能，也是 21 世纪劳动者和消费者必备的生存技能。

当前，全球正在加速数字化转型，全民数字素养与技能和组织数字能力已成为国际竞争和软实力的关键。各国正在加强政策制定、专项资金投入、数字教育和人才培养，以提升公民和组织的数字水平。

在中国，提升全民数字素养与技能是适应数字化时代的战略任务。国家在规划和政策中明确了发展目标、主要任务和保障措施；强调全员学习和实践数字素养与技能，提升数字化适应力、胜任力和创造力，以增强组织的竞争和可持续发展能力。这些政策文件为提升数字素养与技能提供了方向和支持。

### 2. 目标

随着数字技术的广泛应用和快速发展，人们需要更全面、深入的数字素养与技能，以适应不断变化的数字环境。在数字化时代，职业和工作环境的不断演进要求人们不断学习和掌握新的数字技能，以更好地胜任工作并发挥创新能力。

对于组织而言，提升全员数字素养与技能的**核心目标**在于通过数字素养与技能的培养和训练，提升全员数字化适应力、胜任力和创造力，以更有效地利用数据和数字技术。这不仅有助于推动个人成长，促进组织的数字化转型与创新，还能增强竞争力、建立数字化文化，并确保网络安全。

### 2.1.2　数字素养与技能的核心概念解析

**数字素养与技能**是指数字社会公民学习工作生活应具备的数字获取、制作、使用、评价、交互、分享、创新、安全保障、伦理道德等一系列素质与能力的集合。[1]根据这个定义，我们就数字素养与技能的内涵作进一步的展开。

- **数字素养**：在数字化环境中，人们需要获取、理解、分析、评估、管理和处理数字信息的知识、技能和素质。核心基础要素包括数字意识、计算思维、个人变革和数字社会责任。
- **数字技能**：人们需要掌握使用数字技术和运用数据、信息进行学习、生活、工作和创新的知识与技能。它分为基础数字技能(信息浏览、文字处理等)、专业数字技能(数据分析、编程、网络安全等)和创新数字技能(数字化创意、虚拟现实等)。

**数字素养与技能的核心内涵**是指在数字化环境中，有效且负责任地应用数字技术获取、评估、管理和创造数字信息的能力和素质。

在数字化时代，数字内容呈现以下五大显著特征，强调了提升数字素养的迫切性。这些特征使得培养数字素养变得尤为必要，以便更好地理解、评估和应对数字内容的复杂性和多变性。

- **互联互通和真假难辨**：数字内容具有广泛的互联性，但也面临真伪难辨的

---

1　来源：中央网络安全和信息化委员会印发的《提升全民数字素养与技能行动纲要》。

挑战。

- 可共享和永存性：数字内容能够轻松共享和传播，同时具备永久性存储的特点。
- 受众广泛和掌控难：数字内容能够迅速传播到广泛的受众，但受众对内容传播的掌控难度大大增加。
- 互动性和影响力：数字内容具备与受众互动的能力，从而增强了其对个人和社会的影响力。
- 在线体验和工具塑造：数字内容的在线特性和数字工具的不断塑造为用户提供了丰富的在线体验。

## 2.2　效果检验

全员数字素养与技能提升的**主要目标**是通过培养和训练，提升全员数字化适应力、胜任力和创造力。这三层目标可以分解为以下具体的效果检验指标。

### 2.2.1　全员数字化适应力提升效果检验及其指标

要衡量组织员工在数字环境下的生存和应对能力，可采用**数字技能掌握程度、数字化工作方式、数字工具使用频率**等指标。具体 KPI 包括员工数字素养培训参与率、数字技能掌握程度提升比例、数字化工作方式转变率，以及数字资产保护与安全合规方面的指标，如数据泄露事件数量、合规违规事件数量、合规培训完成率等。

### 2.2.2　全员数字化胜任力提升效果检验及其指标

要评估组织员工在数字环境下的工作能力和业务胜任能力，可采用**数字化工具应用率、工作效率提升幅度、数字化工作场景创新、数字技能应用创新**，以及数字化技能在组织运营中的应用程度等指标。具体 KPI 包括数字化工具应用率、工作效率提升幅度、数字化工作场景创新数量、数字技能应用创新成功率、通过数字化技术实现的销售额或效益的百分比等。

### 2.2.3　全员数字化创造力提升效果检验及其指标

要测量组织员工在数字环境下的创造力和创新能力，可采用**数字化新业务模式创新、数字化创新产品或服务推出、数字化创新项目成功率**等指标。具体 KPI 包括数字化新业务模式创新数量、数字化创新产品或服务推出数量、数字化创新项目成功率、数字化创新对于组织收入和盈利的影响力百分比等。

这些指标应根据各组织不同部门和岗位的具体需求进行定制和调整，以确保反映全员数字素养与技能提升目标的效果和效率。同时，建立相应的数据收集和监测机制，根据实际情况对已设定的指标进行不断的评估、优化和更新。

## 2.3 输出结果

要达成提升数字素养与技能的三大目标及具体指标，首先需要完成并输出相应结果。**输出结果**指任务或项目在多领域的产出，每项产出对应一个目标效果检验指标。组织全员数字素养与技能提升的输出结果主要包括以下方面的能力提升。

### 1. 提升数字化适应力目标

数字化生存能力：员工在数字环境中基础数字技能的提升。

数字化安全能力：员工保护组织网络信息和个人隐私的基础数字技能。这有助于员工在数字环境中安全生存。

### 2. 提升数字化胜任力目标

数字化思维能力：员工具备数字意识和计算思维，属于基础数字技能。

数字化应用能力：员工在数字环境中熟练运用各种数据和数字技术，属于专业数字技能。这有助于员工更好地应对数字环境，利用数字技术完成任务。

### 3. 提升数字化创造力目标

数字化创新能力：员工通过数据和数字技术的创新思维，探索和创造新的商业模式、解决方案、服务或产品。这是创新数字技能的一部分，也是实现数字化转型和发展的核心。

通过实现数字化生存能力、数字化安全能力、数字化思维能力、数字化应用能力和数字化创新能力的提升，可实现提高全员数字化适应力、胜任力和创造力的目标。这样组织才能更好地适应数字化时代的要求，提升绩效和竞争力。在实施全员数字素养与技能提升行动中，组织应结合业务需求制定计划和方案，并通过有效的监测和评估机制及时调整以提升效果。

## 2.4 全员数字素养与技能框架及实施方法

依据中央网络安全和信息化委员会的《提升全民数字素养与技能行动纲要》[1]，借

---

1 中央网络安全和信息化委员会于 2021 年 11 月发布《提升全民数字素养与技能行动纲要》，对提升全民数字素养与技能作出安排部署。

鉴美国的《"21 世纪素养"框架》[1]、欧盟的《数字能力框架》[2]以及联合国教科文组织的《数字素养全球框架》[3]，结合组织和员工的特点，我们设计了 TSIA 全员数字素养与技能框架(如图 2-1 所示)。

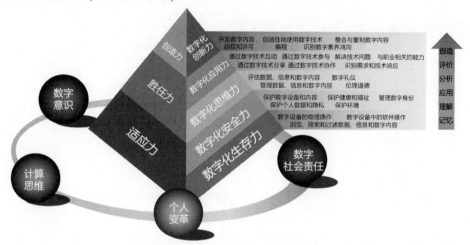

图 2-1　TSIA 全员数字素养与技能框架

该框架旨在创造一致的愿景，克服现代生活中数字化带来的挑战，并提供通用语言，识别和描述数字素养的关键领域，具有普遍适用性。作为组织提升全员数字素养与技能的工具，它有助于管理者制定最新策略、规划教育和培训计划，提高组织内特定目标群体的素质素养与技能。该框架旨在使用商定的词汇建立共同的理解，确保在政策制定、目标设定、教学计划、评估和监测等任务中一致应用。最终，组织、外部专业机构、中介机构或倡议开发者可根据需要调整框架，以适应目标群体的具体需求，进而调整干预措施，例如课程开发等。

TSIA 全员数字素养与技能框架以金字塔结构为基础，分为四大基础层、三层目标层和五级能力域层，覆盖数字化生活、学习、工作和创新场景中所需的核心素质和能力。在底层，框架包含数字意识、计算思维、个人变革和数字社会责任等 4 个核心基础要素。左侧逐层提升的数字化适应力、胜任力和创造力构成目标层。右侧列出员工需要掌握的数字化生存力、数字化安全力、数字化思维力、数字化应用力和数字化创新力等 5 个能力域及其 25 个子能力项。每个子能力都包含详细描述，包括了六级熟练程度水平(记忆、理解、应用、分析、评价和创造)。这些子能力以可行的行为为目标，具有实践导向性，易于在实践中测量和评价。

---

1　《"21 世纪素养"框架》由美国教育领域的一些组织和领导人在 2002 年合作制定，2007 年发布更新版本，主要包括：学习与创新技能；信息、媒体和技术素养；生活与职业技能；核心学科和 21 世纪主题的融合等方面。

2　欧盟的《数字能力框架》：Digital Competence Framework，通常称为 DigComp，是一个为定义和改善欧洲公民的数字技能而制定的框架。这个框架旨在帮助个人和组织了解和评估数字技能，同时为教育和培训提供指导。

3　联合国教科文组织的《数字素养全球框架》：Digital Literacy Global Framework，是一个旨在全球范围内提高数字素养的指导性文件。这个框架识别并定义了数字素养的关键组成部分，以支持全球公民在数字时代中的有效参与。

此外，组织应注重培养员工的学习和反思能力，帮助其不断更新知识和技能以迎接数字化转型的挑战和变化。同时，将数字化转型的目标和战略与员工的个人发展相结合，激发员工的参与和创新热情，推动数字化转型不断向前发展。

## 2.4.1　数字素养与技能的四大基础要素

组织全员数字素养与技能包含数字意识、计算思维、个人变革和数字社会责任等四大相互协作的核心基础要素。数字意识帮助组织员工更主动、有效地探索、理解和应用数字化信息；计算思维培养员工理解和解决问题的能力；个人变革鼓励员工适应数字化时代的快速变化；数字社会责任引导员工负责任地应用数字技术，共同推动组织的数字化进程。

### 1. 数字意识

**数字意识**是指客观数据和数字活动在人们头脑中的反映，是个体对数字化信息的认知和理解能力。它体现在对数字信息的自觉性、敏锐度和判断力。通俗地讲，就是面对不懂的东西，会产生数字需求与动机，进而积极主动地去寻找数字、利用数字，形成数字兴趣的动力和源泉，并知道到哪里和用什么方法去寻求答案。数字意识是数字素养的基础和数字技能发展的前提，具体包括如下。

- 数字获取的自觉性和敏锐度：对各种现象、行为、理论从数字角度理解，能够分辨并整合信息系统，挖掘本质精髓，成为制定计划的客观依据。
- 数字真伪和适用性判断能力：在信息处理中，甄别信息真实性和实用性，利用准确的数字信息进行研判和预测。
- 数字传播的自觉性和积极性：热情宣传自身形象和成就，提高运用数字传播媒介的能力，分享真实有效的数据。
- 数据安全保护意识：主动维护数据安全与隐私，防止数据泄露或滥用。
- 数字经济与价值意识：了解数字经济与社会发展的关系，具备对数字信息价值的分析判断能力。
- 数字污染与守法意识：遵守网络规范，防止数字污染和垃圾，维护网络秩序。
- 数字动态变化意识：关注时效性，适应数字技术与数据信息的时代变化。

数字意识的培养有助于提升个人获取、使用和创造数字信息的能力，夯实组织及国家数字经济发展的社会基础。

### 2. 计算思维

计算思维是由美国卡内基·梅隆大学计算机科学系主任周以真教授于 2006 年提出并定义的概念。她在 *Communications of the ACM* 杂志中阐释道，"计算思维是运用计算机科学的基础概念进行问题求解、系统设计以及人类行为理解等涵盖计算机科学之广度的一系列思维活动"。

计算思维的 4 个组成部分包括如下。

- 分解：将数据、过程或问题拆分成易管理或解决的小部分。
- 模式识别：观察数据的模式、趋势和规律。
- 抽象：辨识形成模式背后的一般原理。
- 算法：为解决问题编写详细的指令或步骤。

计算思维吸纳了数学思维、工程思维和科学思维方法，以在分析和解决问题时主动抽象、分解和构建模型和算法，并且善用迭代和优化。通过将复杂任务拆解为子任务、抽象为函数或模型，并设计适当的输入输出参数，人们能够更高效、准确地解决问题。

计算思维不仅对计算机领域重要，还可应用于各学科和日常生活中的问题解决。它涵盖数据处理、逻辑推理和系统设计等能力，拓展对各学科关联性和规律的理解，并启发工作和生活之间的相互联系。人们正积极在多领域应用计算思维，探索新知识和创造新价值。

### 3. 个人变革

在数字化时代，个人变革扮演着关键角色，要求以积极态度和成长性思维，运用数字化资源、工具和平台，持续提升个人能力和素质，以适应新的挑战和机遇，展开不断的探索和创新。这涵盖多个层面，包括知识更新、技能培养、自我认知以及创新精神，为数字素养与技能的培养奠定坚实基础。

**个人变革**是指在适应新数字环境时个体经历的从结束旧模式到探索新模式并最终实行新模式的心理过程。这需要有序计划和安排，协助个体放下思维定势，确保个人变革与组织变革保持一致，以促进数字意识和创新文化的传播，从而支持整体变革。个人变革是变革的起点，强调受变革影响的个体积极参与，鼓励他们在日常工作中积极拥抱变革，参与变革，因为实现组织和社会变革需要每个个体积极准备内在变革。

**Prosci ADKAR 模型**[1]的关键要素对于个人变革的成功至关重要。通过将该模型应用于组织变革中，领导者和变革管理团队可以有针对性地推动个人变革。有效推动个人变革将加强整体组织变革进程，从而顺利实现目标。这一模型包括以下 5 个要素。

- 认知(Awareness)：认识到变革的必要性；
- 渴望(Desire)：积极参与和支持变革；
- 知识(Knowledge)：具备变革所需的知识；
- 能力(Ability)：实施新技能和行为的能力；
- 巩固(Reinforcement)：维持变革成果的措施。

---

1　Prosci ADKAR 模型是一个目标导向的变革管理模型，用来引导个人和组织变革。这个模型由 Prosci 的创始人 Jeff Hiatt 创建，ADKAR 是一个缩写，代表个人为了成功变革必须达到的 5 个成果：认知、渴望、知识、能力、巩固。

### 4. 数字社会责任

**数字社会责任**是在数字环境中个人和组织所承担的重要义务和责任。它涵盖了价值观、法治、道德、规范、环境、文化等多个方面,要求对数据隐私、信息安全、知识产权等具有清晰的认知和责任感。

全民应遵守数字伦理规范,在遵循法律法规的前提下依法规范上网用网,提高网络文明素养。同时,个人和组织在数字环境中应主动维护国家安全和民族尊严,积极维护数字经济的健康发展秩序和生态,不仅不伤害他人和社会,而且促进公正、平等和可持续的社会发展。只有在全体成员共同努力下,我们才能在数字化时代中实现持续发展和繁荣。

## 2.4.2　数字素养与技能的三层目标

TSIA 全员数字素养与技能框架包括数字化适应力、胜任力和创造力提升这三层目标。

### 1. 聚焦数字化思维认知,增强全员数字化适应力

**定义**:适应数字环境,应对变化和挑战的基础能力。

**要素**:理解和掌握数据与数字技术、使用基本软硬件及数字工具浏览、搜索和过滤信息、维护数字设备、确保信息网络安全与隐私保护、实现数字化沟通协作等。

**实施**:通过数字意识强化培训、数字工具推广、数字化文化氛围构建等方式提高全员数字化适应力,助力员工适应数字时代工作与生活。

### 2. 聚焦信息化融合应用,提高全员数字化胜任力

**定义**:在数字化环境中高效工作的能力。

**要素**:掌握数字化知识技能;高效应用数据、数字技术和应用程序;有效管理和评估信息;具备数字礼仪、伦理道德、数字化协作、沟通能力和数字化决策等。

**实施**:关注信息化融合应用,提升工作效率与业务水平,促进组织数字化转型,为员工职业发展提供支持。

### 3. 聚焦智能化创新发展,拓展全员数字化创造力

**定义**:利用数据及数字技术进行创新和创造的能力。

**要素**:创新思维、数字技术和信息化手段的创新应用、创造性问题解决、数字内容开发等。

**实施**:通过数字化创新培训、知识分享、激励机制、跨部门协作平台以及数字化创新文化等方式,激发员工的数字化创新潜力,推动组织更高效、智能、可持续的发展。

## 2.4.3　数字素养与技能的五级核心能力域

全员数字素养与技能包括 5 个核心能力域，分别是数字化生存力、数字化安全力、数字化思维力、数字化应用力和数字化创新力。每个能力域包含多个子能力项，这些子能力项根据任务复杂度、自主性和认知领域等进行区分。如图 2-2 所示，数字素养与技能框架以清晰的六级熟练程度水平展现，基于布鲁姆教学目标分类，可广泛用于教育、培训、监测、评估和就业等领域，为组织和个人提供有力的参考和应用工具。

| 体现熟练程度水平的主要关键词 | | | | | |
|---|---|---|---|---|---|
| **6个能力水平级别** | 1 | 2 | 3 | 4 | 5 | 6 |
| **任务复杂度** | 简单任务 | 有清晰说明的常规性任务和简单明了的问题 | 有一定难度的非常规任务和问题 | 有难度的任务和问题 | 最适恰的问题 | 解决复杂问题 |
| **自主性** | 需要指导 | 自主并在必要时得到指导 | 独立完成，且能满足自我需求 | 指导他人 | 能够根据复杂情景需要指导他人 | 整合性地做出专业贡献或提出新的理念和新流程 |
| **认知领域**<br>(布鲁姆教学目标分类) | 记忆 | 理解 | 应用 | 分析 | 评价 | 创造 |

图 2-2　TSIA 全员数字素养与技能框架能力的六级熟练程度水平

数字素养能力是知识、技能和态度的综合体，涵盖了概念和事实(即知识)、技能描述(如执行过程的能力)以及态度(如性格和思维方式)。为清晰呈现这些能力，数字素养与技能框架提供了每个素养能力的行为表现示例，包括知识、技能和态度 3 个维度(如图 2-3 所示)。框架还给出了在学习、生活和工作场景中应用这些能力的实际案例。

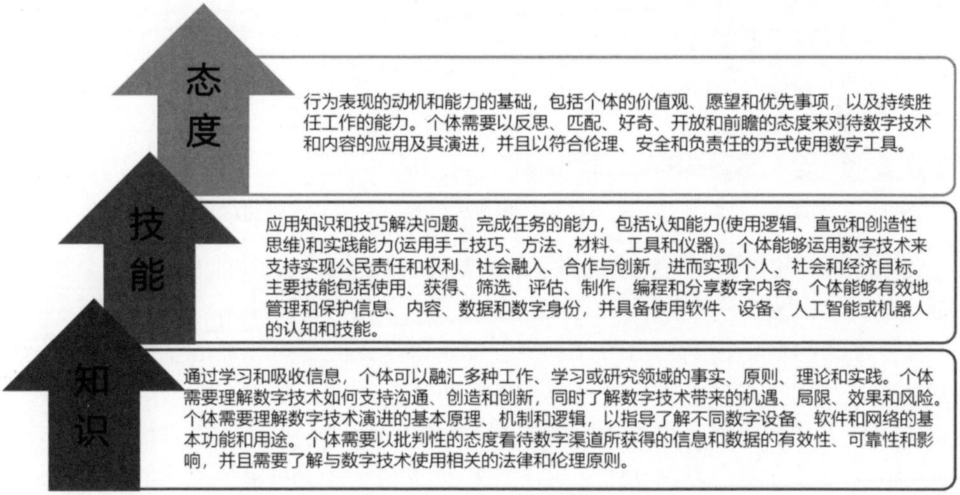

**态度**　行为表现的动机和能力的基础，包括个体的价值观、愿望和优先事项，以及持续胜任工作的能力。个体需要以反思、匹配、好奇、开放和前瞻的态度来对待数字技术和内容的应用及其演进，并且以符合伦理、安全和负责任的方式使用数字工具。

**技能**　应用知识和技巧解决问题、完成任务的能力，包括认知能力(使用逻辑、直觉和创造性思维)和实践能力(运用手工技巧、方法、材料、工具和仪器)。个体能够运用数字技术来支持实现公民责任和权利、社会融入、合作与创新，进而实现个人、社会和经济目标。主要技能包括使用、获得、筛选、评估、制作、编程和分享数字内容。个体能够有效地管理和保护信息、内容、数据和数字身份，并具备使用软件、设备、人工智能或机器人的认知和技能。

**知识**　通过学习和吸收信息，个体可以融汇多种工作、学习或研究领域的事实、原则、理论和实践。个体需要理解数字技术如何支持沟通、创造和创新，同时了解数字技术带来的机遇、局限、效果和风险。个体需要理解数字技术演进的基本原理、机制和逻辑，以指导了解不同数字设备、软件和网络的基本功能和用途。个体需要以批判性的态度看待数字渠道所获得的信息和数据的有效性、可靠性和影响，并且需要了解与数字技术使用相关的法律和伦理原则。

图 2-3　数字素养与技能能力项的三维行为表现结构

通过这一系统化的方法，组织能够更有效地规划、实施、监测和推动员工数字素养与技能的培训和教育。这有助于适应数字化时代的快速变化，提高组织的竞争力和创新能力。

### 1. 数字化生存力及其子能力项解析

**数字化生存力**是组织全员在数字环境中的基础技能之一。

这些能力对于满足日常工作需求、了解数字技术对生活和工作的影响，以及初步管理数字资产至关重要。缺乏这些能力可能导致难以适应新的工作方式和方法，甚至失去就业机会。

数字化生存力包括下面 3 个子能力项。

- 数字设备的物理操作：识别和使用硬件工具和技术，了解其功能和特性。
- 数字设备中的软件操作：理解并掌握操作软件工具和技术所需的数据、信息和数字内容。
- 浏览、搜索和过滤数据、信息和数字内容：在数字环境中表达信息需求，通过搜索获取数据、信息和数字内容，进行访问并灵活导航。同时，能够创建和更新个性化搜索策略。

以下是"**浏览、搜索和过滤数据、信息和数字内容**"能力项的 6 个不同熟练程度水平的基本行为示例，如图 2-4 所示。

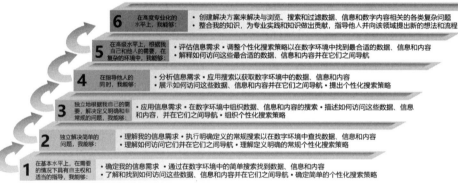

图 2-4　"浏览、搜索和过滤数据、信息和数字内容"能力的六级熟练程度水平示例

此项能力是数字素养与技能的重要组成部分，包含知识、技能和态度 3 个维度的行为示例，如图 2-5 所示。

需要注意的是，这里列出的"示例"并未穷尽该能力所涵盖的全部内容。所示的知识、技能和态度示例不应被视为所有员工必须掌握的唯一学习成果，也不能用作评估工具或自我反思能力发展的唯一标准。然而，这些示例可作为基础，用于明确学习目标、内容、过程及其评估(尽管实现这些目标需要更多的教学规划和实施)。

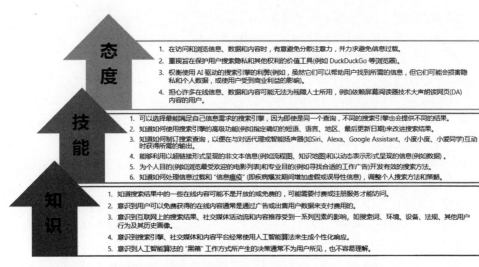

**态度**

1. 在访问和浏览信息、数据和内容时，有意避免分散注意力，并力求避免信息过载。
2. 重视旨在保护用户搜索隐私和其他权利的价值工具(例如 DuckDuckGo 等浏览器)。
3. 权衡使用 AI 驱动的搜索引擎的利弊(例如，虽然它们可以帮助用户找到所需的信息，但它们可能会损害隐私和个人数据，或使用户受到商业利益的影响)。
4. 担心许多在线信息、数据和内容可能无法为残障人士所用，例如依赖屏幕阅读器技术大声朗读网页(DA)内容的用户。

**技能**

1. 可以选择最能满足自己信息需求的搜索引擎，因为即使是同一个查询，不同的搜索引擎也会提供不同的结果。
2. 知道如何使用搜索引擎的高级功能(例如指定确切的短语、语言、地区、最后更新日期)来改进搜索结果。
3. 知道如何制订搜索查询，以便与对话代理或智能扬声器(如Siri、Alexa、Google Assistant、小度小度、小爱同学)互动时获得所需的输出。
4. 能够利用以超链接形式呈现的非文本信息(例如流程图、知识地图)和以动态表示形式呈现的信息(例如数据)。
5. 为个人目的(例如浏览最受欢迎的电影列表)和专业目的(例如寻找合适的工作广告)开发有效的搜索方法。
6. 知道如何处理信息过载和"信息瘟疫"(即疾病爆发期间增加虚假或误导性信息)，调整个人搜索方法和策略。

**知识**

1. 知道搜索结果中的一些在线内容可能不是开放的或免费的，可能需要付费或注册服务才能访问。
2. 意识到用户可以免费获取的在线内容通常是通过广告或出售用户数据来支付费用的。
3. 意识到互联网上的搜索结果、社交媒体活动流和内容推荐受到一系列因素的影响，如搜索词、环境、设备、法规、其他用户行为及其历史画像。
4. 意识到搜索引擎、社交媒体和内容平台经常使用人工智能算法来生成个性化响应。
5. 意识到人工智能算法的"黑箱"工作方式所产生的决策通常不为用户所见，也不容易理解。

图 2-5　"浏览、搜索和过滤数据、信息和数字"能力的三维行为示例

## 2. 数字化安全力及其子能力项解析

**数字化安全力**是组织全员在数字环境中的基础技能之一。这需要员工具备数字安全原理知识、意识和技能，能够识别、防范和应对各类数字安全问题，如网络攻击、信息泄露、谣言传播、电信诈骗和信息窃取。同样，员工需要正确使用组织安全管理系统和工具，遵守相关安全规定和政策。数字化安全力既是保障信息网络和员工个人隐私安全的基础能力，也是应对数字环境安全压力的关键保障。

数字化安全力包括下面 5 个子能力项。

- 保护数字设备和内容：了解数字环境中的设备和内容风险，采取安全措施，考虑可靠性和隐私。
- 保护个人数据和隐私：在数字环境中保护个人数据和隐私，了解使用和共享个人身份信息的安全方式，理解"隐私政策"。
- 保护健康和福祉：面对数字技术带来的健康风险，保护自身和他人免受数字环境威胁，如网络欺凌。同时，了解数字技术对社会福祉和包容性的影响。
- 保护环境：意识到数字技术及其使用对环境的影响。
- 管理数字身份：创建和管理数字身份，以维护个人声誉，处理通过多种数字工具、环境和服务产生的数据。

## 3. 数字化思维力及其子能力项解析

**数字化思维力**是组织全员在数字环境中的基础技能之一。

在数字化时代，员工需要具备数据思维能力，能够从数据中提取价值信息并做出业务决策，同时能够通过数据发现问题、找到根本原因，进行精准分析甚至对未来进行预测。这种能力对于更好地应对复杂问题和推动创新至关重要。

数字化思维力包括下面 4 个子能力项。

- 评估数据、信息和数字内容：批判性地分析、比较和评估数据、信息和数字内容来源的可信度和可靠性。
- 管理数据、信息和数字内容：在数字环境中组织、存储和检索数据、信息和内容，包括在结构化环境中处理它们。
- 数字礼仪：在数字技术使用和互动中，注意行为规范、专业知识，提高网络文明素养，调整沟通策略以适应不同受众。
- 伦理道德：遵循特定要求和准则，在数字技术的开发、应用和管理中保持伦理和法律合规，推动多样性、包容性和公平性，坚持以人为本的理念。

在数字化时代，组织员工有责任遵守伦理准则，自觉守法合规地使用互联网，并遵循数字社会的行为规范。同时，应理清现实与虚拟的边界，积极应对网络成瘾、短视频依赖、注意力分散和知识碎片化等挑战。在国家和组织层面，需要加强人工智能技术治理，促进负责任的人工智能发展，确保数字技术的安全应用，推动数字化时代的可持续进步。

### 4. 数字化应用力及其子能力项解析

**数字化应用力**是指组织员工在数字环境中，熟练理解并灵活运用各类数据、数字技术工具和应用程序，以完成日常任务和实现既定目标的专业数字技能。

员工需要巧妙运用这些工具和应用，提升工作效率和质量，满足客户和市场需求，从而提升组织竞争力。数字化应用力还要求员工深入理解数字技术在数字化学习和生活领域的应用，以更好适应数字化时代的工作和生活环境。只有掌握数字化应用能力，员工方能在数字环境中胜任工作，更高效地推进业务。

数字化应用力包括下面 7 个子能力项。

- 通过数字技术互动：灵活使用各类数字技术进行互动，理解在给定情境中适宜的数字沟通方式。
- 通过数字技术分享：利用适当的数字技术与他人分享数据、信息和数字内容，了解引用和归属实践。
- 通过数字技术参与：通过使用公共和私人数字服务积极参与社区和组织活动，追求个人赋权和以个人身份参与社区和组织活动的机会。
- 通过数字技术协作：巧妙运用数字工具和技术进行协作，共同构建和创造数据、资源和知识。
- 解决技术问题：在数字环境中操作和使用设备时，能够识别并解决技术问题，包括故障排除和解决更复杂的问题。
- 识别需求和技术响应：评估需求，识别、评估、选择和使用数字工具和可能的技术来响应并解决它们。根据个人需求(如可访问性)调整和定制数字环境。
- 与职业相关的能力：识别和使用针对特定领域的专业的数字工具和技术；

在数字环境中理解、分析和评估特定领域的专业数据、信息和数字内容。

### 5. 数字化创新力及其子能力项解析

**数字化创新力**是指组织员工利用数据、数字技术及相关工具，创造数据驱动的新商业模式、解决方案、产品与服务的创新数字技能。员工应当不断提升对前沿数字技术趋势的认知能力，积极培养创新性与设计思维模式，熟练掌握精益原则与敏捷开发方法论，并拓展跨学科的知识视野，以实现全方位能力的整合与发展。通过评估和应用适当技术，与他人合作进行数字化创新项目，以提高组织生产效率、工作效能和竞争力。数字化创新力是组织数字化转型和持续发展的关键基石。

数字化创新力包括下面 6 个子能力项。

- 开发数字内容：创建和编辑各种数字内容，通过数字手段表达创意。
- 整合与重制数字内容：将新信息和内容整合到现有知识和资源中，创建新的、原创的和相关的内容和知识。
- 版权和许可：了解版权和许可在数据、数字信息和内容中的适用方式。
- 编程：为计算系统设计和开发易于理解的指令，以解决问题或执行特定任务。
- 创造性地使用数字技术：巧妙运用各类数字工具与技术手段，致力于知识创新、流程再造与产品研发，积极参与并借助认知计算的力量，解决数字化环境中的复杂问题。
- 识别数字素养鸿沟：了解个人数字能力的改进或更新方向，支持他人的数字能力发展，寻求自我发展机会并与数字化进程同步。

综合而言，全体员工需要掌握这 5 个层级的数字化能力，这样组织才能在数字化时代取得成功并保持竞争优势。因此，组织需要为员工提供培训和支持，帮助其胜任数字环境和工作要求，提升生产力、竞争力，推动组织创新和持续发展。

## 2.5　输入资源

为提升全体员工数字化适应力、胜任力和创造力，组织需要提供以下三方面的资源或保障措施，以实现全员数字素养与技能的提升。

### 1. 加强组织领导

强化组织领导，建立协调机制，实现部门之间的策略协同和工作衔接，推进全员数字素养与技能提升。制定工作方案和完善策略，确保任务有序落实。

### 2. 推动策略落地

完善策略支持和资金机制，增加对数字化薄弱环节的投入，提供高质量数据资源。培育创新型数字化人才，推动制度修订，提高员工数字素养，激发数字创新活力。

### 3. 强化监测评估

积极组织员工参加数字素养与技能培训，借鉴 TSIA 全员数字素养与技能框架，建立符合自身特色的全员数字素养与技能发展评价指标体系。定期进行数字素养与技能发展监测和评估认证，表彰贡献突出的集体和个人，持续提升全员数字素养与技能水平。

## 2.6　总结与思考

数字素养与技能是当前数字化时代的必备素质，关系到组织全员适应力、胜任力和创造力的提升。这些素养的培养有助于组织更好地适应变化，实现持续创新与发展。数字素养与技能水平已成为现代组织构建核心能力素质模型不可或缺的新元素，要求组织内部所有层级员工都不断地进行迭代与提升。

TSIA 全员数字素养与技能框架采用金字塔模型，由四层基础、三层目标及五级能力域构成，全面涵盖了生活、学习、工作和创新各领域所需的数字化核心素养与技能。该框架详述了从数字化适应、胜任至创造的三层发展目标，并细分出数字化生存、安全、思维、应用和创新能力五大领域共 25 项子能力。每项子能力均设有六级熟练度指标及三维行为表现评价标准，旨在促进实践应用中的具体测量与评估。

在数字化时代，培养这些素养是不可或缺的。员工须通过学习、实践和创新，培养适应力、胜任力和创造力，为数字化转型注入新动力，引领组织迈向充满活力和机遇的数字化未来。

**思考题**

1. 在数字化时代，如何设计和实施有效的培训计划，以提高组织员工的数字素养与技能水平？

2. 在数字化时代，个人和组织的道德标准在数字素养中的地位如何？思考在数字化环境下如何保持良好的道德素质。

3. 数字化时代中，人与机器的协作和竞争关系将日益重要。对于组织和个人而言，应采取何种策略来平衡人与机器之间的关系，以实现最佳的协同效果？

**本章测试题**

1. 以下哪个不是数字素养的核心要素？

    A. 信息素养               B. 数据素养

    C. 技术素养               D. 社交素养

2. 数字素养的最核心概念是什么？

    A. 数字技术的商业应用        B. 数字工具和技术的更新

    C. 软件和应用程序的安装        D. 数字信息的理解和应用

3. 下面哪个要素不属于提升全员数字素养与技能的目标？

    A. 胜任力                        B. 适应力

    C. 创造力                        D. 组织力

4. 以下哪个选项描述了计算思维的重要优势？

    A. 提高社交技巧                  B. 培养逻辑思维能力

    C. 加速计算速度                  D. 扩展数字存储能力

5. 在进行网络搜索时，以下哪个是正确的行为？

    A. 点击搜索结果中的第一个推荐链接

    B. 仅依赖搜索引擎的排名选择链接

    C. 评估链接的可靠性和权威性

    D. 忽略搜索结果中的广告链接

6. 你在一家新闻机构工作，负责发布新闻内容到公司的社交媒体平台。你注意到一篇关于流行病的文章在社交媒体上获得了大量的点赞和分享，但没有明确的来源。你觉得应该如何做？

    A. 直接转发文章，因为它受到了很多关注，对新闻机构的影响很有利

    B. 转发文章，但同时添加一个注释，提醒读者该文章缺乏来源信息

    C. 忽略这篇文章，因为它缺乏来源信息，可能是虚假信息

    D. 编写一篇反驳文章，指出这篇文章的不足之处，并提供可信的来源

7. 在进行在线研究时，以下哪项是最好的做法？

    A. 主要根据搜索引擎的推荐排名结果

    B. 相信来源于 HTTPS 网站的信息

    C. 使用多个可靠的资源进行交叉验证

    D. 复制粘贴其他作者的文字材料

请扫描二维码查看答案解析。

# ∞ 第 II 部分 ∞
# 初级数字化管理师能力培养

初级数字化管理师是企事业单位数字化管理的基础工作执行者，他们需要具备一定的数字素养与技能，同时熟练掌握至少一项数字化管理的关键能力。

初级数字化管理师需要具备的关键能力包括如下。

- 需求分析和管理
- 用户体验设计与应用
- 数字化项目管理
- 数据管理与应用
- 知识管理与应用
- 产品与服务管理

在开始本部分的学习之前，请先自我判断对于初级数字化管理师角色和能力的了解程度。

**1. 初级数字化管理师的主要职责是什么？**

    A. 作为数字化管理的主要执行者，负责制定数字化战略和目标

    B. 在数字化转型中发挥领导作用，推动组织实现数字化转型和创新发展

    C. 担任企事业单位数字化管理的基础工作执行者，具备一定的数字素养与技能

    D. 作为企事业单位数字化管理的中坚力量及主要执行者，具备比较完备的数字素养与技能，精通若干项数字化管理的关键能力

**2. 初级数字化管理师需要重点关注以下哪些能力？**

    A. 制定长期数字化战略和目标

    B. 有效参与和协调数字化项目的实施

    C. 负责提高数字化产品和服务的用户体验

    D. 熟练掌握多项数字化管理的关键技能，包括产品与服务管理、数据管理与应用等

**3. 初级数字化管理师的学习培养重点是什么？**

    A. 掌握各种行业知识和经验

    B. 熟练掌握至少一项数字化管理的关键能力，如数字化项目管理、需求分析和管理等

    C. 参与各类数字化会议和培训课程

    D. 主动参与企业的社交活动以提升个人影响力

可扫描二维码查看答案解析。

# 第 3 章

# 需求分析和管理：辨识组织和消费者需求，发现值得解决的问题

## 3.1 概述

### 3.1.1 背景和目标

#### 1. 背景

需求分析和管理是"需求-设计-开发-测试-投产-优化"这个成熟的管理模式中的第一个环节，它涉及对利益相关者需求的收集、分析、确认和管理，以确保利益相关者的需求得到满足。企业建立需求分析和管理过程的驱动因素主要有以下 6 个，如图 3-1 所示。

- 客户驱动：关注客户需求、满意度和体验，不断改善产品和服务以满足客户需求。
- 技术驱动：采取先进技术方案，根据市场情况分析技术影响，实现企业发展目标。
- 市场驱动：保持需求分析与市场一致，了解消费者需求，采取合适的市场策略，保持竞争优势。
- 文化驱动：通过深入理解企业文化，建立有效管理模式，提高核心竞争力。
- 管理驱动：建立灵活的管理模式，提高企业绩效，确保需求管理符合企业管理要求。
- 业务驱动：综合考虑市场和客户需求，构建有效业务模式，提高产品质量。

图 3-1 业务驱动因素构成

### 2. 目标和原则

**需求分析的目标**是"识别、理解和记录利益相关者的需求和期望，以便提供有价值的解决方案"。**需求管理的目标**是"确保业务、利益相关者和解决方案需求与设计相互对齐，并确保解决方案按照这些需求进行构建和交付"。简单而言，它的**核心目标**就是辨识组织和消费者需求，发现值得解决的问题，以便对解决方案的实现方式进行控制。需求分析和管理对于项目成功至关重要。有效的需求分析和管理可以提高项目成功率、降低风险、降低成本并提高质量。

需求分析和管理的核心原则要求业务分析师在全过程遵循一系列基本准则，主要包括：注重业务价值最大化、确保需求与企业战略协调统一并着眼未来发展、坚持需求可追溯、灵活地变更管理、积极引入适当的利益相关者参与，以确保需求的完整性和一致性。

## 3.1.2 相关概念解析

### 1. 需求分析的定义

**需求分析**就是挖掘和提炼用户需求和其他利益相关者期望，重点是解决用户痛点问题，即找到用户需求并把用户需求转为产品需求(解决方案)的过程，为后续的设计、开发、测试和实施提供明确的指导。以下是 5 个相关的概念定义。

- 需要：一个要针对的问题或机会。需要可以通过促使利益相关者采取行动而引发变革。变革也可以通过削弱或增强现有解决方案所带来的价值而引发需要。
- 业务需求：对某项变革发起初衷、预期目标及期望成果的详尽阐述。它们可以针对一个企业整体、一个业务领域或一次具体行动。
- 利益相关者需求：描述为达成业务需求而必须满足的相关方需要。它们可以作为业务与解决方案需求之间的桥梁。
- 解决方案需求：描述满足利益相关者需求的解决方案所具备的能力与品质。它们提供适当的详细程度，使得解决方案的开发与实施得以进行。解决方案需求可分成两个子类别。

- ◆ 功能性需求：指产品或服务必须具备的能力的描述，包括需要管理的行为和信息的形式。这些功能通常是由客户、用户或利益相关者提出。
- ◆ 非功能性需求或服务质量需求：与解决方案的功能行为没有直接关系，而是描述解决方案必须保持有效的条件或解决方案必须具备的品质。
- ■ 过渡需求：描述为促成从当前状态到将来状态的过渡，解决方案必须具备的能力和必须满足的条件；这些能力与条件在变革完成后就不再需要。有别于其他需求类型，它们具有临时性质。过渡需求针对的是诸如数据转换、培训和业务可持续性等话题。

### 2. 需求管理的定义

**需求管理**是指计划、执行、监控和控制与需求相关的所有活动，以确保需求的准确性、完整性、一致性和可追溯性。需求管理涉及多个方面，包括需求的收集、分析、梳理、定义、优先级排序、变更控制、追踪和验证等。需求管理的目的是确保项目团队在开发和实施过程中，能够理解、满足和验证利益相关者的需求，从而实现项目的成功交付。

### 3. 马斯洛个人需求层次理论

需求层次在商业分析语境下更适合称为"需要层次"。亚伯拉罕·马斯洛于 1943 年提出个人需求层次理论，将个人需求分为生理、安全、社交、尊重和自我实现五层次(如图 3-2 所示)。

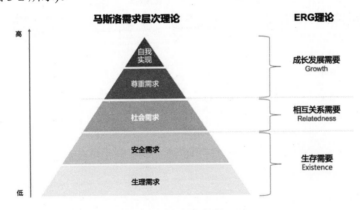

图 3-2　马斯洛五层理论

在《Z 理论》中，马斯洛补充了第六个层次——自我超越的需求。其学生在马斯洛去世后发表了人生需求八层次理论，包括生理、安全、友爱、受尊敬、求知、求美、自我实现和天人合一的最高需求。作为需求分析关键框架，基础需求为"刚需"，需求层次提升，刚需逐渐迁移到高阶需求。需求分析应优先关注和分析用户的"刚需"。

## 4. 设计思维

设计思维融汇了需求分析与产品设计的内在逻辑，尤其在遵循从需求识别、设计构思到产品开发这一连续性流程时，实现了两者的无缝衔接与一体化运作。目前有4种常见的设计思维模型，分别是 POV 模型[1]、IDEO 模型[2]、Design Sprint 模型[3]和"双钻"模型[4]；其中"双钻"模型由英国设计委员会在 2005 年创立，是当今设计思维的常用架构模型，大体分为 4 个阶段(如图 3-3 所示)。

- 探索：发现问题，对现状进行深入研究，包括了解用户特征、产品当前状况、用户如何使用产品以及用户对产品的态度等。
- 定义：确定关键问题。这阶段的焦点在用户当前最关注、最需要解决的问题上，需要根据团队的资源做出取舍，聚焦核心问题。
- 设计：探寻多样化的潜在解决方案。在此发散思考阶段，暂时无须过分拘泥于技术可行性考量，即使某些方案初看起来存在较大技术挑战，也应在后续进程中尝试逐渐将其演变成切实可行的实施方案。
- 交付：通过合适的方式将设计方案实体化，并与用户实际接触，从而获得宝贵反馈，同时在此基础上反复迭代、测试和优化产品，确保其性能与体验不断趋于完善。

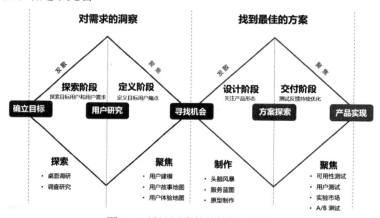

图 3-3　设计思维的整体架构模型

---

1　POV 模型：该模型强调从用户的角度出发，定义问题和需求。它通常包括观察、同理心、定义用户需求和问题陈述等步骤。

2　IDEO 模型：由知名设计公司 IDEO 提出，这个模型强调创意、协作和迭代。它包括观察、想法生成、原型制作、测试和实施等步骤，鼓励快速迭代和用户反馈。

3　Design Sprint 模型：由 Google Ventures 开发，这个模型是一种时间紧凑、目标明确的设计过程。它通常在一周内完成，包括理解、定义、草拟、决定、原型和测试等步骤。

4　"双钻"模型：这个模型由英国设计委员会提出，象征着问题定义(发现和定义)和解决方案开发(设计和交付)的两个阶段。每个阶段都包含了一系列的发散和收敛的过程，鼓励团队广泛探索并逐步缩小焦点。

### 5. 用 KANO 模型[1]来确定需求优先级

KANO 模型定义了 3 个层次的顾客需求：基本型需求、期望型需求和兴奋型需求。这 3 种需求根据绩效指标分类就是基本因素、绩效因素和激励因素，如图 3-4 所示。

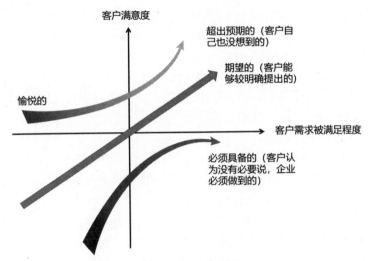

图 3-4　KANO 模型

- 基本型需求：顾客认为产品"必须有"的属性或功能。当其特性不充足时，顾客很不满意；当其特性充足时，对客户满意度没有多少影响，顾客充其量是满意。例如只要酒店浴室满足了我的基本需要，我并不会关心洗漱台的台面是用什么材料制作的。

- 期望型需求：要求提供的产品或服务比较优秀，但并不是"必需"的产品属性，有些期望型需求连顾客都不太清楚，但却是他们希望得到的。顾客通常谈论的是期望型需求，期望型需求又叫线性需求，这类需求越多越好。线性需求在产品中实现得越多，顾客就越满意，当没有这些需求时，顾客就不满意。因此，产品的价格通常和线性特性相关。

- 兴奋型需求：提供给顾客一些完全出乎意料的产品属性，使顾客产生惊喜。兴奋点和惊喜点常常是一些未被顾客了解的需求，顾客在看到这些功能之前并不知道自己需要它们。当其特性不充足，并且无关紧要时，顾客无所谓；当产品提供了这类需求中的服务时，顾客就会对产品非常满意，从而提高顾客的忠诚度。这类需求可以为产品增加额外价格。

---

1　KANO 模型是由日本学者 Noriaki Kano 在 20 世纪 80 年代提出的。他通过这个模型阐述了不同类型的顾客需求如何影响顾客的满意度，从而为产品和服务设计提供一个有价值的理论框架。

### 6. 需求分析方法

需求分析的方法按照分析的对象不同，可分为研究二手数据的桌面研究和研究一手数据的调查研究。

**桌面研究**是指利用二手信息，整理本公司历史的或其他机构披露的数据，对所在行业/市场进行分析。由于二手信息/数据渠道过多，常见的二手信息获取渠道包括行业书籍、媒体网站、行业研究报告等。

**调查研究**是指利用一手信息，采用定性访谈、定量问卷等对利益相关者或专家进行调研分析。

调查研究的方法还可以具体细分为定性和定量两大类，以获取更全面的数据和洞见。下面列举一些常用的定性和定量方法。

定性方法包含如下。

- 深度访问：与用户进行深入的面对面交谈，探索他们的需求、期望和问题。
- 焦点小组：邀请一组用户一起讨论产品或服务的使用体验，并收集他们的意见和建议，该方法是工作坊方法的一种。
- 任务场景：通过描述具体的使用场景，让用户在虚拟的环境中完成一系列的任务。该方法是工作坊方法的一种。
- 用户测试：让用户在特定的任务场景下使用产品或服务，并记录他们的行为和反应。

定量方法包含如下。

- 问卷调查：通过问卷收集用户的反馈和评价，对大量数据进行统计和分析。
- A/B 测试：通过同时展示不同版本的产品或服务，比较用户的反应和行为，找出更优的版本。该方法会与网站流量分析法相结合，即通过工具对网站的访问量、页面浏览量、跳出率等数据进行分析，了解用户的行为和偏好。
- 实验市场：在有限且精心挑选的市场(试销市场)中进行模拟销售。

# 3.2 效果检验

## 3.2.1 需求分析的效果检验

建立需求分析的执行效果度量指标体系的重要性在于能够帮助业务分析师有效地监控和评估需求分析过程的质量和效果，以便及时发现和纠正问题，提高解决方案的质量和价值。具体来说，建立需求分析的执行效果度量指标体系的原因如下。

- 评估需求分析的质量：通过度量需求分析的效果，可以评估需求分析的质量和准确性，以便及时发现和纠正问题。例如，如果发现需求溢出率较高，可能意味着需求分析过程中遗漏了某些需求，需要进一步澄清和收集。

- 优化需求分析的效率：通过度量需求分析的效率，可以评估需求分析的效率和成本效益，以便优化需求分析的过程和方法。例如，如果发现需求变更率较高，可能意味着需求分析的过程和方法不够有效，需要进一步改进和优化。
- 改进解决方案的质量和价值：通过度量需求分析的效果，可以评估解决方案的质量和价值，以便改进解决方案的设计和实现。例如，如果发现需求准确性和完整性较低，可能意味着解决方案的设计和实现不太符合利益相关者的需求和期望，需要进一步改进和调整。
- 支持决策和沟通：通过度量需求分析的效果，可以为决策和沟通提供有效的支持和依据，以便更好地理解和解决利益相关者的需求和期望。例如，如果发现需求一致性较低，可能意味着不同利益相关者的需求和期望存在较大的差异和冲突，需要进一步协调和沟通。

综上所述，建立需求分析的执行效果度量指标体系对于实现业务分析的目标和提高解决方案的价值具有重要的意义和作用。

## 3.2.2　需求管理的效果检验

建立需求管理的执行效果度量指标体系的重要性可以从以下几个角度进行论述。

- 用户中心的角度：度量的重要性在于确保需求管理过程与最终用户的需求和期望相一致。通过衡量需求管理满足用户需求的效果，项目团队可以做出有根据的决策，改进用户体验，并最终提供更成功的解决方案。
- 敏捷的角度：度量的重要性在于支持需求管理过程的持续改进。通过衡量和分析关键绩效指标(KPI)[1]，如周期时间、积压量和团队速度等，敏捷团队可以识别改进的领域并相应地调整其方法。
- 风险管理的角度：度量的重要性在于识别和减轻与需求管理相关的潜在风险。通过衡量和分析风险的频率和影响(如范围膨胀、需求冲突和利益相关者不一致等)，项目团队可以主动解决这些问题，并降低项目失败的可能性。
- 商业价值的角度：度量的重要性在于确保需求管理过程为组织提供可衡量的价值。通过衡量需求管理活动的投资回报率(ROI)[2]，项目团队可以展示他们的工作的商业价值，并证明需求管理的持续投资是有价值的。
- 持续改进的角度：度量的重要性在于提供一个基础，用于对需求管理过程进行持续评估和完善。通过定期衡量和分析关键指标(如利益相关者满意度、需求追踪和缺陷密度等)，项目团队可以识别改进的领域，并随着时间的推

---

1　关键绩效指标(Key Performance Indicator，KPI)是一种衡量管理工作成效的重要工具，用于量化和质化地评估公司、员工和事务在某一时期的表现。这些指标必须是客观和可衡量的。

2　投资回报率(Return On Investment，ROI)是一种衡量投资盈利性的财务指标，用于评估投资带来的收益与其成本之间的关系。

移对需求管理过程进行迭代性改进。

- 协作的角度：度量的重要性在于确保各利益相关者之间的协作和对项目进展的共同理解，并最终提高需求管理过程的质量和有效性。
- 合规的角度：度量的重要性在于确保需求管理过程符合法规和行业标准。项目团队通过系统性地监测与详实记录合规审计的各个环节及其结果，包括但不限于审计发现、违规记录以及相应的纠正举措等，得以有效验证其在法规与标准方面的合规状态，并敏锐捕捉到合规流程中潜在的优化与改进机遇。

总之，通过从多个角度衡量和分析关键指标，项目团队可以识别改进的领域、做出数据驱动的决策，并随着时间的推移不断完善需求管理过程。

# 3.3　输出结果

一般而言，需求分析与管理的输出物包括以下内容。

- 需求规格说明书：需求规格说明书是记录需求的主要文档，它描述了系统的功能、性能、可靠性、安全性等方面的需求。需求规格说明书通常包括需求描述、需求优先级、需求来源、需求验证方法等内容。
- 需求追踪矩阵：需求追踪矩阵是一种跟踪需求实现情况的工具。它记录了每个需求的状态、实现情况、变更情况等信息，以便项目团队跟踪和管理需求。
- 需求变更记录：需求变更记录是记录需求变更的文档。它包括需求变更的原因、影响、优先级等信息，以便项目团队进行变更管理。
- 产品待办清单：产品待办清单是列出所有需求的文档，包括已实现和待实现的需求。它可以帮助项目团队了解产品的状态和进度。
- 产品发布计划：产品发布计划是规划产品发布时间和里程碑的文档。它包括产品发布的日期、版本号、发布内容等信息，以便项目团队进行产品发布和交付。
- 需求评审报告：需求评审报告是记录需求评审结果的文档。它包括评审的结果、建议、问题和解决方案等信息，以便项目团队进行需求澄清和确认。
- 需求验证报告：需求验证报告是记录需求验证结果的文档。它包括需求验证的方法、结果、问题和建议等信息，以便项目团队进行需求确认和变更管理。
- 需求管理计划：需求管理计划是规划需求管理的过程和方法的文档。它包括需求管理的目标、策略、角色和责任，需求变更管理，需求跟踪和报告等内容。

　　除了以上主要输出物，还可以根据项目的具体情况和需求，产生其他相关文档和工具，例如需求模型、用户故事地图、用例图和用例规约、原型和界面设计等。这些输出物可以帮助项目团队更好地理解和管理需求，提高项目的成功率和质量。

## 3.4　需求分析与管理过程

　　商业需求分析和管理的过程为制定计划、企业分析和明确范围、利益相关者需求获取、需求分析、方案评估和验证、需求管理和沟通 6 个步骤，如图 3-5 所示。

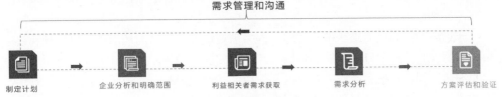

图 3-5　需求分析和管理过程

　　其中企业分析和明确范围阶段需要明确业务需求，利益相关者需求获取阶段需要明确相关方需求，需求分析和设计阶段需要明确解决方案需求和过渡需求。

　　需求分析和管理过程是一个复杂的过程，在项目开发中至关重要，需要采用适当的方法、工具和技术来确保需求得到充分的搜集、分析、管理和沟通。以下是进一步的描述。

### 3.4.1　制定计划

　　商业需求分析与管理计划应该包括商业需求分析和管理的目标、范围、时间表、资源分配、商业分析方法和工具等内容。制定计划可以确保商业需求分析和管理过程能够有条不紊地进行。

#### 1. 基本知识

　　**目的**：明确任务和利益相关者。确定如何进行需求分析和管理过程，以便在项目进展过程中确保所有的利益相关者都能够理解和支持需求的开发和管理。同时为应对不确定性做好准备，需要的话更新或更改业务分析方法，有效并持续改善业务分析实践。

　　**回答的问题**：核心问题是"我们需要做什么"，衍生问题是"谁是利益相关者""如何与利益相关者沟通""如何管理需求变更""如何追踪需求"。

　　**价值**：确保所有利益相关者对目标达成共识，以便更好地管理需求开发和变更。

### 2. 任务列表

**利益相关者管理**：商业分析师需要识别所有的利益相关者及其影响力，了解他们的需求和期望，制定沟通计划，以便在商业需求分析和管理过程中与他们进行有效的沟通和协作。

**计划业务需求分析活动**：在制定计划阶段，商业分析师首先需要标识业务分析交付物、确定业务分析工作范围、确定业务分析活动在知识域(企业分析、需求获取、需求分析)的任务、标识任务之间的依赖关系以及任务间的接口问题、开发商业分析工作评估指标(时间、技能要求级别、任务复杂性等)，进而制定详细的业务需求分析计划，包括活动、任务、时间表、资源分配等，以确保商业需求分析和管理过程能够按计划进行。

**计划沟通**：商业需求分析和管理过程中需要进行大量的沟通活动，包括与利益相关者的沟通、与项目团队的沟通、与其他部门的沟通等。商业分析师需要制定详细的沟通计划，包括利益相关者分组、沟通方式、沟通频率、沟通内容等，以确保沟通能够顺畅进行，信息能够得到及时传递。

**计划需求管理流程**：商业需求分析和管理过程中需要进行大量的需求管理工作，包括需求跟踪、需求变更管理、需求确认等。商业分析师需要制定详细的需求管理计划，包括需求管理流程、需求变更控制流程、需求确认流程等，以确保需求管理工作能够按计划进行。

**业务需求分析绩效的计划、监控与报告**：商业分析师需要制定详细的业务需求分析绩效计划，包括绩效指标、绩效评估方法、绩效监控和报表等。商业分析师需要定期监控业务需求分析的绩效，并向项目团队和利益相关者报告绩效情况，以便及时调整商业需求分析和管理过程。

## 3.4.2　企业分析和明确范围

该步骤应该包括定义项目的商业目标、范围和边界，以及确定项目的利益相关者和商业需求的优先级。明确范围可以确保商业需求分析和管理过程的目标和范围明确，以便商业分析师和利益相关者都能够在同一视野下工作。

### 1. 基本知识

**目的**：建立全局观。了解企业的运营环境、业务目标和战略规划等方面的情况，以便在后续的需求获取和分析中更好地理解业务需求和期望，并建议方案范围。

**回答的问题**：核心问题是"为什么做这件事"，衍生问题是"企业目标和战略规划是什么""企业的业务流程和价值链是什么""企业的业务环境和趋势是什么""企业的风险和机会是什么""本项目应该聚焦于哪些领域"。

**价值**：确保项目团队了解企业的业务和战略目标，以便更好地理解业务需求和期望，将有限的资源聚焦于重要的领域。

### 2. 任务列表

**标识业务需要**：需要对企业内外部环境进行分析，内部包括定义和提炼当前和将来的业务架构、评估当前的技术(基础设施和应用)状态，外部包括基准分析、竞争力分析，进而完整地定义业务问题和机会，确定实施项目或计划的原因和目的。

**确定方案步骤**：找出潜在的方案，分析可行性，并推荐可行的业务方案供决策者验证。

**定义方案范围**：需要对实施方案进行分析，确定实施方案的范围和边界，以及需要满足的商业需求和商业目标。

**开发业务案例**：需要对实施方案进行分析，制定一个完整的业务案例，包括商业需求和商业目标、实施方案的范围和边界、实施方案的预期效益、成本和风险等。

## 3.4.3　利益相关者需求获取

该步骤应该包括对利益相关者进行访谈、组织会议、调查和观察等，以便获得所有必要的商业需求。需求获取可以确保商业分析师和利益相关者之间的沟通和协作，以获得所需的商业需求。

### 1. 基本知识

**目的**：从利益相关者中获取需求。识别、收集和文档化利益相关者的需求和期望，以便为项目开发提供合适的解决方案。

**回答的问题**：核心问题是"利益相关者需要什么"，衍生问题是"什么是利益相关者的需求和期望""如何获取这些需求和期望""如何组织和分类这些需求和期望"。

**价值**：确保项目团队了解所有利益相关者的需求和期望，以便为项目开发提供合适的解决方案。

### 2. 任务列表

**准备工作**：为需求获取做好准备，确定可用的资源、提供支持的材料等。

**获取信息**：开展利益相关者调研，获取相关信息。在这个过程中，需要提供支持的材料，如业务问题/机会或业务案例和方案范围、组织规范等。

**成果记录与归档**：记录和文档化获取的结果，以便后续的需求分析和管理。在这个过程中，需要根据不同的技术手段(如访谈、研讨会、调查反馈等)记录和文档化获取活动的结果，包括假设、约束、风险、问题等。

**确认获取结果**：确保需求获取的结果准确、完整、一致和可追溯。在这个过程中，需要与利益相关者确认获取的结果，并解决任何不一致或缺失的问题。

### 3.4.4　需求分析

该步骤应该包括对商业需求进行分类、优先级排序、归纳、总结和验证等，以便确保对商业需求理解的准确性。需求分析和设计可以确保商业分析师和利益相关者之间的共识和一致性，以便在商业需求分析和管理过程中达到共同的目标和期望。

**1. 基本知识**

**目的：** 分析调研数据。逐步细化获取后的需求，在特定范围内更清晰地定义需求，验证需求是否满足业务需要，测试需求并确认需求高质量。

**回答的问题：** 核心问题是"解决方案必须满足什么需求"，衍生问题是"如何将需求转化为详细的规格说明""如何评估需求的实现难度""如何识别和解决需求之间的冲突"。

**价值：** 确保项目团队了解如何满足利益相关者的需求，并为开发人员提供详细的规格说明。

**2. 任务列表**

**组织需求：** 需要将获取的需求进行分类、整理和组织，以便后续的需求分析和管理。

**划分优先级：** 根据业务价值、风险、成本等因素，对需求进行优先级排序，标识需求之间的逻辑依赖性，以便在有限的资源下进行优先处理。

**详述需求和建模：** 详细描述和建模需求，以便更好地理解和分析需求，以及在后续的开发和测试中进行验证。在这个过程中，需要捕获需求质量属性，使用文字描述需求和通过图形建模(包括用例、业务流程、数据流图等)。

**确定假定和约束：** 识别和记录与需求相关的假设和约束，以便在后续的需求分析和管理中考虑。在这个过程中，需要识别和记录与需求相关的假设和约束，包括技术、法律、组织等方面的约束。在分析利益相关者需求时，我们会发现他们的期望不是需求而是约束，例如经费限制、开发期限、相关行业法律法规等。假设和约束最大的区别就是一个是不确定的，一个是确定的，约束是项目必须遵循的依据。

**确认需求：** 需要与利益相关者确认需求，以确保需求被正确、完整地定义出来，并满足项目的目标和范围。

**验证需求：** 这一步骤的目的是验证需求是否满足业务需要并符合质量标准。在这个过程中，需要对需求进行验证，包括功能测试、性能测试、安全测试等。

### 3.4.5　方案评估和验证

该步骤应该包括对商业需求方案进行评估、验证和测试，以便确定商业需求方案的可行性和可实现性。方案评估和验证可以确保商业需求分析和管理过程中的商业需求方案是可行的和可实现的。

### 1. 基本知识

**目的：** 确保最优方案被选择。评估和验证提出的解决方案，以确保其满足利益相关者的需求和期望。

**回答的问题：** 核心的问题是"该方案是否按预期执行"，衍生问题是"提出的解决方案是否满足利益相关者的需求和期望""解决方案是否可行""解决方案是否符合成本和时间要求"。

**价值：** 确保项目团队了解提出的解决方案是否满足利益相关者的需求和期望，并为项目提供可行和符合成本和时间要求的方案。

### 2. 任务列表

**评估需求覆盖率：** 检查可能的方案是否满足需求，评定结果应该包括推荐的方案、排除的方案或折中的方案。在这个过程中，需要评估方案是否完整、准确和一致。

**分配需求：** 为了在开发阶段有效实现需求，须将需求合理分配给各自对应的设计与开发团队。此过程涉及将需求细化分类至硬件、软件或其他人工处理流程，并提出适宜的产品发布策略建议，同时明确不同实现方式之间的权衡取舍。

**确定组织意愿：** 评估组织对方案实施的意愿和准备度，以便在实施过程中考虑相关因素。在这个过程中，需要执行组织意愿评估，包括组织文化、资源、技术等方面的准备情况，进而优化组织部署的推荐方法。

**验证方案：** 验证被确定和部署的方案是否满足业务需要并符合质量标准和业务目标。这个过程包括定义验收准则、标识缺点、分析影响、定义校正动作、验证校正动作。

**评价方案：** 评价方案的效果和成果，包括业务效益、成本效益、风险管理等方面的评估，以便在后续的项目中进行改进和优化。

## 3.4.6　需求管理和沟通

该步骤应该包括对商业需求进行跟踪、变更控制、版本管理和文档化等，以便确保商业需求的准确性和一致性。需求管理和沟通可以确保商业需求分析和管理过程中对商业需求的有效管理和控制，以便在商业需求分析和管理过程中取得成功。

### 1. 基本知识

**目的：** 就成果或变更进行沟通和管理。管理和沟通项目的需求，以确保项目的需求得到满足并得到适当的管理和控制。

**回答的问题：** 核心问题是"是否每个人都知道且同意这样做"，衍生问题是"如何管理和控制项目的需求""如何与利益相关者沟通需求"。

**价值**：确保项目团队管理和控制项目的需求，以满足利益相关者的需求和期望，并与利益相关者进行有效沟通，以确保项目正常运转。同时，确保需求的追溯性和重用，提高企业的一致性和效率。

### 2. 任务列表

**管理方案和需求的范围**：做好业务案例、方案和需求的基线和变更管理，确保各方对需求达成一致，明确基线需求，管理正式和非正式的需求变更，控制需求工件的版本，管理需求冲突和问题。

**管理需求追溯**：跟踪需求的来源、变更、影响和实现情况，包括需求的追溯矩阵、变更记录等，以便在后续的开发和测试中进行追溯和管理。

**管理可复用需求**：系统地对可复用需求进行分类、标识、责任分配、存储与检索等一系列管理操作，旨在便于后续在影响分析和方案维护工作中便捷调用，从而有力推动企业业务模型的一致性和连贯性。

**准备需求包**：准备需求文档和报告，包括需求规格说明书、用例文档、需求追溯矩阵等，以便向利益相关者传达需求和方案的情况。

**传递需求**：向利益相关者传达需求和方案的情况，以便获得反馈和确认。

## 3.5　输入资源

### 3.5.1　直接输入物

需求分析和管理的输入物包括以下内容。

- 初步范围定义：提供了项目的基本信息，如项目名称、目标、范围等，为需求分析提供参考。
- 业务架构：包括企业的商业模式、产品线、业务流程等，该信息为需求分析提供业务背景。
- 业务需要：是指企业在实现其业务目标时所必须满足的需要，需求分析应明确这些需要。
- 已有文档资料：包括已有系统、用户手册、系统维护文档等，这些文件能够帮助分析人员更好地了解需求。
- 企业组织架构：提供项目管理所需的组织和资源，包括团队成员、管理层和沟通渠道。
- 利益相关者信息：内外部利益相关者的背景信息有助于帮助需求分析师了解相关者的范围与重要性。
- 需求收集工具：包括访谈、问卷调查、会议等方式，用于搜集利益相关者的需求、期望及其他相关信息。

- 需求管理工具：可用于跟踪和管理需求，以确保满足业务目标和用户期望，并支持变更和版本控制。

## 3.5.2　战略一致性评估

战略一致性在需求分析和管理中至关重要。首先，明确组织战略目标，确保与使命和愿景一致。其次，建立有效的需求分析和管理流程，包括需求分析、识别和管理步骤。同时，确保内外部沟通畅通，有助于需求与战略目标保持一致。最后，建立有效监督机制，包括对需求分析和管理过程的定期评估和监督，以促进组织可持续发展。

## 3.5.3　就绪/风险评估

就绪/风险评估可以帮助组织识别和评估可能影响项目成功的风险，并为组织提供处理这些风险的有关建议。它主要涉及以下几个方面。

- 缺少风险承担者参与。风险缓解方法：与未参与需求收集的风险承担者沟通，尽早收集其对软件的期望。
- 需求上很少或不能达成一致。风险缓解方法：召集利益相关者参与需求讨论会，解决需求理解不一致问题。
- 需求蔓延。风险缓解方法：与用户约定项目范围，协商新增需求时增加项目开发周期和成本。
- 镀金需求[1]。风险缓解方法：为每个需求建立满意度和不满意度标准，确定实现优先级，协商实现时机。
- 没有需求验收标准。风险缓解方法：为需求建立量化验收标准，与用户沟通以确保理解其真正需求。
- 快速变化的需求。风险缓解方法：与用户约定项目范围，进行变更影响分析，减少不必要变更，协商增加项目开发周期和成本。
- 需求变更控制不够。风险缓解方法：强化需求变更影响分析，减少不必要变更；强化变更后验证，避免引入新缺陷。
- 新进入未知的业务，需求不确定。风险缓解方法：引入业务专家确定风险承担者，通过交流减少业务不熟悉导致的不确定需求。

---

[1] 镀金需求(Gold Plating)指的是在项目管理和软件开发过程中，超出项目最初要求和客户需求，额外增加未计划的功能或特性。这通常发生在项目即将完成时，开发者或团队主动增加额外的功能或提高产品规格，而这些增加并没有由客户提出，也可能不会增加产品的实际价值。

### 3.5.4　组织文化变革需求评估

优化需求分析和管理的关键点如下。

- 用户中心设计：坚持以用户为中心的设计原则，持续深入理解并积极将用户需求融入产品和服务的全开发周期中。
- 协作与沟通文化：鼓励团队内部开放沟通、合作、知识共享和创造性思考，优化需求分析和管理过程。
- 追踪和反馈机制：建立有效的需求跟踪和反馈机制，清晰记录需求变更和更新，并及时反馈给所有利益相关者。
- 强调质量与标准：确保需求分析和管理符合行业标准和最佳实践，执行内部质量控制程序。
- 实施敏捷方法[1]：采用敏捷方法(如 Scrum[2]、Kanban[3])以应对市场快速变化，提升响应速度和产品质量。
- 关注培训与发展：提供员工必要的培训和发展机会，提升他们处理和管理需求的能力。

最终，通过组织和文化变革，确保需求分析和管理过程的顺利进行，提升产品和服务的质量与效率，强化团队协作与沟通。

# 3.6　总结与思考

数字化管理师在产品和服务开发的核心阶段中扮演着至关重要的角色，尤其是在需求分析和管理方面。他们的主要职责是通过深入分析需求，发现并解决值得关注的问题，确保产品和服务的成功，满足用户的需求、期望和质量标准。

本章主要介绍了商业需求分析和管理的 6 个步骤，包括制定计划、企业分析和明确范围、利益相关者需求获取、需求分析、方案评估和验证、需求管理和沟通。

需求分析和管理是一个复杂的过程，对于项目开发至关重要。在这一过程中，数字化管理师需要巧妙运用各种方法、工具和技术，确保需求得到全面搜集、深入分析、有效管理和充分沟通，为后续的设计、开发、测试和实施提供有力支持。

**思考题**

1. 如何通过评估需求分析报告的质量来确保产品开发过程中满足用户需求、期望和质量标准？

---

1　敏捷方法是一种迭代和适应性强的软件开发方法。它强调灵活性、客户合作、快速响应变化以及频繁交付可工作的软件。敏捷方法推崇跨功能团队合作、面对面沟通和简洁有效的文档。
2　Scrum 是敏捷开发中的一种框架，专注于在短期(通常为 2~4 周的迭代周期，称为 Sprint)内交付产品增量。
3　Kanban 是一种基于拉式(Pull)系统的敏捷方法，重点在于实时可视化工作流程和工作限制，以优化流程效率。Kanban 用于展示任务在不同阶段的状态，帮助团队监控工作流程，并适时调整以提高效率。

2. 在数字化管理中，需求分析的要点是什么？如何确保数字化产品的成功？

3. 在数字化产品开发中，如何巧妙运用用户反馈优化需求分析，以提高产品用户满意度和市场竞争力？

**本章测试题**

1. 需求分析就是挖掘和提炼用户需求和其他利益相关者期望，重点是解决用户痛点问题，即找到_____并把其转为产品需求(解决方案)的过程，为后续的设计、开发、测试和实施提供明确的指导。

　　A. 用户需求　　　　　　　　　　B. 甲方需求

　　C. 设计团队需求　　　　　　　　D. 业务需求

2. 需求管理是指计划、执行、监控和控制与需求相关的所有活动，以确保需求的准确性、_____、一致性和可追溯性。

　　A. 完整性　　　　　　　　　　　B. 可靠性

　　C. 可执行性　　　　　　　　　　D. 优先性

3. 设计思维将需求分析和产品设计融为一体。设计思维过程在不同地方会有不同的术语来表达，其阶段模型有 3 到 7 个不等，但追求的目标基本相同。整个过程都在聚焦于人，是_____的设计。

　　A. 以产出为中心　　　　　　　　B. 以利益相关者为中心

　　C. 以产品为中心　　　　　　　　D. 以人为中心

4. 需求分析与管理的输出物包括：①_____；②需求追踪矩阵；③需求变更记录；④产品待办清单；⑤产品发布计划；⑥需求评审报告；⑦需求验证报告；⑧需求管理计划。

　　A. 需求规格说明书　　　　　　　B. 需求文档

　　C. 需求沟通记录　　　　　　　　D. 需求确认邮件

5. 需求分析与管理中的_____步骤应该包括对商业需求进行跟踪、变更控制、版本管理和文档化等方式，以便确保商业需求的准确性和一致性。

　　A. 需求管理和沟通　　　　　　　B. 需求确认

　　C. 需求构建　　　　　　　　　　D. 需求迭代

6. 需求分析是把用户需要转化为需求的过程，但是很多人往往忽视需要与需求之间的关系。以下选项中属于"需要"的是哪个？

　　A. 汽车用户在汽车出现故障而进行维修时，希望能够减少维修排队的时间

　　B. 汽车主机厂的客户服务部门希望在企业微信中加入预约维修的功能，以减少客户维修的排队等待时间，同时合理优化维修排期工作

　　C. 汽车维修人员希望在客户预约维修信息中看到客户的车型信息

　　D. 售后人员希望在预约修车后，可以提前 2 小时短信提醒其准时到指定维修点修车

7. KANO 模型定义了 3 个层次的顾客需求：基本型需求、期望型需求和兴奋型需求。对于同类产品，这三类会随着时间的变化或技术的进步而发生变化，例如过去是兴奋型需求，而现在变为期望型甚至基本型需求。在当前，对于一款定位中端的新能源汽车，以下选项中_____最有可能属于基本型需求？

A. 该汽车刹车系统良好，在紧急刹车时不会出现危险状况

B. 该汽车在高速公路上行驶时，有自动巡航功能

C. 该汽车在停车时，有自动泊车功能

D. 该汽车软件与停车场付费系统自动联网，离开停车场时自动提醒缴费成功

请扫描二维码查看答案解析。

# 第 4 章

# 用户体验设计与应用：设计愉悦易用、超预期产品，提高用户满意度

## 4.1 概述

### 4.1.1 背景与目标

#### 1. 背景

在数字化时代，多方面的原因要求组织提升用户体验设计能力。

- 竞争激烈的市场：随着技术的不断进步和全球化的发展，市场竞争变得更激烈。用户体验成为企业脱颖而出的关键因素之一。通过提供优秀的用户体验，企业能够吸引更多用户、留住现有用户，并与竞争对手保持竞争优势。
- 产品同质化：近年来，随着材料、技术、工艺等方面的趋同，不同企业设计生产的产品越来越像，呈现产品同质化趋势。
- 用户需求的变化：数字化时代用户的期望越来越高。用户希望在与企业进行互动的过程中，能够获得便捷、个性化、无缝的体验。用户体验设计可以帮助企业更好地满足用户的需求，提供更好的产品和服务。
- 技术的进步：数字化技术的快速发展为企业提供了更多的可能性，使得创造出优秀的用户体验变得更容易。例如，移动设备的普及以及云计算、人工智能等技术的应用使得用户可以随时随地浏览信息和接受服务，企业可以通过这些技术提供更便捷、个性化的用户体验。
- 用户口碑和忠诚度的重要性：在数字化时代，用户可以通过各种渠道分享自己的体验和观点。口碑营销变得越来越重要，用户体验的好坏直接关系到用户口碑和忠诚度。用户体验设计可以帮助企业提供出色的体验，从而获得用户的口碑支持，增强用户的忠诚度。

■ 数据驱动决策：数字化时代产生了大量的用户数据，这些数据对于企业进行用户体验设计提供了有力的支持。通过对用户数据的分析，企业可以深入了解用户的需求和行为，为用户提供更符合其期望的体验。

综上所述，在数字化时代，竞争激烈的市场、产品同质化、用户需求的变化、技术的进步、用户口碑和忠诚度的重要性以及数据驱动决策都要求组织不断增强用户体验设计与应用能力。

### 2. 目标与原则

用户体验设计与应用的**目标**是设计让用户感受愉悦、易用且符合期望的产品和服务，以提升用户满意度、信任度和忠诚度，从而实现持续增长和竞争优势。通过深入理解用户行为、需求和情感，确保用户体验设计与应用能够充分满足用户的感受和预期，进而提高用户与产品或服务的互动质量。同时，用户体验设计与应用还可以促进业务增长和收益，开发新的市场机会，提高产品或服务的性能和效率，降低成本和风险，为企业创造更多的价值和利润。此外，用户体验设计应关注社会责任和可持续发展，关注环境保护、公益事业和社会利益，以实现企业的社会价值和使命，促进社会和谐和可持续发展。

用户体验尤其需要关注人的心理需求和社会性问题。故在进行用户体验设计时，需要遵循以下 3 个基本原则。

■ 以用户为中心原则：做到从用户的视角来考虑问题，通过观察和思考，认真地分析所设计的产品在用户使用过程中是否能满足用户的需要。要真正站在用户的角度把握他们的喜好，而非简单的人口统计学角度。

■ 可用性原则：可用性是指用户能够通过使用产品高效愉悦地完成他的目标任务，是从用户角度看到的产品质量，是产品用户体验的核心。这需要让用户旅程完整，以确保用户能够简单地、可靠地、可访问地、可预测地和舒适地体验完整的旅程。

■ 反馈性原则：反馈性是指要给用户及时、恰当的反馈，这是体验设计中非常重要的一项原则，对每个用户的操作都应该有恰当的系统反馈(包含视觉、听觉、触觉)，包括明确告知对应的反馈等。

## 4.1.2 相关概念解析

### 1. 用户体验的定义及其发展

用户体验设计的发展历史并不长，从早期以产品为中心到后来的以用户为中心(User Centered Design，UCD)的设计思想的转变，都是人类设计方法论的演进。

用户体验设计中以人为本的设计思想最早出现在 20 世纪工业设计飞速发展时期，其目的是取得产品与人之间的最佳匹配。以用户为中心作为一种思想，就是在进行产品设计、开发、维护时，从用户的需求和用户的感受出发，围绕用户进行产品设计、开发及维护，而不是让用户去适应产品。

20 世纪 90 年代中期，Don Norman 创造了"用户体验"这个名词，其定义为"用户在使用产品过程中建立起来的一种纯主观感受，即用户在使用一个产品或系统之前、使用期间和使用之后的全部感受，包括情感、信仰、喜好、认知印象、生理和心理反应、行为和成就等各个方面"(见 *The Design of Everyday Things* 一书)。他提出了情感设计的 3 个层次：本能层、行为层和反思层，并引申出用户体验的 3 个层次：外观和感觉、行为和反应、意义和价值。

2011 年，Jesse James Garrett[1]提出了用户体验的五要素，并将设计内容划分为战略层、范围层、结构层、框架层和表现层，充实了 Don Norman 的想法，将用户体验设计作了更详细的划分。

2013 年，Jeff Gothelf[2]设想了精益用户体验，并将用户体验设计与产品开发融合在一起，通过快速迭代和测试来提高用户体验。

Google Ventures 构想了"设计冲刺"，这使得团队可以快速定义和测试低保真原型。这次飞跃推动了初创产品团队的精益用户体验周期，并有效地消除了浪费和返工问题。

Dual Track Design 将 Google Ventures 设计冲刺模型与 Jeff Gothelf 的精益 UX 方法相融合，将用户体验设计和产品开发分开，使得团队可以更专注地进行用户研究和测试，从而提高用户体验设计的效率和质量。

总之，用户体验方法论的演变是一个不断创新和优化的过程，不同的方法论和模型都在不同的时期和场景下诞生和发展，旨在提高用户体验设计的效率和质量，从而为用户提供更好的产品和服务。

### 2. 用户体验的五要素

用户体验五要素是指**可用性、可找到性、可信度、有用性和感官体验**。这 5 个要素是用户体验设计的基础，需要在设计过程中全面考虑，以确保设计的产品或服务能够提供优秀的用户体验。为满足五要素的要求，Jesse James Garrett 将产品设计内容分为战略层、范围层、结构层、框架层和表现层，如图 4-1 所示。

---

1　Jesse James Garrett：知名的用户体验设计师和信息架构师，他最著名的贡献之一是关于用户体验的"五层模型"，这个模型在他的著作 *The Elements of User Experience* 中有详细阐述。

2　Jeff Gothelf：知名用户体验设计和敏捷开发专家，他最著名的贡献之一是推广"精益 UX"的概念，这是一种将精益和敏捷原则应用于用户体验设计的方法。*Lean UX: Applying Lean Principles to Improve User Experience* 一书深入探讨了这一方法论，并对设计和产品开发社区产生了深远的影响。

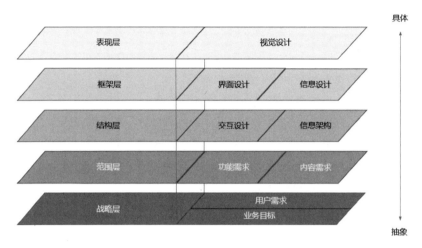

图 4-1　用户体验的五层模型

- 战略层：战略层聚焦产品目标和用户需求。清晰的"战略"需要明确了解企业与用户对产品的期望和目标。
- 范围层：范围层聚焦产品功能和内容。基于用户需求的优先级，明确功能和内容范围，确定产品的概念结构。
- 结构层：结构层聚焦交互设计与信息架构。内容的组织与关联、交互的方式与响应是这一层的主要工作。
- 框架层：框架层聚焦界面设计和信息设计。好的界面设计能让用户一眼就看到"最重要的东西"。
- 表现层：表现层是 5 个层级的最顶层，将内容、功能、交互、界面进行汇集并最终呈现出来。

## 4.2　效果检验

用户体验度量是用户在特定环境下，使用系统、产品或服务完成目标任务的结果特性的集合。体验度量包含用户的主观和客观感受与行为状态。因此，体验度量通常由定性(调查问卷等)和定量(工具监测等)两部分组成。

业界有大量成熟的用户体验指标框架用来衡量用户体验质量，本节以 HEART模型为代表作介绍。HEART 模型由 Google 于 2010 年发表，是一种以用户为中心的度量模型。该方法在度量用户体验时，从如下几个维度度量，如图 4-2 所示。

- 愉悦度：反应用户在使用产品过程中的主观感受。该维度的测量方式为定性测量，例如问卷调查、用户体验调研等。具体指标有系统效果满意度、净推荐值(NPS)等。

- **参与度**：主要看用户一段时间在产品、服务、功能中的深度参与情况。具体指标有日活、周活、月活、平均访问时长、分享频次等。
- **接受度**：针对新用户的维度，衡量业务对新用户的吸引程度。具体指标有新用户访问 PV/UV、人均访问深度、新功能的留存率等。
- **留存度**：针对老用户的维度，衡量现有用户对产品的重复使用情况，留存率越高，说明用户对产品的认可度越高。具体指标有访问周留存率、访问月留存率、业务复购率等。
- **任务完成度**：用户在使用产品、服务、功能中能否顺利完成目标任务的情况。具体指标有业务操作错误率、业务跳出率、流程转化率等。

| 愉悦度 | 参与度 | 接受度 | 留存度 | 任务完成度 |
| --- | --- | --- | --- | --- |
| 愉悦度是指用户在使用产品过程中的主观感受 | 参与度是用户在一个产品/服务中的参与深度 | 接受度反应产品/功能对新用户的吸引程度 | 留存度是衡量现有用户的重复使用情况 | 任务完成度维度包括用户体验行为指标，例如效率（如完成任务的时间）、效果（如任务完成的百分比）以及错误率 |
| • 满意度<br>• 推荐意愿 | • 月活跃客户数<br>• 月活跃操作员数<br>• 核心功能月使用客户数<br>• 核心功能操作员访问渗透率 | • 新客户规模/占比<br>• 新客户核心功能渗透率<br>• 新客户操作员核心功能访问渗透率<br>• 新客户开通新功能转化率<br>……| • 客户活跃留存<br>• 客户流失占比<br>• 客户续费率<br>• 核心功能使用留存率<br>…… | • 核心业务处理失败次数<br>• 核心功能分跳出率<br>• 核心功能流程转化率<br>• 功能转化时长率<br>…… |

1. 目标：定义产品/功能的目标是什么
2. 场景：什么行动会表示达到目标？什么感受会联系到成功或失败？思考这些场景的数据源
3. 指标：场景转化为可监控、可跟踪的指标体系

图 4-2　度量用户体验

# 4.3　输出结果

用户体验设计与应用通常会有以下输出物。

- **用户调研报告**：对用户进行调查研究所得出的结果和分析，通常由调研的目的、方法、调研范围、样本分析、调研结果、结论建议等组成，分析和总结用户需求，确定产品设计方向和目标，为产品团队提供数据支持和决策依据。
- **用户画像**：通常包括用户的基本信息、行为习惯、喜好、价值观、需求等方面的描述。通过对这些方面的了解，用户体验设计师可以更好地理解目标用户，进而更好地为他们设计产品或服务，提高用户的使用体验。
- **服务蓝图**：可视为用户体验地图的补充。用户体验地图的目的是了解用户的完整交互过程，包含用户的情绪和想法。服务蓝图则关注组织内部的整体协作过程，以全局的视角出发，基于用户旅程，寻找内部全方位、多触点、跨职能或部门提供支持和互动的方法。

- 产品原型设计图：展示产品的基本架构和交互设计，进行用户测试和反馈，其包括产品界面布局、交互设计、功能设计、样式设计。产品原型设计图可以帮助设计团队更好地理解产品的结构和交互方式，帮助产品经理和开发人员更好地把握产品的方向和目标。
- 用户测试报告：是指在产品设计阶段，邀请一些目标用户来测试产品，以便收集用户的真实反馈和建议，进而优化产品设计和提高用户满意度。用户测试报告可以帮助设计团队更好地了解用户的需求和行为。
- 用户体验评估报告：它是对产品进行用户体验评估后收集的数据、反馈和建议的总结和分析报告。用户体验评估是指在产品上线后，通过各种方法收集用户的反馈和数据，以便优化产品设计和提高用户满意度。

这些输出物可以帮助设计团队更好地理解用户需求和行为，帮助产品经理和开发人员更好地把握产品的方向和目标，以便提高产品的用户体验和商业价值。同时，这些输出物也可以为用户提供更好的产品使用体验和帮助。

## 4.4　用户体验设计与应用过程

根据 SFIA(Skills Framework for the Information Age)框架[1]，用户体验设计包括用户调研、用户体验分析、用户体验设计、用户体验评估。本节在其基础上作了调整，将其前两部分融合为用户研究，并加入用户体验管理环节。过程之间的关系如图 4-3 所示。

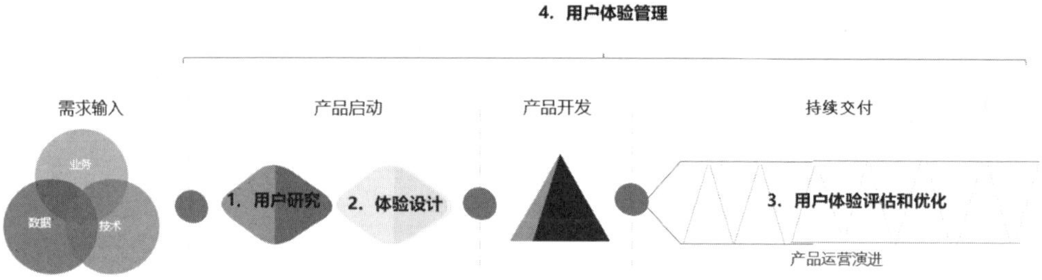

图 4-3　用户体验设计与应用过程示意图

### 4.4.1　用户研究

用户研究是用户体验设计的重要组成部分，旨在了解用户的需求、行为和偏好，为产品或服务的设计提供指导和支持。其包括 SFIA 中的用户调研、用户体验分析

---

1 SFIA 框架由 SFIA 基金会发布和维护，是一个全球公认的技能和能力框架，专为信息时代的技术专业人员设计。它提供了一个清晰的指南，用于识别、描述和映射信息通信技术(ICT)领域的技能和能力。SFIA 框架涵盖了从战略管理到操作实践的各个层面，包括技术、业务和人员技能。

两部分。用户调研是使用观察研究方法确定用户的行为、需求和动机；用户体验分析是了解系统、产品和服务的使用场景，明确用户体验需求与设计目标。

### 1. 基本知识

**目的：** 了解用户的需求、行为和偏好，为产品或服务的设计提供指导和支持，以满足用户的需求和期望。

**回答的问题：** 核心问题是"产品需要具备哪些特性"，衍生问题是"用户是谁""他们有哪些特征、需求、行为和偏好""用户在使用产品或服务时会遇到哪些问题和挑战""他们期望产品或服务具有哪些功能和特性""用户在使用产品或服务时的体验如何""他们对产品或服务的满意度如何"。

**价值：** 了解用户的需求和期望，避免设计出无用或不合理的产品或服务，节约设计开发成本。优化产品或服务的设计和功能，提升用户的满意度和体验，增强产品或服务的市场竞争力。帮助设计团队了解市场和竞争对手的情况，制定更有效的设计策略和方案，提升产品或服务的市场占有率。提高产品或服务的可用性和易用性，减少用户的学习成本和使用成本，增强用户对产品或服务的信任和忠诚度。

### 2. 任务列表

**桌面研究：** 在开始调研之前，需要先确定研究的目标和范围。这包括明确要研究的问题、目标用户群体、研究方式和研究的时间/地点等。这些工作被称为桌面研究，通过收集和分析已有的相关文献、数据和信息，了解产品或服务所处的市场和行业情况，以及竞争对手的情况，以便制定更有效的设计策略和方案。

**用户调研：** 通过使用各种研究方法和工具(如访谈、焦点小组、观察、问卷调查等)，了解用户的需求、行为和偏好，以便设计出符合用户需求的产品或服务。

**用户需求分析：** 通过分析用户调研数据和信息，了解用户心理需求、功能需求，以便设计出符合用户需求的产品或服务。用户调研与用户需求分析是一个交替的过程，先做定性的访谈和用户角色建模分析，逐渐过渡到定量的问卷调查和用户侧写。

**用户行为研究：** 通过观察和记录用户在使用产品或服务时的行为和反应，了解用户使用习惯和对产品或服务的感受和体验，以便优化设计和功能。本步骤可以和下一个阶段的产品设计和原型制作相关联，如用原型做用户使用行为测试；也可以通过假设场景来进行。

**用户痛点分析：** 对用户痛点进行分析总结，明确核心问题是非常重要的。一个清晰的问题定义将指导你的团队朝着正确的方向努力，它能为设计带来清晰的焦点。在用户体验设计中，问题定义可采用识别问题、分析问题以及划分问题优先级 3 个步骤，确保产品设计能够真正地满足用户需求和期望。

以上 5 个任务可以按照瀑布式执行，也可以按照迭代或敏捷的方式执行。

## 4.4.2　用户体验设计

用户体验设计是为产品、系统或服务的用户交互及体验提供设计概念和原型，旨在根据用户研究的结果和需求分析，设计出符合用户需求和期望的产品或服务，以提升用户的满意度和体验。

### 1. 基本知识

**目的**：提供更好的用户体验，减少用户在使用产品时的困惑和迷失感。通过原型设计，设计师可以更好地理解用户的需求，提供更好的交互体验和更高的用户满意度。

**回答的问题**：核心问题是"是否能够提升用户的满意度和体验"，衍生问题是"用户在使用产品或服务时需要什么功能和特性""用户如何与产品或服务进行交互""产品或服务的操作流程和界面设计是否符合用户的期望和需求""产品或服务的信息架构是否合理""用户能否快速地找到所需的信息""产品或服务的设计是否使产品易于使用和具有可用性"。

**价值**：提高产品或服务的可用性和易用性，减少用户的学习成本和使用成本，提高设计团队的效率和质量。

### 2. 任务列表

**用户旅程设计**：通过分析用户在使用产品或服务时的整个过程，从用户的角度出发，设计出最佳的用户旅程，以提升用户的满意度和体验。

**交互设计**：设计用户与产品或服务之间的交互方式和操作流程，以便用户能够轻松地完成任务，提升产品或服务的易用性和可用性。

**信息架构设计**：在进行原型设计之前，需要先进行信息架构组织，包括组织和分类信息。信息架构的目的是让用户更容易找到他们需要的信息，同时也是设计师考虑原型设计的重要因素。

**制作原型**：在进行原型设计之前，需要先确定原型类型。原型类型分为两种：低保真原型和高保真原型。绘制草图是原型设计的第一步，草图是一个低保真的原型。草图的目的是快速呈现设计想法并收集反馈，以便迭代和改进设计；在草图完成后，可以开始制作原型。制作原型时需要考虑用户交互和使用体验，包括界面布局、交互元素、反馈等。

产品设计与原型制作的主要目标是设计出符合用户需求和期望的产品或服务，以提升用户的满意度和体验。通过用户研究和需求分析，可以了解用户的需求、行为和偏好，以便设计出最佳的用户旅程、交互方式和信息架构。设计团队通过制作原型可以让自己和用户更好地理解产品或服务的功能和特性，以便优化和改进产品或服务的设计。同时，产品设计与原型制作还可以帮助设计团队更好地控制设计成本和时间，提高设计效率和质量。

### 4.4.3　用户体验评估和优化

用户体验评估是根据用户体验目标和指标来验证系统、产品或服务，以指导迭代和改进原型，提高用户体验和满足用户需求。

#### 1. 基本知识

**目的**：提高产品的用户体验和用户满意度。通过识别和解决问题，确保产品的有效性、提升用户的参与度、提高客户忠诚度。

**回答的问题**：核心问题是"如何根据用户体验评估结果有针对性地进行优化和改进"，衍生问题是"用户在使用产品或服务时遇到的问题和困难是什么""用户对产品或服务的整体满意度和使用体验如何""不同设计方案对用户体验的影响如何"。

**价值**：预测和避免潜在的用户体验问题，优化产品或服务的设计和功能，提高产品或服务的易用性和可用性，减少后期的维护和改进成本。

#### 2. 任务列表

**用户体验指标和标准**：确定用户体验指标和评估标准是用户体验评估与优化的重要前置工作。通过制定明确的指标和标准，可以对产品或服务的用户体验进行量化评估，并与行业标准进行比较，以便确定改进方向和优化目标。

**可用性测试**：通过让用户在实际使用产品或服务时进行操作和反馈，可以了解用户在使用过程中遇到的问题和困难，以便有针对性地进行优化和改进。

**用户满意度调查**：通过定期进行用户满意度调查，可以了解用户对产品或服务的整体印象和感受，以便有针对性地进行优化和改进。

**原型改进**：设计师需要根据收集到的反馈和数据，对原型进行修改。这些修改可能是增加新功能、修改界面布局、调整交互方式等。

**A/B 测试**：A/B 测试可以通过比较不同版本或设计方案的效果，确定最佳的设计方案，提高产品或服务的市场竞争力。通过 A/B 测试，可以快速了解用户对不同设计方案的反应和偏好，以便确定最优的设计方案。

原型设计和评估优化是一个循序渐进的过程，需要不断重复上述步骤，以便让用户得到完美的体验。

### 4.4.4　用户体验管理

数字化时代用户体验越来越成为企业所重视的焦点，从中也衍生出了用户体验管理(User Experience Management，UEM)。UEM 通过一系列的工具和方法以相对科学、客观、量化的方式评价企业整体的用户体验。

#### 1. 基本知识

**目的**：确保产品或服务的用户体验符合用户需求和期望，从而提高用户满意度和忠诚度，为企业带来商业价值。

**回答的问题**：核心问题是"企业如何将用户体验管理融入企业的研发流程和组织文化中""如何建立以用户为中心的组织文化和创新型组织"。

**价值**：通过建立保障机制和运营机制，及时发现问题，促进企业创新，建立创新型组织和以用户为中心的组织文化，提高企业的竞争力和商业价值。

### 2. 任务列表

**建立用户体验量化指标体系**：有复杂和简单两种方式。比较复杂的方式可以借鉴成熟的体系，如参考 HEART 模型进行改造；简单的方式是确定产品现阶段最关键的指标(也称之为北极星指标，该指标应该是用户价值和企业业务目标的交集)，进而使用精益价值树的方法进行拆解。两种方法没有优劣之分，主要是根据业务场景和企业文化来选择。

**用户体验运营**：分为 3 个步骤。①用户体验监测：基于指标构建用户体验度量指标体系，选择数字化监测工具，进行相应用户体验数据的采集与处理。②用户体验评估：对指标数据/指标进行人工/自动的用户体验评估，同时对体验问题进行分析、优先级评估并确认相应的解决方案。③用户体验流程机制改进：需要制定规范化的流程机制，确保用户体验的改进闭环，例如监测机制、问题预警机制、体验决策机制、体验设计管理流程、体验问题复盘机制等。

**用户体验管理保障机制**：主要包括两方面。①组织建设：建立统一的用户体验部门或团队，负责全企业的用户体验体系搭建与落地和各渠道的用户体验迭代优化；负责制定共同的全企业用户体验愿景，协助各渠道工作人员建立真正以用户体验为中心的全员组织意识，使所有部门和渠道目标保持统一；负责建立全企业用户体验管理的治理机制，落实到组织、员工并进行考核。②管理流程建设：建立用户体验设计、评估、优化流程和用户体验知识管理体系，对用户体验的最佳实践、案例、方法论等进行收集、整理和分享，以便全公司员工能够共享和学习用户体验的知识。

## 4.5　输入资源

### 4.5.1　直接输入物

在企业内进行用户体验设计需要以下材料作为输入。

■ 需求说明：需求分析是指对产品或系统功能、性能、界面、安全等方面的需求进行分析和梳理的过程，目的是明确产品和系统的需求和目标。需求分析需要考虑的因素包括产品的功能、用户需求、技术限制、市场竞争等。在需求分析的过程中，可以通过用户研究、用户需求调研、市场调研等方式来获取用户需求和反馈，从而为用户体验设计提供基础和支持。

- 设计资源：需要有足够的设计资源，包括设计工具、设计软件、设计素材等。这些资源可以帮助用户体验设计师更高效地完成设计任务。
- 技术支持：需要有技术支持团队，可以帮助用户体验设计师更好地理解技术限制和可能的技术解决方案，从而设计出更可行的产品。
- 用户反馈：需要收集先前或类似产品的用户反馈，包括用户体验测试、用户调查等。这些反馈可以帮助用户体验设计师更好地优化设计，从而提高产品的用户体验。
- 设计团队：需要有专业的设计团队，包括用户体验设计师、交互设计师、视觉设计师等。他们可以协同工作，共同完成用户体验设计的任务。

总之，在企业内进行用户体验设计需要有清晰的需求说明、充足的设计资源、专业的设计团队、有效的用户研究和反馈机制，以及协调的项目管理团队和技术支持团队，这些都是保证用户体验设计成功的关键要素。

## 4.5.2　战略与目标

在进行用户体验设计时，需要深入了解业务及数字化战略的定位和目标，并将其作为设计的指导原则和约束条件。

数字化战略是企业在数字化转型过程中制定的全面性战略计划，而用户体验设计是数字化转型中关键的一环，其能够为企业的数字化战略实施提供有效支持。通过深入了解用户需求和行为，设计出更好的数字化产品和服务体验，可以提升产品用户满意度和市场竞争力，从而提高数字化战略的成功率。

## 4.5.3　产品组合与规划

产品组合和规划可以帮助用户体验设计师更好地把握产品的定位、方向和用户需求，提高用户体验设计的质量和效果。

通过对产品组合的了解，可以确定产品的定位、目标用户以及产品在市场中的竞争优势，有助于更精准地设计用户体验。设计师在设计用户体验时亦可保持一致性，提高用户满意度。此外，在产品组合中，不同产品之间可能存在交互关系，用户体验设计师可以更好地优化用户体验流程，使用户能够顺畅地在不同产品之间切换和操作。

## 4.5.4　组织文化

组织文化对于产品设计和用户体验设计的重视程度会影响用户体验设计的方向和质量。对于团队合作和创新的支持程度也会影响用户体验设计的质量。组织文化还会影响团队成员的态度和行为，从而影响用户体验设计的质量。

### 4.5.5　用户体验设计工具

#### 1. 用户画像

用户画像这一概念囊括了对用户多维度特性的详尽描绘，诸如基本信息、行为习惯、个人偏好、价值观及需求等元素。通过深入探究这些特征，用户体验设计师得以更准确地把握目标用户的心理模型，从而设计出更为贴合用户需求的产品和服务，有力提升用户的使用体验。在用户研究领域，用户画像扮演着不可或缺的角色，是最常被运用的一种研究手段，它能精确勾勒目标用户群体的形象，揭示其内在需求，并为改进产品或服务提供有见地的参考意见。

在英文中，"用户画像"对应 User Persona 和 User Profile 两种表达，它们分别指向用户画像的不同层面。其中，User Persona 是指从广泛的用户群体中提炼出来的典型用户模型，这是产品设计团队和运营人员构思和决策时的重要依据；而 User Profile 则着重基于每位用户在实际产品使用中的行为数据，形成一系列描述用户特征的标签集合。图 4-4 直观呈现了用户画像的构成。

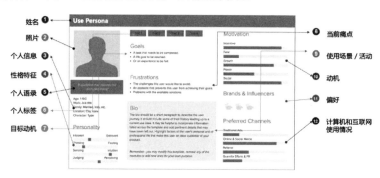

图 4-4　用户画像

#### 2. 用户故事地图

用户故事地图可以帮助设计师更深入地了解用户的需求和期望，并展示用户在整个体验过程中所面临的挑战。制作用户故事地图的步骤包括收集用户故事、确定关键阶段、绘制用户故事地图和完善用户故事地图。

**收集用户故事：**识别用户群体，并与他们交流以了解他们的需求、目标和期望。

**确定关键阶段：**在收集到用户故事后，需要将它们按照时间轴和相关性分组，形成一个个关键阶段。

**绘制用户故事地图：**用户故事地图是一个可视化的故事板，通过连续的场景描绘了用户在使用产品或服务时的体验。每个场景都包含一个或多个用户故事，并展示用户在这个阶段所面临的挑战、需求和期望。通常，用户故事地图以时间轴为基础，从左到右展示用户在整个体验过程中的行为，如图 4-5 所示。

**完善用户故事地图：**不断迭代完善用户故事地图的细节与结构。

这张地图涵盖了许多类型的用户
This map crosses many types of users
User Types
用户
类型
Sytem as a user
系统用户
两种用户类型参与此活动
Two user types engage in this activity
narrative flow
叙事流

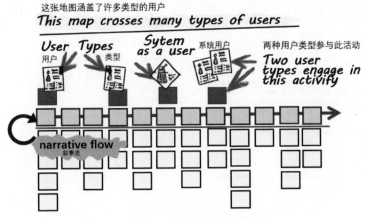

图 4-5　用户故事地图

### 3. 用户体验地图

用户体验地图与用户故事地图衔接，用于展示用户在使用产品或服务时所经历的整个体验过程。它主要包括用户情感、用户行为、用户环境和用户阶段等元素，可以帮助团队更深入地了解用户的情感和感受，并发现和解决用户在使用产品或服务时遇到的问题(如图 4-6 所示)。

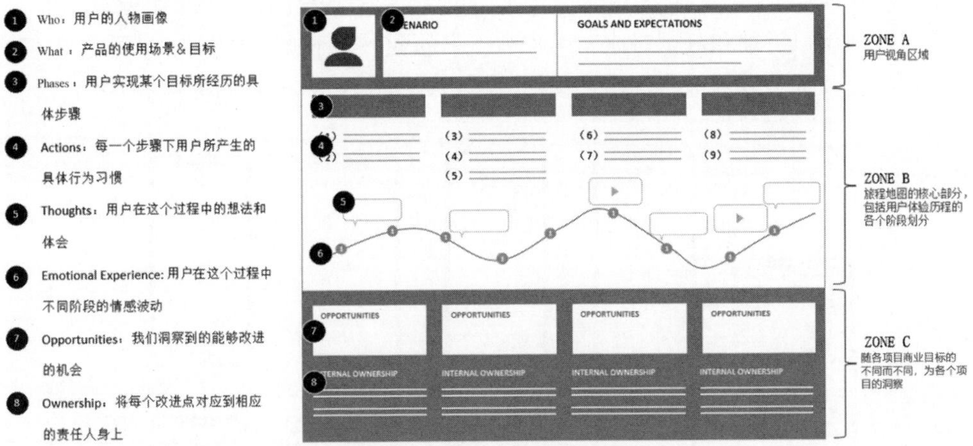

1 Who：用户的人物画像
2 What：产品的使用场景＆目标
3 Phases：用户实现某个目标所经历的具体步骤
4 Actions：每一个步骤下用户所产生的具体行为习惯
5 Thoughts：用户在这个过程中的想法和体会
6 Emotional Experience：用户在这个过程中不同阶段的情感波动
7 Opportunities：我们洞察到的能够改进的机会
8 Ownership：将每个改进点对应到相应的责任人身上
ENARIO
GOALS AND EXPECTATIONS
(1) (2) (3) (4) (5) (6) (7) (8) (9)
OPPORTUNITIES
INTERNAL OWNERSHIP
ZONE A
用户视角区域
ZONE B
旅程地图的核心部分，包括用户体验历程的各个阶段划分
ZONE C
随各项目商业目标的不同而不同，为各个项目的洞察

图 4-6　用户旅程地图

### 4. 服务蓝图

服务蓝图是详细描画服务系统的图片或地图，不仅包括横向的客户服务过程，还包括纵向的内部协作，是由整个服务前、后台和支持过程构成的全景图。前台是用户行为的发生，后台是我们组织所有的事情来让前台的用户行为可以发生。幕后的支持过程是组织所有无形的事情使前台和后台成为可能，如规则、规章、政策、

预算等。具体如图 4-7 所示。

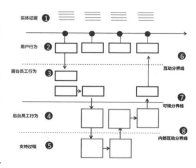

**信息泳道**
1. **实体证据**：用户服务旅程图中会接触的物料和场所。
2. **用户行为**：与用户体验地图中的用户行为的内容一致，指完成用户旅程所涉及的行为，如购物旅程中先选择商品，然后看看商品评价，之后放入购物车等。
3. **前台员工行为**：可以被用户看到或知道的员工行为和步骤，如销售人员向客户介绍产品特性、优势等。
4. **后台员工行为**：发生在幕后，支持前台行为的员工行为，如发布产品介绍信息后，由后台员工负责内容审核。
5. **支持过程**：包括内部服务支持和支持服务人员履行的服务步骤和互动行为，如CRM、结算系统等后台系统。

**分割线**
6. **互动分界线**：表明与用户直接发生接触或一个服务接触产生。
7. **可视分界线**：把顾客能看到的服务行为与看不到的行为分开。
8. **内部互动分界线**：区分服务人员的工作和其他支持服务的工作。

图 4-7 服务蓝图全景图

### 5. 原型图

在硬件产品中，原型通常是用 3D 打印模型、EVT 模型、纸质模型等方式完成，而软件方面则需要绘制 Demo 或动画功能演示。不管以什么样的模式，其目的都是将模糊不确定的需求转化为实体可操作的演示作品的过程。绘制原型图时主要表达具体需求点和逻辑走向，同时明确向 UI 设计和技术研发人员表达产品的概念和内容。原型图是以最低的时间成本快速获取他人/用户反馈的方法。常见的有低保真、中保真和高保真 3 种：低保真(成本低)适用于前期探索/概念测试阶段；中保真(适中)适用于获取用户反馈和测试对比，用户有更多的业务上下文；高保真(全面完整)拥有全面的交互细节以及最终的用户使用流程，通常用于开发前(如图 4-8 所示)。

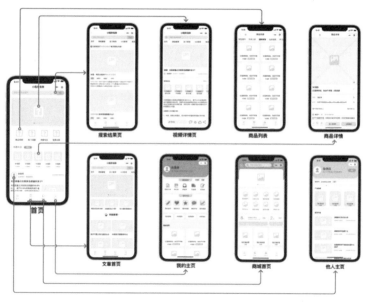

图 4-8 用户使用流程

# 4.6　总结与思考

数字化管理师在数字化转型中的用户体验设计与应用能力至关重要。通过优化产品或服务的方方面面，包括界面设计、交互设计、信息架构和视觉设计，可以提高用户对产品或服务的满意度和便利性。本章详细介绍了用户体验设计与应用，包括用户研究、用户体验设计、用户体验评估和优化以及用户体验管理等 4 个要素过程。

用户体验设计与产品管理、需求管理和项目管理密切相关，它与这些能力集的协同作用可以共同推动产品的开发和优化。在组织的数字化转型中，用户体验设计发挥着不可或缺的作用，对提升用户满意度、提高业务效率、创新业务模式、提升品牌形象，以及提升产品的市场竞争力和用户忠诚度都具有重要意义。

**思考题**

1. 用户画像的价值在于什么地方？请说明同理心与同情心的区别，并提供数字化管理师在工作中有效建立同理心的方法。

2. 假设你是一家企业的产品设计师，该企业计划构建一个客户数据服务平台(CDP)，请详细描述你将如何开展设计工作，以确保平台满足用户需求且具备良好的用户体验。

3. 在数字化转型中，如何规划和搭建企业级用户体验管理体系，以确保持续改进和优化用户体验？请提供具体的步骤和策略。

**本章测试题**

1. 用户体验设计的目标是_____，包括易用性、可用性、满意度、信任度等方面。

　　A. 提供更好的用户体验　　　　　　　B. 获得更好的收益

　　C. 满足用户需求　　　　　　　　　　D. 让产品更强大

2. 用户体验的五要素来自 5 个层次的选择与从下而上的叠加建设。这五层分别是战略层、范围层、框架层、结构层、感知层。以下描述错误的是哪个？

　　A. 战略层：战略层聚焦用户付费总额

　　B. 范围层：范围层聚焦产品功能和内容

　　C. 结构层：结构层聚焦交互设计与信息架构

　　D. 框架层：框架层聚焦界面设计和信息设计

3. 在实践中，精益用户体验与设计思维和敏捷开发有很多交集，设计思维提供了思考用户需求和解决问题的方法，敏捷开发提供了_____的方法。精益用户体验与两者结合，形成了一套完整的方法论，可以帮助团队更好地实现用户体验的优化。

A. 快速迭代和改进产品　　　　　　　B. 快速交付产品

C. 提升产品开发周期　　　　　　　　D. 提升产品使用体验

4. HEART 模型由 Google 于 2010 年发表，是一种以用户为中心的度量模型。该模型从 5 个维度度量用户体验。以下哪一个不是度量维度？

A. 愉悦度　　　　　　　　　　　　　B. 参与度

C. 留存度　　　　　　　　　　　　　D. 满意度

5. _____测试可以通过比较不同版本或设计方案的效果，确定最佳的设计方案，提高产品或服务的市场竞争力。通过该测试，可以快速了解用户对不同设计方案的反应和偏好，以便确定最优的设计方案。

A. 问卷　　　　　B. A/B　　　　　C. 图灵　　　　　D. MVP

6. 产品设计与原型制作是用户体验设计的重要组成部分，旨在根据用户研究的结果和需求分析，设计出符合用户需求和期望的产品或服务，以提升用户的满意度和体验。以下属于该阶段的工作内容的是哪个？

A. 要求用户填写使用情况反馈

B. 绘制用户画像，并进行用户分类，针对不同的用户分析其痛点和需求

C. 进行行业同类产品调研，分析其用户旅程、功能设计等内容

D. 规划本产品的用户旅程，明确需要交互的信息，设计用户交互界面

7. 用户体验尤其需要关注人的心理需求和社会性问题。在进行用户体验设计时，以下哪个选项不属于需要遵循的 3 个基本原则的任何一个？

A. 在企业自助报表平台中，允许用户根据自己的分析主题自定义用户界面

B. 在某些手机 APP 中涉及人脸识别功能时，针对不同手机型号采用合理的技术解决方案，避免客户多次验证失败

C. 客户在使用手机 APP 完成一个任务后，提供使用反馈功能，以便于产品经理了解该产品不令人满意的地方

D. 客户的信息是需要重点保护的，尤其是涉及金融安全的信息，比如需要客户输入支付密码时，输入的密码以星号显示

请扫描二维码查看答案解析。

# 第 5 章

# 数字化项目管理：实现价值和质量目标，并在约束范围内完成项目

## 5.1 概述

### 5.1.1 背景与目标

数字化转型是通过数字科技赋能业务，推动业务运营优化或业务创新升级，最终实现数字化战略目标的过程。在这一转型过程中，存在长期、持续性的工作和临时、阶段性的工作。临时、阶段性的工作一般可按两种方式来管理：一种是指派专门部门、团队或个人作为一项临时的工作任务来管理；另一种对于较复杂、系统性的临时、阶段性工作，更多的是以项目的方式进行管理。

数字化转型过程中的项目主要分为三大类型：数字化咨询类项目、IT 硬件类基础设施建设项目以及数字技术与业务场景融合的应用系统建设项目；其中应用系统建设项目可分为基于商业化软件包的客户化实施和完全定制化应用开发。管理方式在前两类以及基于商业化软件包的客户化实施项目上与信息化时代一般无太大差别。但对于定制化应用开发项目，随着数字化的深入，由于业务快速变化、用户体验要求的提高，有了新的挑战与要求，其项目管理模式需要顺应数字化转型，进行更多创新性调整。

数字化项目管理的目标是支持业务战略，实现业务价值，确保项目执行有序、可控、可复制，提升组织项目管理能力、团队效率和项目交付质量。一句话，数字化项目管理的核心目标是实现价值和质量目标，并在接受的约束条件下完成。为了项目成功，数字化管理师需要将项目相关方的利益追求表述为可测量、可操作的具体项目要求，以实现项目的预期目标。

### 5.1.2　核心概念解析

#### 1. 项目

项目是为创造独特的产品、服务或成果而进行的临时性工作，具有临时性、独特性和成果导向性。项目通常作为项目群和项目组合的组成部分，经过立项后实施。为了更好管理，项目可划分为子项目，内部涉及可交付成果、工作包和进度活动等。最终项目产品是项目的可交付成果，实现这目标需要完成一系列较小的可交付成果。工作包是项目中最小的可交付成果，而进度活动是完成工作包必须进行的具体活动。

#### 2. 数字化项目

数字化项目是指企业或组织为达成数字化战略目标，把数字化转型过程中的一些复杂的、系统性的、阶段性的任务(如数字化转型规划设计、数字化解决方案或信息技术系统的开发和实施，以及数字化产品和服务的创新等)以项目方式来进行。

#### 3. 数字化项目管理

数字化项目管理是运用项目管理知识、技能和方法，针对数字化项目进行有效管理的过程。数字化项目管理的核心宗旨在于，在既定的限制条件下，实现并彰显数字化战略所设定的商业价值与质量目标，确保项目的成功执行与交付。为了项目成功，数字化管理师必须用自己的专业技能把项目相关方对项目的利益追求表述成可测量、可操作的具体项目要求。

#### 4. 数字化项目类型

站在企业或组织的视角，数字化项目一般可分为三大类。

- 数字化咨询类项目，如战略规划、架构设计、业务流程优化、标准、制度规范的制定及各类软课题的研究等；
- IT 硬件类基础设施建设项目，如智能终端、网络及网络安全、服务器、云计算平台、数据中心机房及配套设施建设等；
- 应用系统建设项目。这类项目可分为两种：一种是基于 ERP、MES、BI、OA 等成熟商业化软件包的客户化实施项目；另一种是完全根据企业自身的业务需求定制化的应用开发类项目。

#### 5. 数字化项目管理能力

数字化项目管理能力指的是使用数字工具和技术来提高项目规划、执行、监控和闭环的效率和效果。这涉及采用项目管理软件、协作工具、数据分析和报告技术等来优化项目管理过程。通过数字化能力，项目经理可以更有效地管理资源、实时跟踪项目进度、识别和管理风险，以及改善团队沟通。

为实现组织的数字化战略目标，为组织创造有形的和无形的商业价值，数字化管理师需要不断提升数字化项目管理能力：不仅要了解 PMP 及 CMMI 等经典的项目管理框架体系，以及预测性、精益、敏捷等项目管理思想方法，更要了解各类数字化项目的特点，把经典的项目管理框架及思想方法运用到数字化项目管理的实践中去。

## 5.2　效果检验

对于数字化项目管理的效果评估，依然延续了 IT 项目的效果检验与评价方法。通过多年的 IT 项目建设实践，业界通常认可从项目过程管理能力和最终交付物的质量两个主要方面进行效果检验。

### 5.2.1　数字化项目过程管理

数字化项目**过程管理能力**的参考评价指标包括如下。

- 立项依据(合理性、项目重要性)；
- 方案设计(需求合理性、架构设计合理性)；
- 进度管理(计划合理、及时完成)；
- 质量管理(技术规范、变更规范、文档规范)；
- 成本管理(准确预算、合理支付)；
- 团队管理(团队稳定、团队积极)；
- 沟通管理(沟通计划、顺畅沟通)；
- 风险管理(风险识别、有效应对)；
- 采购管理(成本控制、一致性)；
- 相关方管理(高层和基层用户满意度、社会满意度)。

### 5.2.2　数字化项目交付物的质量

数字化项目的**交付物**通常分为两大类：文档等知识类交付物和产品或系统等实物类交付物。对于文档知识类的软性交付物，通常通过评审验收方式，检查是否符合项目章程和相关协议的要求。对于产品或系统的质量检验，同样采用评审方式，但评审的**质量验收指标体系**可参考以下指标。

- 目标达成度(是否符合项目 SOW 中的预期交付目标)；
- 功能性需求完成度(是否满足需求说明书中的功能性需求)；
- 非功能需求完成度(是否符合需求说明书中的非功能性需求，如系统响应时间、可用性、稳定性、开放性、可扩展性、安全性等)；
- 交付文档资料完整性(交付的文档资料是否完整)；
- 用户满意度(用户对交付产品或系统的满意程度)。

## 5.3　输出结果

数字化项目管理的输出主要包括项目可交付产品或系统成果以及项目文档或信息记录等。

### 5.3.1　项目产品或系统交付

**IT硬件类基础设施建设项目**会交付IT硬件资产或由硬件集成的IT基础设施系统。交付的IT硬件基础设施通过支撑业务应用软件的运行，间接支撑业务价值的创造。

**应用软件开发类项目**会交付应用软件系统或应用软件功能模块。通过应用软件或应用软件功能模块上线，支持业务的数字化创新或提升业务运行的效率。软件应用是数字技术创造业务价值的直接承载。

### 5.3.2　项目文档或信息记录

无论是IT硬件类基础设施建设项目，还是应用软件开发类项目，除了有产品或系统的交付外，还会有项目文档或信息记录。但对于软课题咨询类项目，项目的交付物不会是具体的产品或系统，而可能是产品或系统的设计方案，这些交付都是以文档报告或信息记录的方式提交。

## 5.4　数字化项目管理过程

### 5.4.1　项目管理体系框架

项目管理能力是数字化管理师的基本能力。为提升这一能力，数字化管理师应主动学习PMP、PRINCE2、CMMI、敏捷项目管理等认证知识体系，掌握系统化的项目管理知识，以打下坚实的知识基础，更好地应对数字化项目管理的实际挑战。

#### 1. PMP

PMP是指项目管理专业人士资格认证，由美国项目管理协会(PMI)发起，通过对项目管理人员知识技能进行严格评估，旨在为其提供高品质的资格认证。其目标是为项目管理人员制定统一的专业技能标准。

PMBOK代表项目管理知识体系，由美国项目管理协会开发。它提供了对PMP所需知识、技能和工具的一般描述，包括五大过程组和十大知识领域(如图5-1所示)。

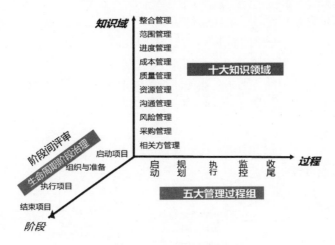

图 5-1　PMBOK 项目知识管理体系图

## 2. PRINCE2

PRINCE2 是一种通用的项目管理方法，由英国商务部(OGC)于 1996 年推出，是全球广泛应用的项目管理标准。该方法描述了以有逻辑、有组织的方式管理项目的步骤，强调流程化、可控性和变更管理。它适用于各类型项目，有助于组织在预期的时间、成本、质量、范围、收益与风险等方面实现项目目标。关键步骤包括项目准备、立项、计划、执行、控制和结束，每个步骤都有明确的角色、责任、工具和技术。PRINCE2 的结构化方法可确保项目在受控环境中高效运作，提高项目成功率。

## 3. CMMI

CMMI(Capability Maturity Model Integration)是帮助企业改进和优化软件和系统开发流程的能力成熟度模型集成，由美国国防部于 1991 年推出，旨在提高软件产品的质量、可靠性和交付速度。

CMMI 将软件开发过程划分为初始级、已管理级、已定义级、已量化级和优化级 5 个成熟度级别。每个级别都对应一组特定的过程域，作为指导框架帮助组织识别和解决问题，提升软件开发过程的成熟度和效率。

CMMI 广泛应用于软件开发、系统工程、嵌入式系统、系统集成等领域。在先进 ICT 企业中，CMMI 被视为提升项目管理能力的指导框架，使 IT 类项目交付更独立于项目经理的个人能力。CMMI 的思想体系适用于建立组织层面的体系化项目管理制度，规范管理各类 IT 及数字化项目。

## 4. 敏捷项目管理

敏捷项目管理是数字化时代组织中常见的方法之一，广泛应用于数字化转型的产品与服务开发交付过程。其出现大幅提高了项目交付效率，促进了团队成员间的沟通。敏捷项目管理是基于敏捷交付架构的逻辑的一种重视迭代和自组织的方法体系，可迅速适应快速变化的需求和客户反馈。相较于传统的计划、控制和预测方法，可敏捷更灵活地应对市场的快速变化。

在数字化转型中，特别是在业务创新和需求动态变化的场景下，敏捷开发交付是较为适合的方式。敏捷开发交付的核心逻辑如图 5-2 所示。

**敏捷交付架构**

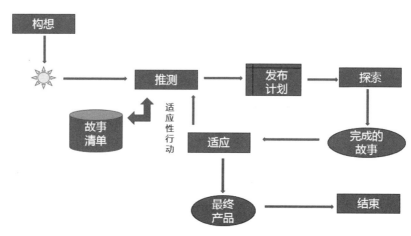

图 5-2　敏捷交付架构

具体来说就是，基于敏捷交付架构的核心逻辑，结合项目管理的交付价值、进度计划、成本控制等要素，在最佳敏捷交付实践的基础上，建立完整的敏捷交付项目管理体系，如图 5-3 所示。

**敏捷项目管理的 5 个阶段**

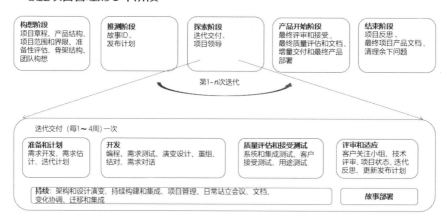

图 5-3　敏捷项目管理的 5 个阶段

## 5.4.2　各类数字化项目管理过程

数字化项目管理作为数字化战略执行的关键过程，通常围绕数字化项目的生命周期、关键阶段、关键里程碑，结合项目进度、质量、成本要求以及实施的价值目标，综合应用项目管理经典框架。根据组织环境、项目管理能力和数字化项目类型的不同，确定可执行的项目管理过程和相关方法。

对于数字化咨询、IT 硬件基础设施建设以及基于商业化软件包的客户化实施应用类项目，数字化时代的项目管理过程相较于信息化时代变化有限，可参考经典项目管理框架，结合组织资源和人员能力，定制可操作的关键阶段和里程碑，并以此来管理项目。

对于应用类项目中的完全根据业务需求的应用软件开发类项目，项目管理模式应适应数字化转型的要求，在信息化时代项目管理方式的基础上进行创新性调整。这体现了数字化项目管理的初衷，也是需要专注研究的重要方向。

### 1. 数字化咨询类项目管理过程

一个企业或组织的数字化咨询类项目管理过程一般可分为项目立项、项目启动、现状分析、未来方案设计、方案实施计划、项目结束几个阶段，如图 5-4 所示。

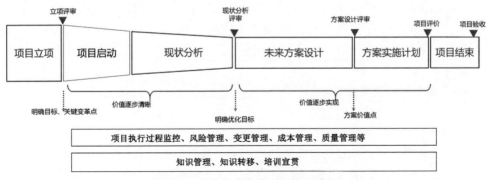

图 5-4　数字化咨询类项目管理过程

各阶段的主要工作内容如下。
- 在项目立项阶段，主要任务有需求分析、项目可行性研究、项目立项报告，并明确项目的目标、范围、时间表、预算等信息。
- 在项目启动阶段，主要任务有制定项目计划、组建项目团队，以及召开项目启动会。
- 在现状分析阶段，主要任务是进行现状调研、现状评估分析，并给出优化建议。
- 在未来方案设计阶段，根据现状分析及优化建议，给出未来解决方案建议。
- 在方案实施计划阶段，给出未来解决方案的实施计划以及相关保障措施等。

### 2. IT 硬件类基础设施建设项目管理过程

IT 硬件类基础设施建设项目管理过程可分为项目立项、项目启动、需求分析与方案设计、产品与方案选型、集成实施与测试、部署与上线、验收评审等阶段，如图 5-5 所示。

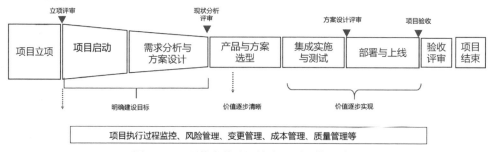

图 5-5　IT 硬件类基础设施建设项目管理过程

**1) 项目启动**

主要进行以下活动。

**项目背景和目标：**明确项目的背景和目标，确保所有团队成员对项目有共同的理解。

**项目范围和任务：**确定项目的范围和任务，明确项目的边界和要求。

**项目组织和管理结构：**建立项目的组织结构，明确各团队成员的职责和角色。

**项目计划和时间表：**制定项目计划和时间表，包括任务分配、资源分配、关键里程碑等。

**2) 需求分析与方案设计**

主要进行以下活动。

**需求分析：**收集客户需求和期望，了解项目的需求和要求。

**可行性研究：**评估项目的可行性，确定项目是否值得投入资源和资金。

**系统设计：**根据需求分析结果，进行系统设计，确定系统的架构、硬件设备性能参数以及相关基础管理软件功能及性能要求等。

**方案设计文档：**撰写方案设计文档，记录系统的设计信息和要求。

**3) 产品与方案选型**

主要进行以下活动。

**产品及方案选型：**按方案设计的参数要求，进行硬件及相关配套的基础软件选型。

**集成供应商选型：**选择有集成实施能力的供应商。

**签订合作协议：**与供应商签订产品采购及集成服务协议等。

**4) 集成实施与测试**

主要进行以下活动。

**系统集成实施前期工作：**根据系统设计文档，准备必要的硬件和软件环境，确保系统可以顺利集成。

**系统集成实施**：按照系统设计文档的要求，进行系统的集成和配置工作。

**系统集成测试**：对集成后的系统进行测试，确保系统的功能和性能符合要求。

**5) 部署与上线**

主要进行以下活动。

**硬件部署**：根据系统设计的要求，进行硬件的部署和配置工作。

**软件部署**：将相关基础系统软件部署到硬件设备上，并进行必要的配置和调试。

**项目上线**：经过测试和验证后，将系统正式上线，并通知相关人员使用系统。

**6) 验收评审与结项**

主要进行以下活动。

**项目验收**：组织项目验收会议，确认项目成果是否符合客户要求。

**项目总结报告**：撰写项目总结报告，总结项目的成果和经验教训。

**项目收尾**：对项目进行收尾工作，包括清理项目文件、资料等。

**项目效果评估**：对项目实施过程和成果进行评估，分析项目的实施效果和贡献度。

**3. 基于商业化软件包的客户化实施应用类项目管理过程**

以 ERP[1]为例，基于商业化软件(如 ERP、MES[2]、OA[3]等)的客户化实施应用类项目管理过程基本包括以下阶段，如图 5-6 所示。

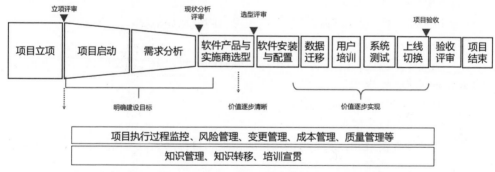

图 5-6　基于商业化软件包的客户化实施应用类项目管理过程

**1) 项目立项**

主要进行以下活动。

**根据业务需求确定项目目标**：根据企业的业务需求和战略目标，确定项目的具

---

1 ERP(Enterprise Resource Planning，企业资源规划)是一个用于管理和集成公司的核心业务流程的软件系统。它通常是一个集成的应用程序套件，旨在自动化公司的许多后台办公室功能，如财务管理、人力资源、制造、供应链管理等。

2 MES(Manufacturing Execution System，制造执行系统)是一种用于追踪和记录工厂制造过程中的所有生产信息和流程的计算机化系统。它旨在连接计划和制造过程，实现制造数据的实时监控和管理。

3 OA 通常指办公自动化(Office Automation)，它涉及使用计算机和软件技术来创建、收集、存储、处理和传递办公信息，以便提高工作效率和简化办公流程。OA 系统通常包括文字处理、电子表格、电子邮件、会议安排、数据管理等功能。

体目标，包括优化业务流程、提高效率、降低成本等方面的目标。

**考虑项目风险和成本因素，合理确定目标规划**：在制定项目目标时，要充分考虑项目的风险和成本因素，制定合理的目标规划和实施计划。

**项目可行性研究**：对项目进行可行性研究，包括项目经济技术可行性和相关风险及收益分析。

**立项审批**：决策层及管理委员会对项目进行立项审批。

**2) 项目启动**

主要进行以下活动。

**明确项目目标和任务**：确定项目的目标，包括要实现的业务需求和预期成果，以及项目的范围和约束条件。

**确定项目预算和时间节点**：制定项目的预算和时间节点计划，包括人力、物力、财力等方面的投入计划。

**制定项目组织结构和人员分工**：确定项目的组织结构和各成员的角色和职责，以及任务分配和协作方式。

**3) 需求分析**

主要进行以下活动。

**需求调研和分析**：对企业现有的业务流程和业务需求进行深入了解和分析，收集必要的数据和信息。

**确认用户需求和行为特征**：根据收集到的数据和信息，确认用户的需求和行为特征，以及潜在的问题和挑战。

**编写需求确认书**：整理和分析需求调研的结果，编写需求确认书，明确用户需求和系统设计要求。

**4) 软件产品与实施商选型**

主要进行以下活动。

**确定软件需求和预算**：根据项目的需求和目标，确定所需的软件功能和性能要求，以及相应的预算。

**选择并购买合适的软件产品**：根据软件需求和预算，选择合适的软件产品，并进行购买和授权。

**管理软件许可证和配置文件**：管理软件许可证和配置文件，确保软件的合法使用和系统配置的正确性。

**选择并采购有实施能力的实施商团队**：如自主实施，则不需要选择与采购外部实施商团队。

**5) 软件安装与配置**

主要进行以下活动。

**安装 ERP 软件和相关硬件设备**：根据项目要求，安装 ERP 软件和相关的硬件设备，包括服务器、存储设备、网络设备等。

**配置 ERP 系统并进行初始化设置：** 根据需求确认书中的要求，配置 ERP 系统并进行初始化设置，包括系统参数、基础数据、用户权限等方面的设置。

**进行基础信息维护：** 对 ERP 系统的基础信息进行维护，包括物料信息、供应商信息、客户信息等。

**6) 数据迁移**

主要进行以下活动。

**将原有数据导入系统：** 将原有数据导入系统中，确保数据的完整性和准确性。

**进行数据清洗和整理：** 对导入的数据进行清洗和整理，确保数据的正确性和一致性。

**7) 用户培训**

主要进行以下活动。

**制定培训计划并组织实施：** 根据项目目标和用户需求，制定相应的培训计划，包括培训内容、时间、地点、人员等方面的安排。

**设计培训课程和教材：** 根据用户需求和培训计划，设计相应的培训课程和教材，包括培训资料、演示文稿、操作手册等。

**评估培训效果：** 对培训的效果进行评估，收集用户的反馈和建议，及时调整和改进培训内容和方式。

**8) 系统测试**

主要进行以下活动。

**测试 ERP 系统功能和性能：** 对 ERP 系统的功能和性能进行测试，包括各项业务功能、报表、查询等是否符合设计要求。

**测试数据备份和恢复：** 测试 ERP 系统的数据备份和恢复功能，确保数据的安全性和可靠性。

**整理测试报告和缺陷：** 整理测试过程中的问题和缺陷，编写测试报告，为项目团队提供参考和改进依据。

**9) 上线切换**

主要进行以下活动。

**完成 ERP 系统切换前的准备工作：** 确保 ERP 系统切换前的准备工作已经完成，包括系统配置、数据检查、用户权限分配等。

**确保切换后的系统运行稳定：** 在完成系统切换后，确保新系统能够稳定运行，处理可能出现的问题和异常情况。

**处理切换过程中的问题：** 及时处理切换过程中出现的问题和故障，保障系统的顺利上线和使用。

**10）项目验收**

主要进行以下活动。

**验收系统成果**：对 ERP 系统的成果进行验收，包括对系统功能、数据准确性、用户满意度等方面进行评估。

**总结项目经验教训**：总结项目实施过程中的经验和教训，为今后的项目提供参考和改进依据。

### 4. 完全根据业务需求开发的应用开发类项目管理过程

对于应用开发类项目，在组织进行数字化转型的过程中，会根据不同的业务场景及业务需求提出不同的开发方式与管理要求。

- 对于业务需求明确及业务模式与业务流相对稳定的稳态业务场景，一般采用传统的稳态应用开发交付方式。
- 对于业务需求变化频繁且业务模式与业务流程不稳定的敏态业务场景，会采用敏态应用开发交付方式。

目前，大多数传统企业的数字化转型的业务需求场景是既有稳态的业务场景，又有敏态的业务场景，这就要求应用开发的项目管理模式是既支持稳态又支持敏态的双态混合项目管理。

**1）稳态应用开发交付方式**

传统的稳态应用开发交付过程一般可划分为项目立项、需求分析、概要设计、开发实施、测试、上线验收、运维等关键阶段。各阶段的主要任务及关键里程碑的节点、项目监控与项目管理模式如图 5-7 所示。

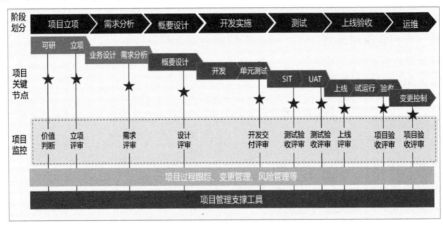

图 5-7　稳态应用开发交付方式

需要说明的是，对于稳态开发交付，在应用软件的设计与开发环节，可以根据业务需求的明确程度与系统可扩展性要求，选择瀑布式或迭代式的开发方式。

**2) 敏态应用开发交付方式**

在组织的业务场景及业务需求不明确或变化比较频繁的情况下，需要采用快速迭代的敏捷型开发交付方式。敏捷开发以用户的需求进化为核心，采用迭代、循序渐进的方法进行软件开发。

在敏捷开发中，应用开发项目在构建初期被切分成多个子任务或子项目，各个子任务或子项目的成果都经过测试，具备可视、可集成和可运行使用的特征。换言之，就是把一个大项目分为多个相互联系，但也可独立运行的子任务或子项目，并分别完成，在此过程中应用软件一直处于可使用状态。

采用敏捷开发的敏态应用开发交付方式如图 5-8 所示。

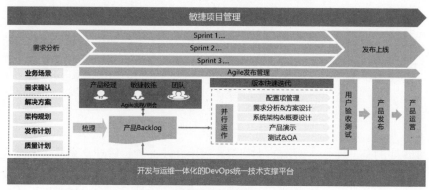

图 5-8　敏态应用开发交付方式

敏态应用开发项目的成功交付取决于以下几个因素：建立敏捷开发交付的项目管理流程；成熟的敏捷开发交付人才团队，特别是敏捷教练的角色尤其重要；需要开发与运维一体化的 DevOps 技术平台支撑；形成敏捷开发交付的组织文化。

**3) 稳态与敏态混合的应用开发项目管理体系**

组织的数字化转型是大数据、人工智能、云计算等数字技术驱动的新的商业模式或业务运营方式的发展创新。在这一过程中，业务优化创新的场景与业务需求是多样化的，支持业务优化创新的应用开发交付方式也应是多样化的。因此，为提升整个组织的项目管理能力，使应用开发交付过程不过度依赖项目组织及团队核心成员的个人能力，就需要建立支持稳态与敏态混合的应用开发项目管理体系。

在国内外众多领先企业的应用开发类项目管理实践中，通过借鉴 PMBOK[1]、PRINCE2[2] 和 CMMI[3]等国际公认的项目管理框架理念，已建立起一种兼容并蓄的项

---

1　PMBOK(Project Management Body of Knowledge)：由美国项目管理协会(PMI)开发，是一套广泛认可的项目管理标准和最佳实践指南。它提供了项目管理的基本原则和过程。

2　PRINCE2(PRojects IN Controlled Environments)：一种结构化的项目管理方法，起源于英国。它提供了一套详细的流程、步骤和模板，旨在提高项目管理的有效性。

3　CMMI：软件能力成熟度模型，1994 年由美国国防部与卡内基·梅隆大学下的软件工程研究中心以及美国国防工业协会共同开发和研制，其目的是帮助软件企业对软件工程过程进行管理和改进，增强开发与改进能力，从而能按时地、不超预算地开发出高质量的软件。

目管理体系。该体系既能支撑传统稳态业务应用的开发，又能灵活适应敏态业务应用的需求变化，成功地将多元化开发方式有机融合于项目全生命周期的各个环节(如图 5-9 所示)。

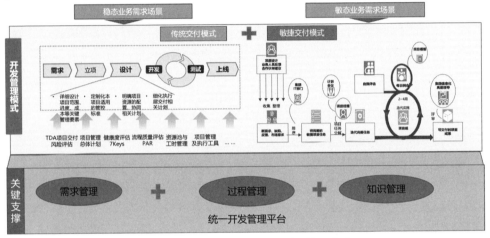

图 5-9　支持双态应用开发的项目管理体系

需要说明的是，图 5-9 所示的支持双态应用开发的项目管理体系除了需要建立体系化的项目管理流程制度及组织体系外，还需要建立能够支持各种应用开发交付方式的统一的开发管理支撑平台。这实际上是通过建立统一的开发管理平台，实现了应用开发项目管理的数字化。

# 5.5　输入资源

## 5.5.1　项目运行环境

### 1. 组织治理和项目治理

组织治理框架是关键决策制定的核心。公司治理的目标是为商务管理提供宏观指导和相关方支持，要求公司首席执行官或总经理按照公司治理规定进行管理。公司董事会负责公司治理，而公司总经理则负责公司管理。

项目治理的目标是将项目经理难以有效处理的政治问题交由项目治理委员会处理，以使项目经理能够专注于项目本身的管理。在项目治理规定中，需要明确项目经理向项目治理委员会提出问题的门槛和路径，即问题需要达到何种严重程度才能以何种方式提交给治理委员会解决。

### 2. 组织结构类型对项目的影响

在不同组织结构下，项目经理的权力和可用资源会有显著差异。常见的组织结构类型包括职能型、矩阵型和项目型，其中矩阵型应用最广泛。

在职能型组织结构中，项目被纳入现有职能部门进行实施。在矩阵型组织结构中，为特定项目组建专门的项目部，其中一部分员工全职从事项目工作，另一部分员工兼职参与项目。而在项目型组织结构中，为某个项目设立专门的项目部，所有员工都全职从事项目工作。

### 3. 项目管理办公室的职能和类别

随着项目管理的进展，组织越来越需要建立项目管理办公室(PMO)，以提高项目管理的效率。PMO 是一个组织内的固定职能部门，负责指导、协调和支持项目管理工作。其职责包括制定和实施标准化的项目管理方法，协调项目间资源、工具、技术和方法的共享，并为各项目提供必要的支持。

## 5.5.2　项目管理知识

国际知名项目管理机构发布了许多项目管理标准、体系和方法，数字化管理师可以深入学习。以美国项目管理协会(PMI)为例，《项目管理知识体系指南(PMBOK®指南)》是关于单项目管理的经典著作，总结了公认为良好做法的项目管理知识。此外，PMI 还发布了《项目集管理标准》《项目组合管理标准》《组织级项目管理标准》以及《敏捷实践指南》等。企业或组织机构在数字化项目中也可以参考 PRINCE2 或 CMMI 过程成熟度管理思想，数字化管理师应了解 CMMI 的基本思想与基本过程域管理体系。

## 5.5.3　项目管理工具软件

运用灵活的项目管理工具或建立统一的项目管理平台，可巩固数字化项目管理过程和流程制度，同时积累历史数据与经验知识。通过量化管理新项目，提高解决问题的效率，进而提升整个组织的数字化项目管理能力。

### 1. 项目管理常见工具

#### 1) PBS 和 WBS

PBS(产品分解结构)：对计划期内将要生产的产品进行层次化分解，基于用户视角描述项目产品。

WBS(工作分解结构)：对计划期内将要完成的工作进行层次化分解，有助于工作可视化。

**2) 甘特图**

作为进度管理的经典工具，用条状图展示项目活动顺序和持续时间，有助于项目经理评估工作进度、规划和管理项目。

**3) 鱼骨图**

又称因果图，通过树状结构发现问题的根本原因。问题或缺陷在"鱼头"处，鱼刺上列出可能原因，帮助说明各个原因对后果的影响。

**4) 一页纸项目管理**

提供高度可视化的项目整体图，清晰体现项目管理的 5 个核心要素(目标、任务、负责人、时间线及成本)，让利益相关者(尤其是公司高层管理者)快速了解项目整体情况，避免陷入细节。

**2. 项目管理常见软件**

**1) Microsoft Office**

Microsoft Project 是项目管理的经典工具，Visio 可轻松创建甘特图、流程图、组织结构图，并反映整体里程碑规划。

**2) 禅道项目管理**

禅道是国产开源项目管理软件的先驱，以敏捷方法 Scrum 为基础，内置产品和项目管理功能，并丰富补充了测试、计划、发布、文档和事务管理等特性。其一体化设计全面覆盖了项目管理核心流程，有序跟踪需求、任务、Bug 等关键要素。

### 5.5.4　项目经理

**项目经理**是在项目执行组织委派和高级管理层授权的基础上，领导数字化项目团队实现项目目标的个人。他负责在规定的项目要求下完成任务，交付可交付成果，满足项目相关方的利益。项目经理兼具领导者和管理者角色，需要协调竞争的项目要求、解决相关方利益矛盾，并进行项目团队建设；需要启发和激励团队成员，同时通过约束和控制确保团队遵守规章制度。

# 5.6　总结与思考

数字化管理师的数字化项目管理能力非常关键。项目管理是实现独特产品、服务或成果的关键环节，将为组织战略目标的实现创造条件。数字化项目管理要紧扣项目生命周期、关键阶段和里程碑，全面考虑项目进度、质量、成本和实施的价值目标。

在数字化咨询类、IT 硬件类基础设施建设和基于商业化软件包的客户化实施项目中，数字化管理师可采用经典的项目管理框架，并针对项目特点定制可执行的关键阶段和里程碑。对于应用软件开发等更灵活的项目，数字化管理师需要创新性调整项目管理模式，以适应数字化转型需求，突显数字化项目管理初衷。

数字化管理师需要深刻理解数字化项目的类型和管理过程，特别注重稳态与敏态的项目交付方式，并了解支持双态应用开发的先进项目管理体系。数字化管理师通过灵活应用数字化项目管理，可以支持组织实施数字化战略，推动项目成功交付，助力实现战略目标。

**思考题**

1. 如何理解数字化战略与数字化项目之间的关系？在实施数字化战略时，项目管理如何成为支持战略目标实现的有效手段？

2. 敏捷开发交付的特点是什么？在哪些场景下更适用于敏捷方法，以促进数字化项目的成功交付？

3. 为什么一些项目管理能力强的先进标杆企业会建立支持稳态加敏态的双态应用开发项目管理体系？如何平衡项目的稳态和敏态，以确保项目既能够按计划交付，又具备灵活性和创新性？

**本章测试题**

1. 下面哪一类数字化项目属于数字化咨询类项目？
    A. ERP 系统的云化升级       B. IT 硬件类基础设施建设项目
    C. 应用系统建设项目       D. IT 顶层规划设计项目

2. 在数字化转型过程中，阶段、临时性的数字化转型工作不能以以下哪种方式进行？
    A. 运营       B. 任务
    C. 项目       D. 多个子项目或多个子任务

3. 《PMBOK®指南》的主要内容可以概述为：基于项目管理基本概念，项目管理的五大过程组与十大知识领域之间形成纵横交叉的知识体系。其中五大过程组是任何一个项目从开始到结束都必须经历的 5 个管理工作流程组，包括启动、规划、＿＿＿＿＿、监控、收尾。
    A. 设计       B. 实施
    C. 执行       D. 施工

4. 敏捷项目管理是基于敏捷交付架构逻辑的一种重视＿＿＿＿＿和自组织的方法体系。
    A. 计划       B. 控制
    C. 迭代       D. 自组织

5. 关于数字化项目，以下哪一项论述是不正确的？

    A. 数字化项目管理就是敏捷项目管理

    B. 数字化项目管理是组织数字化转型过程中，对一些临时、阶段性的工作任务，以项目方式进行的管理

    C. 数字化项目管理会用数字化工具进行支撑

    D. 对于数字化项目管理，一般来说也可以按 PMP 的五大过程组进行组织管理

6. 强调提升组织项目管理能力的过程成熟度项目管理体系是以下哪种项目管理体系方法？

    A. PMP　　　　　　　　　　　　B. PRINCE2

    C. 敏捷项目管理　　　　　　　　D. CMMI

7. 在企业或一个数字化项目实践中，项目经理的权力受可用资源获取来源的职能部门的影响，为取得项目经理与职能部门权力的平衡，最常用的组织结构类型是哪一种？

    A. 职能型　　　　　　　　　　　B. 矩阵型

    C. 项目型　　　　　　　　　　　D. 混合型

请扫描二维码查看答案解析。

# 第 6 章

# 数据管理与应用：支持决策、优化运营，实现数字资产增值

## 6.1 概述

在数字经济时代，数据成为新的生产要素参与企业价值分配。数据是企业的核心资产已得到普遍认识，但是如何有效管理日益增加的海量数据，充分发挥数据作为企业资产的重要价值，成为众多企业面临的普遍性难题。

### 6.1.1 背景与目标

随着移动互联网、物联网、云计算、人工智能等新一代信息技术的迅速发展，信息获取的方式日益丰富，信息获取的速度日渐提升。在此过程中数据量以指数式增长。数据的快速增长给数据管理和应用带来了巨大的挑战和机遇。当前，数据成为各国发展数字经济的重要抓手。在数字社会，数据成为国家基础性战略资源，数字经济正在成为经济增长方式的强大创新动能，主要国家数字经济增速显著高于本国 GDP 增速，在 GDP 中贡献水平逐步提升。数字经济势不可挡，成为中国崛起、弯道超车的重大机遇，也是企业提升效率的必由之路。

#### 1. 业务驱动因素

目前很多机构已经开展了数据管理和应用相关的项目，但大多是因为监管要求或者满足某个应用项目的需要。数据管理和应用的驱动因素有两个大的方面：一是内部发展的需要；二是外部监管的需要。

#### 1）内部发展因素

随着企业信息化建设的不断深入，以及公司业务种类、范围等的逐渐延伸，IT系统产生的数据量以惊人的速度增长。面对巨大的数据规模，企业如何在精准营销、

风险控制、决策支持、产品定价、绩效考核等各方面得到准确、及时、完整的数据支持是必须考虑的问题。

**2) 外部监管因素**

为引导企业和机构加强数据管理，提高数据质量，充分发挥数据价值，提升经营管理水平，行业监管部门制定了相关的监管制度；例如银监会于 2018 年 5 月正式发布了《银行业金融机构数据治理指引》(以下简称《指引》)，这对于银行业金融机构的数据治理(注：本书中的数据治理等价于数据管理)工作具有非常重要的指导意义。《指引》中明确提出了银行业金融机构数据治理的基本原则、组织架构、数据管理、数据质量、数据价值实现等方面的要求，并且明确提出数据治理与监管评级挂钩。

数据管理不仅需要作为一项职能工作在公司内贯彻执行，而且应该成为一种企业文化在员工工作之间进行融合。企业文化建设必须落到实处，应该从战略角度启动、开展和推进数据管理工作，建立一种以数据资产为导向的企业文化，将数据治理与信息科技治理、公司治理有机地结合起来。

### 2. 目标和原则

**1) 目标**

信息和知识是竞争优势的关键。拥有关于客户、产品、服务和运营的可靠、高质量数据的组织能够比没有数据或数据不可靠的组织做出更好的决策。如果不能像管理资本一样管理好数据，就会浪费和失去机会。正如有效管理财务和物理资产能够使组织从这些资产中获取价值一样，数据管理的主要驱动力也是使组织能够从其数据资产中获取价值，实现数据资产的保值增值。

因此，数据管理和应用已成为组织的重要战略，其**根本目标**是通过高效、智能的数据管理和应用，推动决策智能、运营优化、数字资产保值增值，实现持续的业务增长和竞争优势。

**2) 原则**

数据管理和其他形式的资产管理具有共同的特性，它涉及了解一个组织拥有什么数据以及可以用它完成什么，然后确定利用数据资产来实现组织目标的最佳方式。不同组织管理数据的原则存在差异，较通用的原则如下。

- 数据是有独特属性的资产；
- 管理数据意味着对数据的质量管理；
- 数据管理需要纳入与数据相关的风险；
- 数据管理需要企业级视角且是跨职能的工作；
- 数据管理需要全生命周期的管理，不同类型数据有不同的生命周期特征；
- 有效的数据管理需要领导层承担责任。

## 6.1.2　相关概念解析

### 1. 数据的定义

**数据**是指对客观事件进行记录并可以鉴别的符号，是对客观事物的性质、状态以及相互关系等进行记载的物理符号或这些物理符号的组合。它是可识别的、抽象的符号，不仅指狭义上的数字，还可以是具有一定意义的文字、字母、数字符号的组合、图形、图像、视频、音频等。DAMA(国际数据管理协会)在《DAMA 数据管理知识体系指南》(即 DMBOK)中描述"数据是以文本、数字、图形、图像、声音和视频等格式对事实进行表现"。

数据作为信息科学中一个基本但复杂的概念，对其的理解离不开与信息、知识、智慧之间的概念辨析。1989 年，美国科学哲学家 R. L. Ackoff 提出的 DIKW 模型(如图 6-1 所示)对此提供了一个合适的分析框架。DIKW 模型即把数据(Data)、信息(Information)、知识(Knowledge)、智慧(Wisdom)纳入一种金字塔形的层次体系中。

图 6-1　DIKW 体系

### 2. 数据资产与数据资产管理的定义

**数据资产**是指由企业拥有或控制的，能够为企业带来未来经济利益的，以物理或电子的方式记录的数据资源，如文件资料、电子数据等。在企业中，并非所有的数据都构成数据资产，数据资产是能够为企业产生价值的数据资源。

**数据资产管理**(Data Asset Management，DAM)是指规划、控制和提供数据及信息资产的一组业务职能，包括开发、执行和监督有关数据的计划、政策、方案、项目、流程、方法和程序，从而控制、保护、交付和提高数据资产的价值。数据资产管理需要充分融合业务、技术和管理，来确保数据资产保值增值。

### 3. 数据应用的定义

**数据应用**顾名思义是对数据的使用，使其发挥价值。其涉及两个阶段：业务数字化和数字业务化。前者指形成业务数据"感知"并优化业务运营；后者指通过数据交换或数据交易直接创收(如图 6-2 所示)。

图 6-2 数据应用的两个阶段

为达成以上两个阶段目标，根据 GB/T 36073-2018《数据管理能力成熟度评估模型》(即 DCMM)中的内容，**数据应用需要在 3 个领域发力：数据分析、数据开放共享和数据服务**。其中**数据分析**是对组织各项经营管理活动提供数据决策支持而进行的组织内外部数据分析或挖掘建模以及对应成果的交付运营、评估推广等活动；**数据开放共享**是指按照统一的管理策略对组织内部的数据进行有选择的对外开放，同时按照相关的管理策略引入外部数据供组织内部应用；**数据服务**是通过对组织内外部数据的统一加工和分析，结合公众、行业和组织的需要，以数据分析结果的形式对外提供跨领域、跨行业的数据服务。

### 4. 企业数据分析层级

数据分析是数据应用最重要的部分。数据分析的目的是为组织各项经营管理活动提供数据决策支持。在企业中主要分为战略、管理、运营、操作 4 个层面的决策需求，每个层次有其对应的主要数据产品(如图 6-3 所示)。

图 6-3 决策需求的 4 个阶段

**战略分析报告**：辅助制定市场、行业进入和产品竞争策略，包括宏观环境、市场特征和竞争态势 3 个部分。宏观环境分析的目的是抓住宏观环境给企业带来的机会、规避威胁，常用方法有 PEST 分析。市场特征分析的目的是明确某细分市场的盈利性、增长潜力和本企业产品定位，常用方法有波士顿矩阵。竞争态势分析主要明确企业的竞争对手、竞争地位和竞争要素上的优势和劣势，常用方法有波特五力模型、SWOT 分析。

**经营分析系统**：根据从盈利能力、风险防控等若干方面构建起的指标体系(其数据一般为经营结果数据)，为企业管理者提供特设分析，包括常规报表分析、多维分析。

**运营策略系统**：根据运营的动态预警，及时发现异常情况，通过根因分析识别关键因素，并制定业务优化策略；经常使用到趋势预报、运筹优化等工具。

**数智系统**：嵌入在某业务流程中，可以根据既有的算法框架，通过误差分析，自动实现模型优化，以达到系统自我控制解决问题；经常使用到挖掘建模等工具。

### 5. 数据管理视角的数据分类

数据的类型可以从多个视角来区分，如度量类型视角、业务域视角、时态视角、数据源视角等。这里讲解 DMBOK[1] 中数据管理视角的类型划分。

- 主数据：主数据是关于业务实体的数据，描述组织内的"物"，如人、地点、客户、产品等。
- 交易数据(事务数据)：交易数据描述组织业务运营过程中的内部或外部"事件"，如销售订单、通话记录等。
- 统计分析数据(指标)：统计分析数据是对企业业务活动进行统计分析的数值型数据，如客户数、销售额等。
- 参考数据：参考数据是用于将其他数据进行分类或目录整编的数据，规定参考数据值是几个允许值之一，如客户等级分为 A、B、C 三级。
- 元数据：元数据是描述数据的数据，帮助理解、获取和使用数据，分为技术元数据、业务元数据等。

5 种类型数据之间的关系如图 6-4 所示。

图 6-4　5 种类型数据之间的关系

---

1　DMBOK(Data Management Body of Knowledge)是一种全面的数据管理指南，由数据管理国际协会开发。它包含了数据管理的最佳实践、定义和标准，涵盖了数据管理的多个方面，如数据治理、数据质量、数据架构、数据建模、数据仓库和业务智能等。

### 6. 数据管理与数据治理之间的关系

根据 DMBOK2 中的定义，**数据管理**(Data Management)是为了交付、控制、保护并提升数据和信息资产的价值，在其整个生命周期中制订计划、制度、规程和实践活动，并执行和监督的过程。**数据治理**(Data Governance，DG)的定义是在管理数据资产过程中行使权力和管控，包括计划、监控和实施。在所有组织中，无论是否有正式的数据治理职能，都需要对数据进行决策。建立了正式的数据治理规程及有意向性地行使权力和管控的组织能够更好地增加从数据资产中获得的收益。

数据管理框架目前主流有两个，如图 6-5 所示，分别是左图的 DAMA-DMBOK2 数据管理框架(DAMA 车轮图)和右图的 GB/T 36073-2018《数据管理能力成熟度评估模型》(DCMM)。这两个框架都描述了数据管理的主要模块及其关系，虽然内容略有差异，但是核心模块基本一致，主要内容详见下一小节。

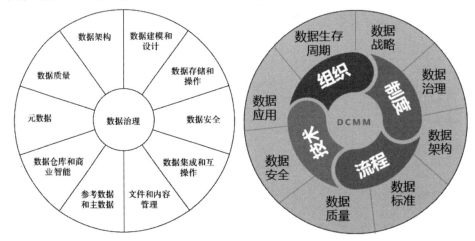

图 6-5　数据管理框架

从这两张图都可以看出，数据治理是数据管理的一部分。但是，目前在国内其他文献中，数据管理和数据治理的概念是很混淆的。国内还创立了广义和狭义数据治理这两个名词。广义数据治理等价于数据管理；狭义数据治理即 DAMA-DMBOK2 和 DCMM 中的数据治理的概念。

数据治理框架众多，这里重点介绍 GB/T 34960.5-2018《信息技术服务-治理-第 5 部分：数据治理规范》，其数据治理框架包含顶层设计、数据治理环境、数据治理域和数据治理过程，如图 6-6 所示。

**顶层设计**是数据治理实施的基础，是根据组织当前的业务现状、信息化现状和数据现状，设定组织机构的职权，并定义符合组织战略目标的数据治理目标和可行的行动路径。

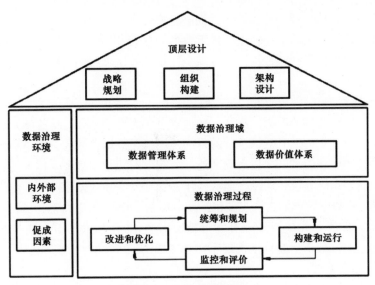

图 6-6 数据治理框架

**数据治理环境**是数据治理成功实施的保障，指的是分析领导层、管理层、执行层等利益相关者的需求，识别项目支持力量和阻力，制定相关制度以确保项目的顺利推进。

**数据治理域**是数据治理的相关管理制度，是指制定数据质量、数据安全、数据管理体系等相关标准制度，并基于数据价值目标构建数据共享体系、数据服务体系和数据分析体系。

**数据治理过程**是一个 PDCA 过程，是数据治理的实际落地过程，包含确定数据治理目标、制定数据治理计划、执行业务梳理、设计数据架构、数据采集清洗、存储核心数据、实施元数据管理和血缘追踪，并检查治理结果与治理目标的匹配程度。

需要强调的是，很多业界从业者认为顶层设计中的内容应该是数据治理的输入，而非数据治理中的内容，例如 DCMM 中就把数据战略规划单独出来。读者也不必纠结于此，数据管理工作本来就是相互关联的整体，具体的某个子模块属于哪个领域并不重要。

### 7. 数据管理主要模块及其关系

本小节综合 DMBOK 和 DCMM 框架中的内容，就其中重要数据管理模块进行解释。

#### 1) 数据模型管理

数据模型包括概念数据模型、逻辑数据模型和物理数据模型，是数据架构的关键内容。其中逻辑数据模型最为关键，它能涵盖整个组织的业务范围，以一种清晰的表达方式记录跟踪组织的重要数据元素及其变动，并利用它们之间各种可能的限制条件和关系来表达重要的业务规则。为满足将来不同的应用分析需要,逻辑数据模型的设计应该能够支持最小粒度的详细数据的存储,以支持各种可能的分析查询。同时保障逻辑数据模型能够最大程度上减少冗余,并保障结构具有足够的灵活性和扩展性。

**2) 元数据管理**

元数据是关于数据的数据,描述了数据定义和属性。主要包括业务元数据、技术元数据和管理元数据。元数据管理的目的是厘清元数据之间的关系与脉络,规范元数据设计、实现和运维的全生命周期过程。有效的元数据管理为技术与业务之间搭建了桥梁,为系统建设、运维、业务操作、管理分析和数据管控等工作的开展提供重要指导。元数据管理的内容主要包括元数据获取、元数据存储、元数据维护(变更维护、版本维护)、元数据分析(血缘分析、影响分析、实体差异分析、实体关联分析、指标一致性分析、数据地图展示)、元数据质量管理与考核等内容。

**3) 数据标准管理**

数据标准是组织建立的一套符合自身实际,涵盖定义、操作、应用多层次数据的标准化体系。数据标准可以划分为两类(参见中国信通院的《数据标准管理实践白皮书》),即基础类数据标准和分析类数据标准。基础类数据是指组织日常业务开展过程中所产生的具有共同业务特性的基础性数据。基础数据可分为客户、资产、协议、产品、交易、渠道、财务、营销等主题。分析类数据是指为满足组织内部管理需要及外部监管要求,在基础性数据基础上按一定统计、分析规则加工后的可定量化的数据。

**4) 数据质量管理**

数据质量指在特定环境下,数据特性对于描述和使用需求的满足程度。数据质量管理包含对数据的绝对质量管理和过程质量管理。绝对质量即数据的正确性、完整性、一致性等是数据本身应具有的属性;过程质量即使用质量、存储质量和传输质量。数据质量管理体系包括以下内容。

- 建立数据质量管理制度及规范。
- 成立数据质量管理组织。
- 制定数据质量管理流程,包括数据质量持续监控、历史数据质量优化提升、未来数据质量主动保证。
- 数据质量管理支撑工具的完善。完善的数据质量管理是保障各项数据治理工作能够得到有效落实,达到数据准确、完整的目标,并能够提供有效的增值服务的重要基础。

**5) 数据安全管理**

数据安全管理主要解决的就是数据在保存、使用和交换过程中的安全问题。数据安全管理是依据数据安全策略和相关标准,对数据安全活动进行管理的过程。管理内容包括数据的分类分级、访问控制、风险管控等。对于数据安全管理，数据的分类分级是基础，数据的访问控制是手段，数据的风险管控是方法。数据的访问控制通过对数据访问主体的身份标识、认证和鉴别，以及基于数据的分类分级对其所访问数据资源进行授权和控制的管理和技术手段来实现。

**6) 主数据管理**

主数据管理要做的就是从各部门的多个业务系统中整合最核心的、最需要共享的数据(主数据)，集中进行数据的清洗和丰富，并且以服务的方式把统一的、完整的、准确的、具有权威性的主数据传送给组织范围内需要使用这些数据的操作型应用系统和分析型应用系统。

**7) 数据指标和标签管理**

数据指标和数据标签是企业数据分析中使用的主要数据资产。数据指标即统计分析数据，是对企业业务活动的汇总。指标分析体系的完备性反映了企业的管理能力，如 KPI 指标体系反映了企业对经营管理的认识深度、AARRR 指标体系反映了企业对客户运营的认识深度。完备且经过良好规整的指标体系是 BI 可视化分析的基础。数据标签是对业务涉及的微观客体的数字化描述，如用户标签、产品标签和渠道标签，这些都是进行画像和算法建模的基础，在精准营销、信用风险、欺诈识别等数据应用场景有着广泛的运用。

主要数据管理模块之间的关系如图 6-7 所示。

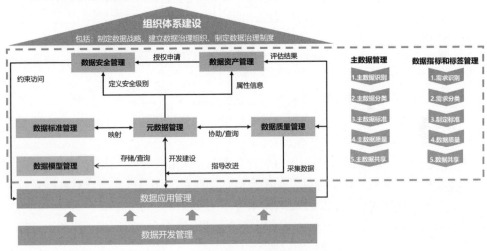

图 6-7　主要数据管理模块之间的关系

最上层是组织体系建设，也就是狭义的数据治理，包括数据战略规划、组织和制度建设等内容。它自上而下地指明数据管理需要建立哪些能力、构件、路径、决策机制。最下层的数据开发管理是数据应用的直接支撑，包括一系列的数据平台建设和管理工作。而数据应用需要紧密贴合业务需求，它自下而上地提出满足业务可持续性和发展的数据能力建设需求，包括核心基础数据共享、经营指标分析、精准营销和合规风控数据应用，这需要企业建立主数据、指标数据和标签数据的服务能力。为提供上述数据服务能力，企业需要建立中间虚线框出的领域。该领域以元数据管理为核心，其确保数据可以被理解和高效地访问。数据模型提供结构化全局数据视图，数据标准提供数据规范，数据质量管理确保数据产品满足数据用户的预期，数据资产管理确保数据发挥应有的价值，数据安全管理确保数据的完整性和不被滥用。

## 6.2 效果检验

### 6.2.1 数据管理的效果检验

评估企业数据管理效果的指标主要可分为以下 6 个维度。

- 数据质量：这是评估数据管理效果最重要的一个维度。数据质量可以从数据的准确性、完整性、一致性、及时性等方面进行评估。
- 数据安全：安全性是数据管理的关键要素，需要评估数据保护措施的有效性，如数据泄露的次数、数据备份的成功率、数据恢复的时间等。
- 数据可用性：评估数据是否可以在需要时被方便地访问和使用，如数据检索的速度、数据系统的可用时间比例、数据交换的成功率等。
- 数据合规性：企业需要遵守各种数据相关的法规和标准，包括数据隐私、数据保护等，如违反数据相关法规和标准的次数、数据隐私保护的措施的执行情况等。
- 成本效益：评估数据管理的成本和带来的效益，包括硬件、软件、人力等成本，如数据管理的总成本、每单位数据的管理成本、通过改进数据质量或提高工作效率带来的收益等。
- 用户满意度：数据的最终用户(如业务人员、决策者等)对数据管理的满意度也是一个重要的评估维度，如用户对数据质量的满意度、用户对数据系统的易用性的满意度、用户对数据服务的满意度等。

以上各个维度可以帮助企业全面了解数据管理的效果，为进一步优化和改进提供依据。

### 6.2.2 数据应用的效果检验

评估企业数据应用效果的指标主要可分为以下 6 个维度。

- 业务效果：首先要看数据应用是否帮助企业实现了预期的业务效果，如提高效率、增加收入、降低成本等。这一点可以通过对比数据应用实施前后的业务数据进行评估。
- 决策改善：数据应用是否帮助企业做出更好的决策，如市场定位、产品开发、定价策略等。
- 创新能力：数据应用是否提高了企业的创新能力，如开发新产品、进入新市场等。
- 用户满意度：如果数据应用涉及企业的客户或用户，那么用户满意度是一个重要的评估维度。可以通过用户调查、用户反馈等方式来评估。
- 风险管理：数据应用是否帮助企业更好地管理风险，如识别潜在风险、减少风险暴露等。
- 社会影响：数据应用是否对社会产生了积极影响，如提高了环境可持续性、增加了社区参与等。

以上各个维度可以帮助企业全面评估数据应用的效果，并根据实际情况调整数据应用的策略。

# 6.3　输出结果

数据管理和应用的输出结果包括以下 4 个方面。

- 数据质量报告：数据管理和应用的过程中会对数据进行质量检测和评估，输出数据质量报告，包括数据的准确性、完整性、一致性、可靠性和及时性等指标，以帮助企业和组织了解数据的质量状况。
- 数据分析报告和可视化展示：数据管理和应用的过程中会对数据进行分析和挖掘，输出数据分析报告或可视化图表，包括数据的趋势、模式、关联性和异常等信息，以帮助企业和组织了解数据的特征和规律。
- 数据应用系统：数据管理和应用的过程中会开发数据应用系统，包括数据仓库、商业智能系统、数据挖掘系统等，以帮助企业和组织更好地利用数据支持业务决策和创新。
- 数据管理规范和制度：数据管理和应用的过程中会制定数据管理规范和制度，包括数据分类、命名、存储、备份、恢复、安全等方面的规定，以帮助企业和组织更好地管理数据。

这些输出结果有助于企业和组织更好地管理和应用数据，提高数据的价值和利用效率，支持业务决策和创新。

## 6.4 数据管理与应用过程

首先区分数据治理过程和数据资产管理过程。数据治理有多年的历史，方法论和建议过程众多，如"IBM 数据治理统一流程""精益数据治理流程"；另外在《信息技术服务-治理-第 5 部分：数据治理规范》中也规定了统筹和规划、构建和运行、监控和评价、改进和优化这样的数据治理过程。而数据资产管理出现较晚，其包括数据管理和应用这两个领域能力的建立。目前国内企业普遍遵循"盘、规、治、用"的数据资产管理过程，而且也产生了一些变体，如 "盘、规、治、融、用""盘、规、整、用、价值变现"。这些过程其实大同小异，本节以主线进行讲解，如图 6-8 所示。

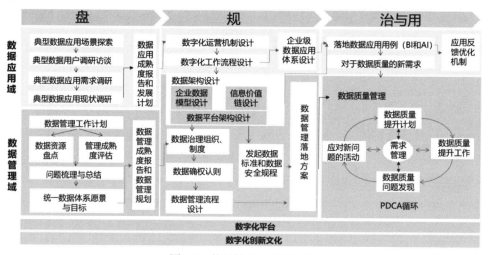

图 6-8　数据管理与应用过程

### 6.4.1 "盘"——盘清现状

了解当前的数据管理、数据应用、数据资源的现状，同时明确数据治理环境，包括内外部环境和促成因素。需要进行的主要动作及其产出物有数据管理成熟度评估及报告、数据应用成熟度评估及报告、数据资源盘点及数据资源目录。在盘清现状的最后部分，会制定数据管理规划、数据应用规划，与后续的"规"自然过渡。

**数据管理和应用成熟度评估**：GB/T 42129-2022《数据管理能力成熟度评估方法》给出了评估的流程参考框架，如图 6-9 所示。

**数据资源盘点**：这是对企业拥有和可支配的数据资源进行的一次全面的摸底，其流程参考框架如图 6-10 所示。

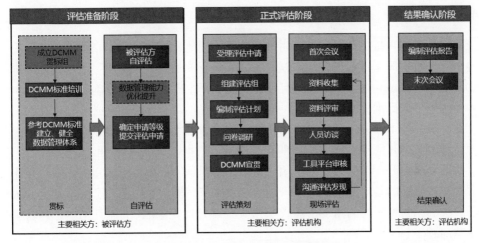

图 6-9　评估的流程参考框架

图 6-10　数据资源流程参考框架

## 6.4.2　"规"——制定规范

这涉及数据管理规范、数据架构规范和数据应用规范。

**数据管理规范**：需要建立数据管理的规范体系，即数据管理的组织、规章、制度、流程，也就是建立数据管理的保障机制，即狭义的数据治理体系；而且还要建立数据产生、加工、销毁的全生命周期管理规范、数据标准、数据安全管理办法。

**数据架构规范**：设计企业数据模型，为数据标准制定提供制定依据；设计企业信息价值链，为数据安全使用提供制定依据；设计数据平台架构，为数据平台建设提供制定依据。

**数据应用规范**：设计数字化运营机制和工作流程，为数据应用用例的开发提供参考保障机制。

### 6.4.3 "治"——问题整治

**数据治理**的直接目标是提供高质量的数据，因此数据质量问题整治是"治"的主要内容。数据质量改进的常用方法是戴明环的一个版本，即分为"计划(Plan)-执行(Do)-检查(Check)-处理(Act)"的问题解决模型。改进是通过一组确定的步骤来实现的。必须根据标准测量数据状况，如果数据状况不符合标准，则必须确定并纠正与标准不符的根本原因。无论是技术性的，还是非技术性的，根本原因可能都会在处理过程的某一步骤中找到。一旦纠正，应监控数据以确保其持续满足要求。

**数据质量提升计划**：数据质量团队评估已知问题的范围、影响和优先级，并评估解决这些问题的备选方案。这一阶段应该建立在分析问题根源的坚实基础上，从问题产生的原因和影响的角度了解成本/效益，确定优先顺序，并制订基本计划以解决这些问题。

**数据质量提升工作**：数据质量团队负责努力解决引起问题的根本原因，并做出对数据持续监控的计划。对于非技术流程类的根本原因，数据质量团队可以与流程所有者一起实施更改。对于需要技术变更类的根本原因，数据质量团队应与技术团队合作，以确保需求得到正确实施，并且技术变更不会引发错误。

**数据质量问题发现**：这一阶段包括积极监控按要求测量的数据质量。只要数据满足定义的质量阈值，就不需要采取其他行动，这个过程将处于控制之中并能满足商业需求。如果数据低于可接受的质量阈值，则必须采取额外措施使其达到可接受的水平。

**应对新问题的活动**：这一阶段是指处理和解决新出现的数据质量问题的活动。随着问题原因的评估和解决方案的提出，循环将重新开始。通过启动一个新的周期来实现持续改进。

### 6.4.4 "用"——数据应用

数据应用水平越先进，说明数据可创造的价值越多，组织可向用户提供的价值越多，组织自身获得的收益也会越多，进而形成良性的竞争优势，因此数据应用的发展是数字化组织发展的最终目的。

企业开展数据应用是采用用例的方式进行的，也就是与应用场景相结合，释放数据价值。可以根据平衡计分卡的框架，展开企业的应用用例的发现。财务领域的分析场景有预实分析、融资优化分析等；客户领域的分析场景有市场分析、营销获客分析、客户留存分析、客户价值分析等；运营领域的分析场景有产品研发分析、供应链优化分析、风控合规分析等；学习成长领域的分析场景有员工满意度分析、员工胜任力分析等。

# 6.5 输入资源

数据管理与应用是一项长期性的、体系化的工作，为保证各项数据管理活动有效开展，统筹推动数据管理与应用工作顺利进行，业务战略、组织文化、架构设计和 IT 系统现状等输入极为重要。

## 6.5.1 业务战略

**业务战略**是企业在竞争激烈的市场中获得竞争优势和实现长期成功的有力保障。数据战略需要切合业务的长期发展需求，为数据管理工作长期高效开展指引方向。如图 6-11 所示，数据治理为高质量数据分析提供保障机制，数据分析的作用是解决业务运营过程中的问题与挑战，最终为实现业务战略目标而服务。因此业务战略是数据管理和应用的重要输入项。

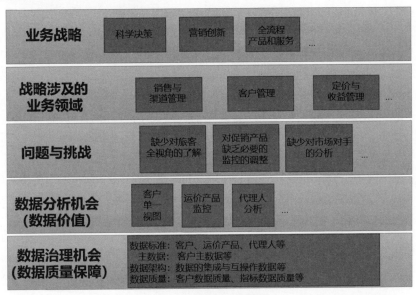

图 6-11　数据战略发展需求

## 6.5.2 组织文化

很多人认为数据管理或治理应该自上而下，建立组织架构、流程制度和考核体系，以及上线数据治理平台系统进行线上管控。但是这些远远不够，其中重要的一点是组织文化因素。数据治理的成功需要全员具备数据意识。要在思想上让企业每位员工认识到数据和自己日常工作息息相关，知道数据能为企业带来的各方面价值。例如，对客户经理而言，要能够利用数据了解客户的需求，抓住客户当下需求进行精准出击，促成业务交易；对于管理决策层而言，要读懂数据背后市场的变化趋势，能够快速对业务发展趋势进行预判，调整或开辟新的业务方向。如果企业员工缺乏数据意识，那数据管理的各种方法论都是无效的；或者组织中部门意识极强，拒绝企业内部部门的合规数据共享，那数据应用就无从谈起。因此组织数据文化是数据管理和应用的重要输入项。

### 6.5.3　架构设计和 IT 系统现状说明

架构设计包含历史和当前的应用架构、数据架构和技术架构。IT 系统包括记录系统、分析系统。这些是数据资源盘点、数据管理成熟度评估的重要输入项。

## 6.6　总结与思考

数字化时代带来巨大数据挑战，数据管理与应用是解决问题的核心能力。在阿姆斯特丹信息模型中，它在业务运营和 IT 服务与研发之间发挥关键的支持作用。

首先，数据管理与应用侧重于数字化业务运营转型，通过数据处理与分析提升效率，为产品创新、需求分析、设计研发、流程优化等奠定基础。其次，数据管理与应用推动 IT 服务与研发提供高效技术解决方案，适应新技术如(人工智能、大数据、云计算等)的发展，成为企业架构设计中的关键关注点。最后，数据管理与应用涵盖数据资产业务应用、管理机制、创新技术引进、安全体系建设、数据文化培养等，与企业文化创新、知识管理、风险管理密切相关，展现综合价值。

数字化管理师需要精通数据管理与应用，这成为数字化转型成功的关键。深入理解这一能力，将推动数字化业务运营、优化 IT 服务与研发，为企业实现数字化战略目标提供战略支持，使其在数字化时代竞争中脱颖而出。

**思考题**

1. 企业中的数据分析层级如何，以及这些层级的数据分析如何影响企业的决策过程？

2. 在企业中实施数据管理与应用的基本步骤是什么？能否分享一些成功实施的案例和经验？

3. 数据应用和数据治理之间存在怎样的关系？有效的数据治理如何促进数据应用的成功实施？

**本章测试题**

1. 某机构开展了数据管理和应用相关的项目，对于该机构来说促使他们开展数据管理和应用相关项目的因素有_____。

A. 内部因素和外部因素

B. 内部监管因素和外部发展因素

C. 内部发展因素和外部监管因素

D. 内部管理因素和外部监管因素

2. 为达成业务数字化和数字业务化这两个阶段目标，根据数据管理能力成熟度评估模型(DCMM)中的内容，数据应用需要在 3 个领域发力，即数据分析、数据开放共享和_____。

A. 数据管理          B. 数据安全

C. 数据架构          D. 数据服务

3. Gartner 于 2013 年总结过数据分析的 4 个层次，一直以来广受认可，有较大的影响力，它们分别是：描述性分析、诊断性分析、预测性分析和_____。

A. 常规报表分析       B. 规范性分析

C. 多维分析          D. 宏观分析

4. 某企业 A 要对其自身的数据管理能力进行一次评估摸底的工作。那么对于企业 A 来说，在准备评估的阶段除了要进行贯标的工作外，还需要做下列哪项工作？

A. 提交评估申请       B. 评估策划

C. 确定申请等级       D. 自评估

5. 某企业要开展数据治理的工作。对于这个企业来说，除了自上而下建立组织架构、流程制度、考核体系和设计技术实现方案外，还要重视组织文化。以下哪个选项属于这个范畴？

A. 企业建立了完善的数据确权认责和数据管家制度

B. 领导和员工一致认为不同业务线产生的数据是企业的数据资产，可以通过共享为不同的部门创造价值

C. 数据仓库的建设可以极大地提高企业数据集成和标准化的效率

D. 当数据使用者发现数据质量问题后，应该及时向数据管理者反馈，并由其责令数据生产者予以处理

6. 目前国内企业普遍遵循的数据资产管理的过程是"盘、规、治、融、用"。其中的"治"强调的是对数据质量问题的整治，如果你是数据管理部门的工作人员，应该如何提升存量数据质量问题？

A. 联合业务部门制定数据标准，以后数据的采集、处理应该按照数据标准执行

B. 修改业务系统使之符合数据标准

C. 对于数据仓库中存储的数据，采用人工补录或外部数据校验的方法提高其与数据标准的符合度

D. 对于不能满足质量要求的数据生产者，要求其重新录入或采集

7. 数据的类型可以从多个视角来区分，如主数据、交易数据、统计分析数据、参考数据、元数据这 5 种类型的数据是以数据管理视角来区分的。请判断以下哪个选项属于参考数据？

　　A. 企业分支机构的驻地信息

　　B. 财务系统中的记账会计科目信息

　　C. 对公客户的行业类型

　　D. 对公客户的付款数据

请扫描二维码查看答案解析。

# 第7章

# 知识管理与应用：赋能组织和个人，持续提升适应力和智力资本

## 7.1 概述

### 7.1.1 背景与目标

在社会发展中，知识是推动进步的核心，尤其在数字化和人工智能高速发展的时代。知识竞争力成为组织的可持续优势，也是人工智能的基石。众多组织正在积极探索知识管理，以增强组织能力和提升创新力。

在知识型社会，个人注重知识学习以实现个人发展。个人知识服务以个人发展愿景为核心，提供识别、开发、整理、交易等服务。互联网提供的个人知识服务促进了知识资源分享，对知识型社会的开放创新有积极影响(尽管个人会面临人工智能带来的挑战)。

知识管理会为组织和个人带来何益？简而言之，从"基于资源"到"善于管理知识"已成为每个组织和个人的必然要求。深入看待知识管理的价值应升华到对智力资本提升的层面，即有效提升人力资本、组织资本和关系资本。智力资本是可转化为竞争优势和价值的知识、经验、技能和创新能力等资源。

因此，数字化管理师的核心能力之一是知识管理与应用。**其根本目的是赋能数字化组织和个人**。通过收集、挖掘、组织、存储、分享和应用知识，数字化管理师可以帮助组织和个人更好地应对数字化挑战，提高工作效率和创新能力。同时，**持续提升适应力和智力资本**，以适应和引领数字化转型的需求，实现持续的成功和竞争优势。

### 7.1.2 核心概念解析

#### 1. 知识的定义

知识管理国家标准中将知识定义为通过学习、实践或探索获得的认识、判断或技能，包括显性和隐性两种，覆盖组织和个人层面，涵盖事实、原理、技能和人际等多个维度。这种知识在有意义的背景中通过分析处理，为组织创造真正的价值，是隐藏在专利技术、成功产品和有效策略背后的强大知识力量。组织知识包括经验、员工、管理技能、作业方式、科技应用、策略伙伴与供货商关系、顾客及市场情报等，构成组织的智慧资本。

个人知识主要涵盖个人能力不断提升的素养知识，以及推动个人工作与职业规划发展的专业技能知识。这种知识更多地内化为经验，并通过工作沉淀为可分享的工具、方法和成果，对个人的成长和组织的创新具有积极的推动作用。

#### 2. 知识管理的定义

知识管理国家标准将知识管理定义为对知识、知识创造过程和知识应用进行规划和管理的活动。简而言之，知识管理是通过管理和信息技术手段，充分结合人和知识，来加强组织记忆、提升员工能力、优化知识协作、改进工作绩效，并为组织可持续核心能力的构建奠定基础。在数字化时代，组织的知识管理需要综合技术与管理手段，全方位管理知识的生命周期，特别关注知识的采集、加工、应用与创新。

知识管理的核心目标是将知识有机地应用于实际工作，从而助力数字化组织和个人解决问题、提升效率和创新能力。作为数字化管理师，需要具备将知识转化为实际行动和业务价值的能力，包括通过培训和教育传递知识、制定和推广最佳实践、为团队提供咨询和支持，确保知识有效地融入组织的数字化战略和业务流程。

数字化管理师在知识更新速度飞快的时代扮演推动者的角色，需要建立系统化的个人知识体系，通过内化、分享、增值和创新知识，不断提升自身竞争力，以更有效地推动高质量的工作。

# 7.2 效果检验

## 7.2.1 组织知识管理效果评价维度

组织推行知识管理的效果可以从人力资本、关系资本、结构资本 3 个维度(共 8 个指标)评价。

### 1. 人力资本

**1) 赋能力**

■ 知识激励计划奖励创意和创新：组织对于创意和创新的激励方式。

■ 人才管理和发展方面的预算投入：组织每年人均的人才管理和发展预算投入。

■ 员工在学习和获取新知识上花费的工作时间：组织内员工每年人均的学习时长。

**2) 领导力**

■ 知识管理相关岗位和人员数量：相关岗位人员数量。

■ 知识管理使命、愿景、目标通达与认同度：员工对组织知识管理的使命、愿景、目标认同比例。

■ 各部门有清晰明确的知识管理规划：各部门每年基于部门实际制定知识管理规划。

### 2. 关系资本

**1) 连接力**

■ 客户/用户满意度：可每年基于客户/用户的满意度调研结果进行评价。

■ 组织收集和利用客户或其他利益相关者的信息和知识：组织是否有意识地收集和利用客户或其他利益相关者的信息和知识，例如构建经验教训库、质量问题库、负面案例库等。

■ 客户参与开发新产品和服务的程度：组织新产品/新服务发布前后客户的参与情况。

**2) 协同力**

■ 组织品牌和声誉传播次数(次/年)：组织通过品牌评估、社交媒体等的传播次数。

■ 外部开放式智力资源获取渠道数量：如聘请外部顾问、高校合作、技术情报等渠道。

■ 内外部线上线下协同知识社区数量：企业在运营的协同社区数量情况。

### 3. 结构资本

**1) 文化力**

■ 正式的知识创造举措实践数量：如创新课、点子大赛等实践形式。

■ 给予优秀或重大知识创新激励的费用：专项优秀或重大创新激励费用。

■ 从员工收集经验与知识的渠道数量：如通过创意社区、点子管理等渠道进行新想法收集。

**2) 服务力**

■ 基于知识的产品发布数量：如知识专辑、产品手册、白皮书等。

■ 基于知识的服务发布数量：如知识地图、流程指引、工具箱等。

■ 基于知识的解决方案发布数量：如案例集、行业/场景解决方案等。

**3) 工具力**

■ 人均知识贡献量：年度知识量/年末员工数。

■ 人均知识浏览量：年度知识浏览量/年末员工数。

■ 人均知识搜索量：年度知识搜索量/年末员工数。

**4) 生态力**

■ 员工线上、线下、内部、外部进行互动沟通的渠道数量：如移动端、社区、知识咖啡馆、用户实验室等。

■ 是否有渠道链接组织的客户、供应商、伙伴：连接企业客户、供应商、伙伴的生态渠道。

### 7.2.2　个人知识管理评价维度

数字化管理师个人知识管理可从思维、学习、实践 3 个评价维度进行评价。

**1) 思维——知识学习与创造的方法**

■ 形成自身知识内化的方法：例如掌握知识内化训练方法、掌握工作过程的方法论与模板工具等。

■ 构建主动知识分享的方法：例如掌握知识萃取的方法、构建复杂问题处理的方法论等。

**2) 学习——个人学习速度与组织发展所需同频**

■ 组织中迭代知识的学习掌握度：例如对工作与学习总结等。

■ 数字化技术的知识蓝图梳理与学习掌握度：例如对当前数字化技术与方法的学习总结等。

■ 管理应用与工作技能的知识蓝图梳理与学习掌握度：例如对管理技术工具的应用与改良等。

**3) 实践——树立个人领域知识的 IP**

■ 组织内个人能力标签：例如参与专题研究的课题、参与创新项目等。

■ 社会上个人能力标签：例如社会知识分享论坛的分享、同行同领域分享、专项课题发布等。

## 7.3　输出结果

### 7.3.1　知识管理内容体系

知识管理的核心是企业知识内容体系，是所有工作的源点。为此，搭建内容体系须贴合企业管理维度，包括管理对象、业务功能、资源要素和供应流程等，形成企业知识内容体系架构。通过合理的内容梳理方法，整理和补充可复用材料，充实企业知识内容框架。同时，结合数字化时代的技术和工作需求，建立个人知识图谱，不断优化，以明确个人的特长和发展方向。

## 7.3.2　知识管理支撑平台

在进行内容建设的同时，选择适当的知识管理方法和工具至关重要。在企业内部推动知识管理时，常常面临多种工具选择困难的问题。为帮助企业解决这一难题，我们以知识管理行业发展趋势和关注点为指导，结合市面上常见的知识管理平台进行归类总结，为企业推动知识管理工作提供参考。企业知识管理的发展阶段和需求可大致分为 4 种类型，如图 7-1 所示。

图 7-1　企业知识管理的发展阶段和需求

- 文档知识协同：解决起步阶段的紧急问题，主要通过建设知识管理系统、规范知识管理标准和体系化管理知识文档来完成，例如解决核心人员离职导致信息流失等。
- 社区知识协同：受 Web 2.0 影响，注重经验分享与沉淀。核心包括知识社区、问答、员工网络、专家黄页、团队空间等功能。
- 场景知识协同：随用户需求从知识查找转向"知识根据我的工作场景来找我"。核心功能包括知识门户、学习培训、知识助手等。
- 交互知识协同：随着数字化技术进步，包括 Web 3.0、人工智能、大数据、图谱技术等。核心功能有生成式 AI、智能客服机器人、知识图谱等。

无论是文档协同、社区协同、场景协同还是交互协同，都是数字化管理师进行个人知识管理的工具。同时，个人也需要构建自身的知识协同工具，如知识沉淀工具(印象笔记、OneNote、Obsidian)、知识创造工具(思维导图、Wiki)、知识获取工具(GPT 内容生成工具、搜索工具、社区论坛)等。

### 7.3.3 知识管理运营体系

组织知识管理是一种组织行为，而知识管理运营体系是确保知识管理与业务目标融合、实现可持续发展的关键。通过结合知识管理规划、组织架构、全生命周期管理方法、考核激励机制、平台运营管理和文化建设，建立全员参与的知识管理体系，可确保企业知识管理持续有效运作。

# 7.4 知识管理与应用过程

### 7.4.1 组织知识管理现状评估

知识管理现状评估的目的在于识别现状与期望的差距，寻求解决思路切入点。

#### 1. 评估流程

完整的体系评估流程根据企业战略解读，结合"知识之轮"与"知识管理成熟度"模型，设计了相关调研工具(问卷、访谈提纲)。它采用系统调研、项目组研讨(workshop)等多种手段，展开本单位知识管理现状调研，如图7-2所示。根据调研分析，对照先进企业形成本单位的知识管理成熟度评价，综合分析现状问题及知识管理需求，最后总结对本单位知识管理现状与需求的评估。

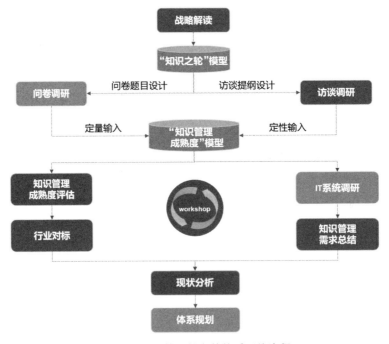

图 7-2 知识管理的完整体系评估流程

## 2. 评估方法

**问卷与访谈调研：** 最大程度了解知识管理现状，问卷与访谈相互验证，提高准确性和真实性。访谈调研采用战略解读结果，自下而上进行详细调研、需求汇总和沟通优化。

**成熟度评估：** "知识管理成熟度"模型(如图 7-3 所示)是评估现状的重要方法，将"知识之轮"(如图 7-4 所示)和三要素作为问题矩阵设计依据，结合业务情况和战略规划优化问题设计。

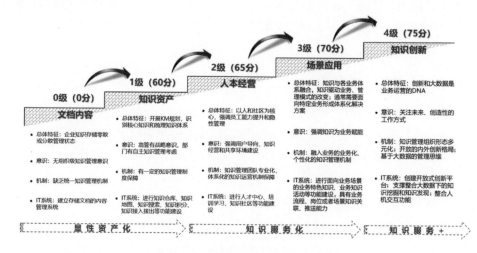

图 7-3　"知识管理成熟度"模型

图 7-4　知识之轮指导模型

**标杆研究：** 通过典型案例研究同行及其他企业的知识管理建设，参考实践经验，结合特点和规划明确建设方向。

**IT 系统调研：** 识别与知识管理系统强相关的 IT 系统，明确具体实施，包括功能、设计原则、规划、关系和集成方式，确保知识系统化管理。

### 3. 现状分析

调研分两阶段：总结和分析。总结通过提炼访谈纪要形成完整资料，分析按"知识内容""三要素""五环节"详细剖析公司现状、问题和需求。

### 4. 体系规划

知识管理是内容、技术、运营一体化的体系，需要与业务融合规划。根据愿景和目标构建核心蓝图，以"长远规划、融合业务、精准赋能"为原则。识别核心业务，融合"知识与业务"实现业务精准赋能，如标准化的"人才赋能"闭环。完善三大支撑(知识内容体系、平台功能、管理运营体系)，深化场景化知识应用，提升核心业务能力。

## 7.4.2　知识应用场景搭建

知识应用场景搭建旨在通过数字化技术提升组织知识管理的"软实力"并解决痛点问题。方法包括知识体系建模、知识库构建、业务逻辑梳理、知识地图建设、场景互动、多元化知识社区融合、人力资本统筹、专家体系构建、隐性知识提取、知识问答规划等。

### 1. 组织知识资产沉淀

解决知识散落问题的手段是构建知识库。通过树形结构建模，让员工广泛参与，形成企业内部知识资产，并在知识管理系统内统一存储，提高知识复用价值。

### 2. 业务指引场景应用

在传统工作逻辑中，业务路径的传递主要依赖员工。为提高员工业务知识水平，可将完成业务所需知识进行闭环串联，以简洁方式赋能员工，促成业务标准化，提高员工能力和工作效率。

### 3. 组织知识互动运营

企业知识管理需要定期举办互动活动，如热门话题讨论、专家沙龙、打榜等，增加员工参与积极性，促进企业智慧沉淀，推动业务知识更新迭代，激发内部新动力。

## 7.4.3　人工智能在知识管理中的应用场景

企业知识管理者需要深入探讨如何将人工智能与工作结合。在人工智能时代，知识管理应用场景可重点突破智能知识标引、搜索、创造、推送、决策支持 5 个方面，如图 7-5 所示。

图 7-5　人工智能时代下的知识管理

当然，人工智能在企业的应用每一个方面都可以展开到许多子场景，都可以进行深度挖掘。我们需要分析、寻找、挖掘企业里的痛点，思考如何借助技术和管理的手段让企业解决痛点问题，并能够实现最大化收益。

### 7.4.4　知识管理运营

知识管理运营体系是知识管理系统的应用保障，以企业战略目标为导向，统筹管理制度、文化和活动三方面。制度运营是总舵手，文化运营是主体架构，活动运营是帆。融合企业特色，构建知识管理生态运营模式，辅助企业有效进行知识管理。

- 制度运营：推动知识管理运营需要明确相关制度，如"知识管理组织架构管理办法""知识管理运营激励考核制度"等，以确保整体方针和执行策略的明确。
- 文化运营：营造知识分享与应用的文化氛围，通过激励机制认可与激励用户的知识贡献。将知识管理文化与组织文化融合，实现文化虚实结合，如文化上墙、文化仪式化等。
- 活动运营：通过专题活动推动知识管理，可以宣传理念、推动应用、沉淀成果；例如知识分享活动(读书会、分享会、知识集市、专家讲堂)和知识创造活动(案例大赛、经验大赛、合理化建议等)。

### 7.4.5　知识管理常见推动阶段

组织常见的知识管理推动建议按照**资产化沉淀和共享、场景化学习和应用、智能化挖掘和创新 3** 个阶段进行，各阶段具体内容安排如图 7-6 所示。

■ **顶层设计**：知识管理现状评估、目标规划、内容梳理、运行机制设计、系统需求分析、系统概要设计；

■ **搭平台**：搭建知识管理系统，实现知识库、知识专区、项目空间等基本功能；

■ **知识入库**：核心和共有知识优先进行采集入库，同时探索试点部门的专业知识培训；

■ **运营推广**：运营运营推广活动策划。

**资产化沉淀和共享**

**场景化学习和应用**

■ **知识管理体系**：知识管理制度、知识管理程序文件发布和执行；

■ **知识+业务流程**：实现业务流程、职能流程、业务系统的知识化支撑；

■ **知识+经验案例**：对组织教训、专家经验、标杆经验进行复用；

■ **知识+人才培养**：构建员工知识地图、岗位知识地图、知识化培训学习应用深化；

■ **知识+项目管理**：实现知识对各类项目的支持以及项目知识的自动沉淀。

■ **智能应用**：通过数据挖掘、知识图谱、意图识别、用户画像技术等，实现海量知识处理、智能问答、个性推送；

■ **知识化运营平台**：通过指数技术、图像技术，对知识特征、员工特征建立指标体系进行量化分析，更好地监控和分析知识管理平台的情况；

■ **驱动创新**：通过知识的积累和循环利用，让知识管理平台成为技术创新、管理创新的重要载体。

**智能化挖掘和创新**

图 7-6　知识管理常见推动阶段

## 7.4.6　个人数字化知识素养与角色定位

### 1. 个人数字化知识能力构建

作为数字化管理师，其个人的数字化知识素养对个人发展与组织数字化转型都非常关键。从个人维度分析，管理师可通过明确的组织数字化转型过程中的能力要求，构建结构清晰、可迭代更新的个人知识图谱，以此来强化核心竞争力。从组织的角度出发，拥有专业数字化素养的高素质人才可有效推动数字化转型，为企业降本增效提供切实可行的规划思路。

个人的知识能力提升首先还是目标驱动，夯实结构化思维，结合组织和数字化技术的变化明确学习目标。然后高效知识内化，积极进行知识分享，为已有知识增值，通过实践锻炼知识创新能力(如图 7-7 所示)。

图 7-7　数字化管理师的知识能力构建模型

**目标导向知识构建**：设定明确目标，快速积累有针对性的深度知识，定期构建个人知识图谱。

**结构化思维强化**：运用结构化思维建立清晰知识体系，提高业务分析能力，通过逻辑关系构建事务框架，提取核心思想。

**知识内化与分享**：通过反馈强化理解，将理论与实践结合，掌握分享方法，如故事化分享、发布于合适渠道。

**知识增值**：利用知识复盘、萃取提升个人和组织知识，主动学习外部知识形成自我见解，并在实践中检验。

**创新与问题解决**：结合数字化技术，培养解决复杂问题的能力，参考 U 型理论、设计思维等方法，创造性应对问题。

#### 2. 数字化管理师的知识角色定位

数字化管理师在组织中扮演多种角色，是业务参与者和管理领导者。不同角色对应不同需求与责任，典型角色包括知识创造者、知识传播者、知识引导员，以及组织知识管理的推动者。

- 知识创造者：整合数字化技术和组织管理方法，创造数字化管理实践，推动前沿数字化方法的创新。
- 知识传播者：掌握知识分享工具，协助组织内外传播数字化与管理融合的知识，促进领域内外知识交流。
- 知识引导员：运用知识管理方法(如知识萃取、复盘)，担任知识引导员，在组织内外引导协作者进行知识沉淀和分享。
- 知识工作组织者：具备业务、管理和知识管理方法的知识，是组织内推动知识管理的中坚力量，同时可充当知识管理的倡导者和实践者。

## 7.5　输入资源

### 7.5.1　组织知识管理常见推动方法

目前，知识管理实践主要呈现 4 种典型做法：纯技术导向、高层强力推进、逐个项目推动和专注业务融合。

- 纯技术导向：侧重搭建文档库或高级知识仓库，但忽视对业务需求和管理目标的深入研究，导致系统存在但知识利用不足。
- 高层强力推进：企业领导自上而下进行知识管理规划，涉及面广、资源投入大，但需要领导层高瞻远瞩、坚定意志，并有持续组织推进。
- 逐个项目推动：聚焦特定人群或岗位，实施快速见效的知识管理项目，容易取得较好效果,例如新员工入职赋能、店长知识门户等。

■ 专注业务融合:关注业务线,将知识管理融入不同业务场景,实现业务赋能,要求更深入理解不同业务领域的特性和知识特征。

### 7.5.2 组织知识管理关键要素

为保障知识管理的长效运营,通常需要有一套严谨的组织架构、清晰的职责定位、良好的文化氛围与合理的机制等关键要素的支撑。

#### 1. 组织要素

组织要素是推动知识管理建设的关键,建立有效的知识管理组织架构和明确各岗位职责,对内部员工充分利用知识资源、提升绩效和效益至关重要。为确保知识管理工作的顺利推行,可在较少增加人员编制的情况下,设立知识管理常态化运行组织。通常,企业的知识管理组织结构包括决策层、管理层和应用层3层,如图7-8所示。

#### 2. 人员要素

知识管理以"以人为本"为核心特征,涵盖从知识内容的"存管用"到管理者的"布局谋篇"等方面,强调以人为中心的管理思想。在推进知识管理过程中,人员要素是至关重要的关键因素,尤其是具备推动力的管理者或推动者。这些关键人员需要同时具备保障知识管理稳定发展的"业务能力"和有效推动知识管理的"职能分工"能力。

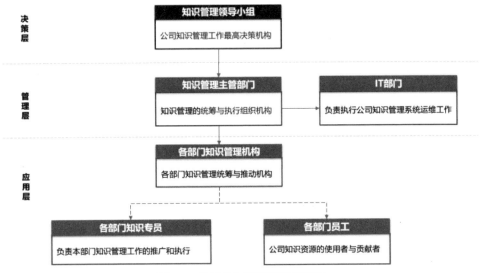

图7-8 常见的知识管理组织架构

### 3. 业务能力

- 知识的识别与分类：理解知识概念、分类和管理模型，优化知识库分类系统，提高认知结构的效率。
- 知识梳理：根据企业特点，以业务、岗位、场景等维度增加、更新、迭代知识内容，提升知识的生命力。
- 基础培训：定期为知识专员等人群提供培训，包括知识管理规划、制度迭代、系统操作指引，确保信息畅通。
- 组织管理：以目标为导向，灵活运用指导方法，合理调配资源，高效协调组织管理工作。
- 常态化运营：执行常态化运营机制，确保知识内容质量、分类体系的合理性，有效进行知识流转，以及确保可控的知识安全。

### 4. 文化要素

知识管理文化的核心价值在于在组织内形成对知识的积极认知，从而实现两个关键效果：提升员工个人能力，为企业可持续发展提供知识支持；在组织内创造知识聚集效应，激发个体智慧为组织服务。

### 5. 管理要素

管理要素是推动企业知识管理有效开展的关键环节，它通过激励充分利用组织成员的知识资源，提升组织效能，促进企业管理模式变革，实现企业持续发展。管理手段包括业务流程、战略、计划、品牌管理、人力资源等多方面，主要价值在于提升知识流动、高效运作，促进企业变革，保持知识资源的共享性，同时降低创新成本。常见的手段和方法包括业务融合、战略规划、知识管理计划制定，以及树立知识管理品牌形象等。

## 7.5.3　组织知识内容管理方法

知识内容管理实践的核心聚焦于 3 个要点。首先，重点关注显性知识管理，即知识的沉淀。其次，注重经验管理，通过社区活动促进人际经验交流和知识应用。第三，侧重集体智慧管理，认识到集体智慧可对企业的应变与创新提供支持，并推动知识变现。知识内容管理方法包括统筹归纳法、演绎法、质量管理法、AAR、事后复盘、知识收割等，下面简要介绍两种经典方法。

### 1. AAR

AAR(After Action Review)，即事后回顾验视方法，是广泛用于管理实践的模型工具之一。通过简捷高效的回顾过程，项目组或团队从经验中吸取教训，为未来行动提供指导。开展 AAR 强调以历史为鉴，进行反思总结，而非简单的任务评判。

基于学者观点、5W2H 七问分析法[1]和国情，AAR 关注活动目标、参与人员、回顾内容、时间节点，同时考虑回顾频率。AAR 的形式灵活多样，可以是决策性会议、无领导小组会议或头脑风暴等，旨在缩短知识与行动迭代更新时间。

### 2. 知识收割

在知识内容管理中，知识收割是重要的隐性知识挖掘方法，有助于形成各单位的核心项目资产，提高成果复用率，如图 7-9 所示。

图 7-9　项目知识收割示例

知识收割包括以下 4 个步骤。

(1) 明确收割目标优先级：根据组织战略目标确定知识收割的顺序，按项目重要性和时间排序。

(2) 明确回收内容：定位具体项目，明确回收内容，包括项目背景、目标、过程、显性知识成果等，引导输出隐性经验。

(3) 上传系统：将收割、整理、沉淀的知识上传至组织知识资产库，形成可视化知识材料，促进有序流转。

(4) 知识传递：推送重点知识给相关人员进行学习交流，加速知识传递速度，强调实际应用，实现业务知识与经验的标准化推广，最终固化知识为工具，发挥专业知识的平民化价值。

## 7.5.4　组织知识管理相关技术

### 1. 应用技术

■ 门户技术：将知识应用与知识内容整合到一个平台，方便知识工作者获取知识。

---

1　5W2H 七问分析法是一种有效的问题解决和决策工具，通过提出 7 个关键问题——什么(What)、为什么(Why)、谁(Who)、在哪里(Where)、何时(When)、如何(How)、需要多少资源(How much)——来全面分析和理解一个情况或问题。这种方法适用于项目规划、问题解决和过程改进，帮助清晰地定义问题、目标、责任、时间线、方法和资源需求。

- 知识库构建技术：以内容仓库方式统一管理知识，避免知识流失。
- 维基知识库构建技术：以多人协作技术支撑编写知识，打造企业词典与标准规范。
- 智能入库技术：以自动文件分类、标签、摘要等技术实现快速归档知识。
- 搜索引擎技术：以图文检索技术快速在知识库中查找所需知识。
- 知识导航技术：以图形化显示知识之间的联系，快速检索知识。
- E-learning 技术：以数字化学习方式推动学习型企业构建。
- 知识社区构建技术：以群体交互方式解决知识诉求者的知识需求。
- 专家网络构建技术：以专家网页及征询信息方式为用户提供问答解惑和交流指引。

### 2. 支撑技术

- 协同技术：促进团队协作与资源分享。
- NLP 技术：处理自然语言的各种技术。
- 机器学习：让计算机具有智能的方式。
- 知识图谱：描述知识的结构化语义表达方式，支持搜索和推理。
- 集成技术：与其他系统集成，实现知识的接入和应用服务。

## 7.5.5　个人知识管理工具与方法

- 知识沉淀工具：常见的知识管理沉淀工具(如印象笔记、OneNote、Obsidian 等)可个人化整理工作和学习过程的知识。这些工具逐步引入了 AI 技术，可实现知识内容的结构化和提供便捷的知识获取。
- 知识创造工具：通用的知识创造工具包括思维导图等，是表达发散性思维的有效图形思维工具。思维导图通过图文结合，展现各级主题的关系，建立记忆链接。与组织相关的工具有 ONES、WPS、钉钉文档等在线知识协同工具。
- 知识获取与分享工具：常见于主题网站和社区，搜索工具有百度、Google 等。内容生成性工具有 ChatGPT、通义千问、文心一言等，它们通过理解和学习人类语言进行对话，提高知识获取效率。

# 7.6　总结与思考

　　数字化管理师的知识管理与应用能力是数字化转型中的关键要素。本章深入探讨了知识管理的核心理念以及在数字化背景下知识管理所经历的变革；重点涵盖了组织推动知识管理的价值，以及数字化管理师在进行个人知识管理时的关键考虑因素。

企业推动知识管理与应用的过程中包括了知识管理现状评估、知识管理体系梳理、知识应用场景搭建、知识与业务融合以及知识管理运营推动等关键步骤。为确保知识管理建设的有效性，需要考虑常见推动方案、关键要素、相关技术和常见平台类型。

对于数字化管理师个人而言，个人知识管理的定义、工具和方法也是至关重要的。数字化时代对个人知识管理提出了新的挑战，因此需要在多个维度上提升能力，包括但不限于技术应用、信息筛选、学习能力、沟通协作、创新思维和问题解决。

**思考题**

1. 在数字化挑战下，你认为个人知识管理应该从哪 3 个维度提升能力？请分享你在每个维度上的实践经验。

2. 被授权推动组织知识管理时，你认为应该从哪 3 个方面建设组织的知识管理以应对数字化挑战？能否谈谈你所在单位在这方面的建设情况？

3. 在数字化时代，企业应该如何更好地利用知识管理以提升创新能力和业务竞争力？

**本章测试题**

1. 知识管理的核心目的是什么？
    A. 提升组织效率                    B. 增强个人能力
    C. 优化知识资源                    D. 促进知识共享

2. 在知识管理中，哪项不是关键要素？
    A. 知识获取                        B. 知识存储
    C. 知识应用                        D. 知识创新

3. 知识管理运营体系是知识管理系统的应用保障，以企业战略目标为导向，主要包含哪三方面？
    A. 制度运营、文化运营、创新运营
    B. 制度运营、文化运营、活动运营
    C. 制度运营、文化运营、组织运营
    D. 制度运营、文化运营、生态运营

4. 以下哪项不是知识管理的优势？
    A. 提高决策质量                    B. 加速知识创新
    C. 降低运营成本                    D. 强化专业分工

5. 关于知识管理，以下哪种说法是错误的？
    A. 知识管理有助于提高组织竞争力
    B. 知识管理主要是对显性知识的处理

C. 知识管理有助于减少组织风险

D. 知识管理能够促进个人职业发展

6. 关于知识管理与智力资本的关系，以下哪种说法是错误的？

A. 知识管理有助于提升智力资本的价值

B. 智力资本是知识管理的核心要素之一

C. 知识管理是提升智力资本的唯一途径

D. 有效的知识管理可以促进智力资本的积累和增值

7. 关于知识管理的未来发展趋势，以下哪种说法是正确的？

A. 知识管理将逐渐被人工智能取代

B. 知识管理的重要性将逐渐减弱

C. 知识管理将更加注重知识的共享和创新

D. 知识管理将只关注显性知识的处理

请扫描二维码查看答案解析。

# 第 8 章

# 产品与服务管理：提升产品服务竞争力，实现高效价值交付

## 8.1 概述

### 8.1.1 背景与目标

产品与服务包括传统实体产品、人工服务以及数字化产品与服务，是数字化转型的核心焦点。数字化产品与服务通过数字化技术提升效能、灵活性和个性化，与传统产品相融合，构建多元化体系以满足不同需求。现代消费者对数字化产品与服务的需求日益增长，追求更便捷、高效、个性化的体验。在激烈的市场竞争中，数字化产品与服务成为组织占据市场优势的关键要素。

据 IDC 预测，到 2026 年，全球 2000 强公司将有 40%的总收入来自数字化产品、服务和体验。因此，加速开发数字化产品与服务是组织未来成功转型的关键。有效管理数字化产品与服务的根本目标是通过新型、有效、统一的全生命周期架构模型来管理数字化产品投资组合及端到端生命周期，提升组织产品与服务的竞争力，实现新的创新水平和可衡量的高效业务价值交付，促进高质量可持续发展。

### 8.1.2 相关概念解析

#### 1. 数字化产品与服务的定义

**数字化产品与服务**以数字技术为核心，以软件为关键组成要素。它们通过计算机网络提供独特的价值主张的物理商品、数字商品或数字化服务，实现与消费者的实时数字化交互。其供应商通过明确标价的正式的价值要约向消费者提供服务，并主动进行管理和维护(如图 8-1 所示)。

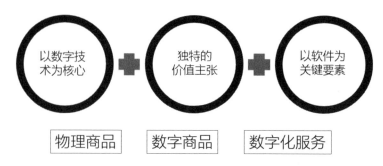

图 8-1　数字化产品与服务

数字化产品与服务的发展依赖数据的驱动，通过数据的收集、分析和应用，实现更智能化和个性化的服务提供，同时注重对数据的保护和合规。

以这种方式定义的数字化产品与服务具有以下典型特征。

- 包含一个或多个为消费者定义合同选项的**服务提案**；
- 在合同中，以**数字化产品实例**作为交付，描述了服务提案；
- 具有包含**技术资源和软件系统**的数字化产品实例；
- 可在一个组织**内部或外部**使用；
- 可能对其他数字化产品和非数字化产品存在**依赖**关系；
- 通过**机器和/或人机界面**提供交互；
- 保持**灵活性**和持续创新；
- 强调**用户体验**。

在数字时代，产品创新随时随地都在不断发生。数字化产品与服务通过融合通用化硬件、可升级软件和灵动服务，提供独特的价值主张。这些典型的数字化产品内置传感器、处理器和软件，通过互联网连接以多种方式构建。硬件包括动力部件、执行部件和互联部件，具有标准化特征，而软件部分具备可升级的特性。这些产品的数据和应用程序也能存储和运行在产品云中。例如，小米智能家居生态中的产品通过智能网关连接，通过语音助手实现与所有设备的联络。

**数字化产品具备可监测、可控制、可优化的特征**(如图 8-2 所示)，运用人工智能、语音识别等认知技术进行学习，将检测、控制和优化功能整合，实现前所未有的自动化和智能化。

### 2. 数字化产品与服务管理的定义

**数字化产品与服务管理**是一种以消费者为中心的综合性管理方法，通过一系列跨越其数字化产品与服务全生命周期的策略、流程和实践，有效规划、构建、交付和运行，旨在实现组织业务目标，并为消费者提供独特的价值主张(如图 8-3 所示)。

图 8-2　数字化产品与服务特征

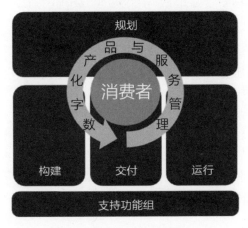

图 8-3　数字化产品与服务管理

### 3. 数字化产品与服务的演进阶段

组织数字化转型的核心任务之一是构建以消费者为中心的数字化产品与服务体系。通过专注于消费者体验、技术创新和持续改进，组织升级产品与服务，构建灵活高效的数字化产品与服务体系。组织需要深刻理解数字化产品不同演进阶段对发展的重要性，持续关注市场和技术趋势，调整策略和计划，实现不断创新和优化，保持竞争优势。这一演进过程划分为 6 个阶段，如图 8-4 所示。

| | 传统<br>产品服务 | 数字增强<br>产品服务 | 个性化<br>数字产品服务 | 智能互联<br>产品服务 | 产品服务<br>系统 | 产品服务<br>体系 |
|---|---|---|---|---|---|---|
| 产品/服务 | 产品是物理的、服务是面对面的,包括传统的管理信息系统 | 数字技术注入现有产品服务,包括运营系统和数字触点 | 嵌入式软件和数据的个性化数字产品服务,包括智能推荐服务 | 产品可有线或无线连接入互联网,或数字产品即服务,包括工控设备和系统 | 智能互联产品服务集成到产品服务系统中,包括数字平台服务、API应用等 | 产品跨其他系统进行协调,包括基于物联网的产品服务生态 |
| 功能/应用 | 传统核心产品服务功能 | 数字增强现有产品服务的功能和能力 | 支持高体验个性化功能和用户界面 | 实现实时远程可监测、可控制、可优化 | 增强产品功能,改善操作或优化系统性能 | 扩展系统功能并自动运行/协调其他系统 |
| 系统集成 | 产品服务的物理连接 | 加入传感器或提供数字渠道和增值服务 | 硬件(传感器和处理器)和软件集成定义 | IT、产品和服务系统集成 | 与其他企业系统集成 | 跨行业集成第三方系统 |
| 数据分析 | 无或传统分析 | 采集数据并在本地分析 | 历史数据的批量分析以洞察个性化需求 | 产品状态和使用情况用云端数据实时分析 | 执行实时分析和预测分析 | 跨系统的机器学习和预测分析 |
| 数字化程度 | 无或初级 | 数字与物理混合形式 | 硬件通用化、软件可升级和灵动服务化 | 硬件通用化、服务可编程,软硬可分离 | 系统、产品、服务间数据自动化拉通 | 生态体系下的数字高效协同 |
| 业务机会 | 一次性交易产品服务 | 增强的产品和服务功能 | 个性化定制智能产品和服务功能 | 扩展产品功能和数字增值服务并重塑业务 | 支持新业务并扩展产品的服务功能 | 创新拓展新业务、新生态 |

图 8-4　数字化产品与服务转型升级的 6 个阶段

- 传统产品服务阶段：提供传统产品和服务，包括基础的管理信息系统和信息化基础设施。
- 数字增强产品服务阶段：引入一些数字技术，一些新型的数字化产品服务开始出现，如电商网站，智能家居等。
- 个性化数字产品服务阶段：根据消费者需求提供更个性化的数字化产品与服务，如个性化电商平台和智能推荐系统。
- 智能互联产品服务阶段：产品与服务开始智能化，能够互联互通，提供更智能化的功能和体验。
- 产品服务系统阶段：建立完善的数字化产品与服务管理系统，支持跨产品的服务体系。
- 产品服务体系阶段：建立跨产品的服务体系，实现更高层次的数字化产品与服务的管理与交付，形成完善的数字化价值网络，支持组织的数字化业务运营和管理决策。

### 4. 数字化产品与服务的消费者类型和交互方式

本章中将**消费者**定义为购买物品或享受服务的人(包括客户、组织、用户和顾客)以及机器。

不同类型的消费者对数字化产品有着不同的期望和交互方式。一个强大的数字化产品应包括一个定义明确、详细的服务提案结构；该结构涵盖了所有预期的交互方式，并可以用适当的消费者合同形式来表示。

服务项目的消费者可以是内部的、外部的，或者两者兼而有之，并且可以是机器或人/组织，或者两者兼而有之，如图 8-5 所示。

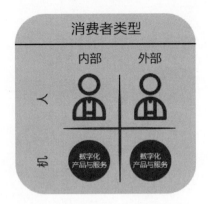

图 8-5　4 种典型的消费者类型

以下是主要的**消费者类型分类**。

- 内部参与者，例如员工或部门；
- 外部参与者，例如个人或公司客户和合作伙伴；
- 内部 API、微服务和流程；
- 外部 API、集成和流程。

# 8.2　效果检验

数字化产品与服务管理的效果检验可从以下几个维度进行。

## 1. 时间维度

- 平均产品开发周期：从产品概念到最终发布的平均时间。
- 产品交付及时率：按计划交付和更新产品的及时性。
- 平均故障修复时间：解决数字化产品故障的平均时间。

## 2. 成本维度

- 产品生命周期管理成本：从产品概念到退役的各阶段成本和整体成本。
- 产品运营和支持成本：运营、维护和消费者支持数字化产品的成本。
- 产品开发投资回报率：数字化产品开发投资带来的回报率。

## 3. 质量维度

- 数字化产品缺陷率/返修率：数字化产品的缺陷数量和质量问题返修率。
- 用户满意度：用户对数字化产品的满意程度。
- 产品可靠性：数字化产品的稳定性和可靠性。

### 4. 价值维度

- 产品收入及其增长率：数字化产品带来的收入及其增长率。
- 产品收入贡献比：数字化产品收入贡献占比。
- 数字化产品利润率：衡量数字化产品的利润率。

### 5. 创新维度

- 新产品发布率：一段时间内新产品发布的数量。
- 产品功能改进率：数字化产品功能改进的速度和频率。
- 创新产品比例：数字化产品中创新性产品的比例。

### 6. 可持续发展维度

- 数字化产品战略契合度：衡量符合组织战略及规划的数字化产品占比。
- 业务目标对齐指标：新数字化产品与维护数字化产品的比例。
- 产品可持续性评估：数字化产品的可持续性，包括安全评估频率和退役过程的规划和执行效果。

### 7. 市场竞争力维度

- 数字化产品广深度：数字化产品的覆盖广度、应用深度和市场占有率。
- 数字化产品用户增长率：数字化产品的用户增长速度。
- 产品竞争力评估：数字化产品在市场竞争中的优势和劣势。

### 8. 核心竞争力维度

- 数字化能力指数：组织在数字化方面的整体能力。
- 数字化产品创新排名：组织数字化产品在市场上的创新程度和竞争力。
- 数字化产品人才评估：数字化产品团队的人才结构和素质评估。

## 8.3　输出结果

数字化产品与服务的核心在于高效的全生命周期管理。成功的数字化产品与服务在整个生命周期中，包括规划、构建、交付和运行这四大功能组件，需要实现有效的协作，确保从产品战略规划到产品交付和运营的过程无缝衔接，以确保持续提供高质量、低成本、高收益、高可靠、一体化和可持续的价值。

生命周期四大功能组件视角的输出结果如下。

- 规划维度：业务需求分析报告、可行性研究报告，以及产品规划蓝图和路线图。
- 构建维度：原型和概念验证、产品设计和规格，以及系统集成、编码与验证。

- 交付维度：系统部署和配置、测试报告和验收，以及发布版本。
- 运行维度：用户使用数据和反馈、客户支持和服务，以及运营报告和数据分析。

通过及时地分析和评估这些关键的产出物，可以有效地管理数字化产品与服务的整个生命周期，确保产品在市场上取得成功并持续不断地进行优化。

# 8.4 数字化产品与服务全生命周期管理及开发方法

## 8.4.1 数字化产品与服务全生命周期管理

### 1. IPD 框架

IPD(Integrated Product Development，集成产品开发)是广泛采用的产品与服务管理体系，旨在实现产品的商业化成功，满足消费者需求并提高组织自身财务回报。它强调研发与市场运营的紧密结合，高效的研发流程和项目管理，并持续改进和学习，推动新产品开发，如图 8-6 所示。

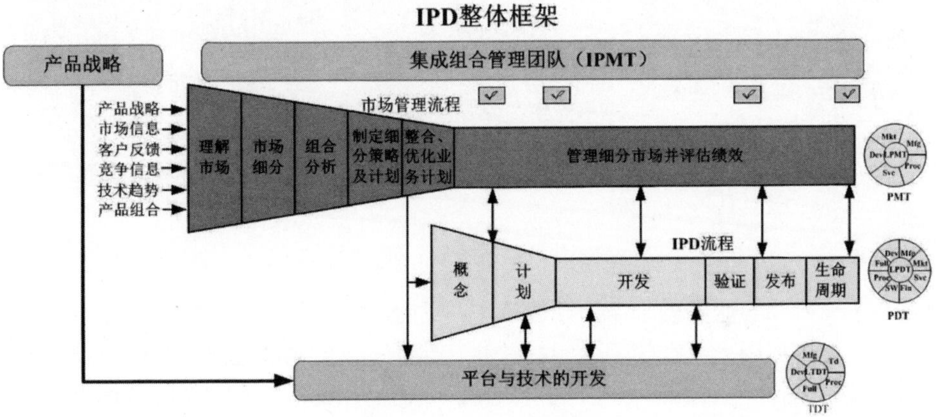

图 8-6 IPD 整体框架

然而，通常认为，IPD 模型在硬件产品及传统软件开发领域展现出高度适配性，能有效驱动管理和开发流程。而对于其他数字化产品，特别是技术平台构建、端到端网络解决方案、前端服务或中小型项目，IPD 须灵活定制，以融入特定行业特性和快速迭代需求，确保流程高效且贴合多元化产品开发场景。特别是虚拟产品或数字化服务的生命周期管理更加注重敏捷开发和持续改进。在数字化产品和服务开发中，涉及软件开发、云计算、人工智能等技术，由于所属行业、组织和产品服务的特质不同，难以采用统一的 IPD 方法流程，因此需要更灵活的管理方法。

### 2. 数字化产品与服务生命周期管理

本节介绍的数字化产品与服务生命周期管理方法主要参考 The Open Group 的 IT4IT™标准 3.0 版本，这是一套验证成熟的数字化产品与服务管理方法，包括定义明确的角色、活动、框架和生命周期管理模型。

**数字化产品与服务管理需要同时应对两个不同的生命周期问题**，与七大价值流(评估、探索、集成、部署、发布、消费和运营)相互关联。这些价值流支持数字化产品在由规划、构建、交付和运行这 4 个功能组件构成的生命周期中的有效管理，如图 8-7 所示。**系统生命周期**主要管理产品托管的数字技术组件，而**合同生命周期**主要管理正在消费的实例、保证、承诺、依赖系统和资源。

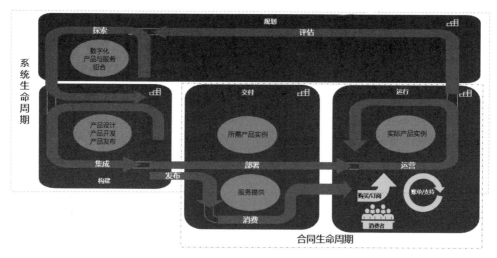

图 8-7　数字化产品与服务生命周期管理

在数字化产品与服务的生命周期管理中，我们通常熟悉"系统生命周期"概念，特别是对于内部应用系统在使用期间的关注。然而，一旦系统退役，我们往往快速失去对大部分硬件和软件的关注。尽管如此，我们仍须处理所有剩余的数据保留和处置需求，有时这可能需要持续多年，通常包含在传统的技术生命周期管理中。

相比之下，数字化产品的合同生命周期可能更为复杂。产品的数字和物理组件合同分开存在，并且在所有活跃用户都消失后可能仍需合同，以满足报告和监管要求，特别是涉及外部消费者或产品遗留部分。产品管理模型必须在整个产品财务和支持模型中考虑此问题，以确保正确处理剩余合同义务，例如合规要求。

合同生命周期的存在依赖消费者使用的系统的存在和管理。在满足所有合同义务之前，不应使底层系统退役。简单的例子包括金融监管和客户记录保留需求，以及公司数据治理和法律要求关于历史合同和客户数据处置的规定。

## 8.4.2　数字化产品与服务生命周期的七大价值流

数字化产品实现与相关价值创造需要通过多个价值流的组合来交付。价值流是一系列端到端的增值活动，通过这些活动为消费者和利益相关者创造整体结果。数字化产品与服务的生命周期包括以下七大价值流：**评估、探索、集成、部署、发布、消费和运营**。

评估、探索和集成等价值流用于概念和可行性评估，并将数字化产品与服务有机地整合到现有业务体系。而在部署、发布、消费和运营等价值流中，数字化产品与服务真正交付给用户，并在运行过程中持续提供所需价值。这些价值流相互交互，形成数字价值网络，支持数字化产品在整个生命周期中的不断发展与交付。

通过价值流的组合，数字化产品与服务的各个阶段得以高效协同工作，确保产品从概念到交付以及运营过程中都能提供卓越的用户体验和价值。数字化价值网络的形成让组织能够更好地应对市场需求和技术变革，实现数字化产品与服务的持续创新与优化。

### 1. 评估——评估数字化产品与服务组合

评估价值流专注于持续监测和评估整个数字化产品与服务组合，确定其在业务模型、价值流、用户旅程和业务能力方面的支持情况，包括价值、风险、成本和用户体验等。其目标是优化产品组合，确保与业务战略一致，并发现改进机会和新的发展方向，为业务增长提供新的数字化产品与服务机会。

**1) 评估价值流的应用场景**

- 新数字化产品评估：在考虑引入新数字化产品时进行评估。
- 数字化产品治理评估：在执行数字化产品治理过程时进行评估。
- 产品组合合理化：为确保产品组合与业务战略一致而进行的合理化。
- 产品组合投资规划：确保资源最优配置的产品组合投资规划。

**2) 评估价值流的关键活动**

- 需求与意见收集：主动搜集利益相关者的需求和意见。
- 差距与机会识别：识别数字化产品组合中的差距和潜在机会。
- 投资方向与优先级提议：提出针对产品组合的投资方向和优先级建议。
- 待办列表要求与行动计划定义：定义待办列表事项的要求和相应的行动计划。
- 产品组合治理与管理：进行产品组合的治理与管理。

### 2. 探索——探索数字化产品与服务

探索价值流专注于不断探索与战略方向和业务需求一致的数字化产品与服务的新功能和未来方向，输出一个或多个经过验证的新产品与服务设计。通过持续优化，数字化产品与服务灵活适应市场需求和业务挑战，提供更有竞争力的解决方案，确保设计持续演进，为组织创造创新和优化的机会。

**1) 探索价值流的应用场景**

■ 新产品创意调查：探索新的数字化产品创意，发现可能的新产品方向。

■ 现有产品优化：优化现有数字化产品，寻求改进和增强产品设计。

■ 端到端用户旅程设计：设计由多个数字化产品实现的端到端用户旅程。

■ 产品可行性完善：完善数字化产品与服务的可行性，验证新产品的可行性和商业价值。

■ 产品淘汰策略：淘汰不再符合战略方向和业务需求的数字化产品与服务。

**2) 探索价值流的关键活动**

■ 优先级排序与处理：优先处理待办列表事项，对不同的创意和方向进行优先级排序。

■ 产品架构定义：定义数字化产品架构，规划新产品的基本结构和功能。

■ 产品设计完善：完善产品待办列表事项，进一步细化产品设计和需求。

■ 路线图和范围确定：最终确定路线图和范围协议，形成产品的最终规划和范围。

### 3. 集成——集成产品发布

集成价值流专注于设计和构建新的产品发布，使其准备好部署到市场或业务中。它负责确保产品的开发、配置或集成在验证和测试后的初始版本或新版本，并由产品负责人批准；适用于软件开发、基础设施构建块和工作场所服务的开发。通过高效集成，组织能够迅速响应市场需求，确保产品质量和功能的可靠性，以满足消费者需求和期望，保持竞争优势。

**1) 集成价值流的应用场景**

■ 新产品发布：开发新的或初始的产品发布版本，为市场提供全新的产品功能和服务。

■ 产品配置服务：配置现有的或 SaaS 产品供使用，根据消费者需求进行个性化配置。

■ 紧急修复与补丁：交付紧急更改或补丁，及时修复产品中出现的问题。

■ 供应商产品更新：更新供应商产品，将外部供应商的新版本集成到组织的产品中。

**2) 集成价值流的关键活动**

■ 产品发布计划：计划产品发布，确定发布的目标、范围和时间计划。

■ 设计与开发：根据产品要求和设计方案进行产品功能的开发和构建。

■ 构建、集成与测试：将各个模块或组件进行集成，并进行全面的测试，确保产品质量和稳定性。

■ 验收和发布版本：经过验证和测试后，将产品版本发布给消费者。

### 4. 部署——部署产品发布

部署价值流负责按需将产品发布到生产/运营环境中，确保新实例的创建、更新、移除或现有实例的退役等过程能够顺利实施。通过验证和监测部署过程，确保产品在生产环境中正常运行和表现。有效的部署价值流可保障及时交付产品给消费者，满足需求，提供高质量用户体验，并保持产品的稳定性和可靠性。

**1) 部署价值流的应用场景**

- 首次产品发布：部署新数字化产品的首个产品发布，将全新的数字化产品推向生产/运营环境。
- 新产品发布版本：部署数字化产品的新产品发布版本，将经过集成和测试的新版本部署到生产/运营环境中。
- 现有产品更新：更新、停用、移除或退役掉数字化产品的现有产品发布实例，对现有产品进行更新、停用、移除或退役。
- 紧急修复：部署紧急修复(例如，解决问题和/或漏洞)，及时修复数字化产品中出现的紧急问题。

**2) 部署价值流的关键活动**

- 计划和批准部署：确定部署的目标、范围和时间计划，并经过相关方的批准。
- 执行部署：按照计划将产品发布部署到生产/运营环境中。
- 验证部署：确认部署过程的准确性和完整性，确保产品的正确部署。
- 监测部署：监控产品在生产/运营环境中的表现，及时发现并解决可能出现的问题。

### 5. 发布——发布服务提案

发布价值流通过服务形式将数字化产品交付给现有和潜在的消费者，发布包括新的或退役的更新。确保服务提案在服务目录中准确定义和有效发布，使消费者能够通过自助门户或 API 订阅所需服务，并在整个生命周期内进行交互，以保证数字化服务的快速交付并满足消费者需求。

**1) 发布价值流的应用场景**

- 新服务提案发布：发布新的服务提案，将全新的服务形式的数字化产品交付给消费者。
- 现有服务更新：更改现有的服务提案，对现有服务进行修改和更新。
- 服务组合提供：捆绑现有的服务提案，将多个服务组合成一个集合提供给消费者。
- 服务终止处理：终止服务提案，对不再提供的服务进行退役处理。

**2) 发布价值流的关键活动**

- 定义服务提案：明确服务的内容、功能和定价等信息。

- 实施服务提案：将定义好的服务提案进行实际开发和配置。
- 发布服务提案：将服务提案发布到服务提案目录中，供消费者订阅和使用。

### 6. 消费——履行服务提案

消费价值流提供已订购的数字化产品与服务及相关支持活动给消费者或系统参与者，并确保按照约定条件及时交付。通过快速响应和满足消费者需求以及符合服务标准，实现数字化产品与服务的无缝连接。

**1) 消费价值流的应用场景**

- 新产品实例订购：订购新的期望产品实例，例如新员工入职和订阅数字服务。
- 现有产品实例修改：订购实际产品实例的修改，对现有服务进行变更和更新。
- 现有产品实例终止：订购实际产品实例的终止，对不再需要的服务进行退订。
- 产品实例支持订购：订购实际产品实例的支持，获取关于服务使用的支持和帮助。

**2) 消费价值流的关键活动**

- 选择服务提供商：评估不同服务提供商的优劣并做出选择。
- 同意服务提供商：与服务提供商达成协议和确认订购细节。
- 订阅服务提供商：通过服务提案目录订购所需的数字化产品。
- 提供服务支持：获取服务使用过程中所需的支持和帮助。
- 发布服务状态：监测服务的交付状态和服务质量。

### 7. 运营——运营实际数字化产品实例

运营价值流负责持续管理已部署的数字化产品与服务，确保按服务合同条件可持续运行。职责包括监控产品的可用性、质量、合规、性能和安全，维持稳定运行并产生数字服务的数据流。通过数据分析，采取反应式、主动式或预测性的方式及时响应潜在问题和风险，以保障消费者满意度和服务体验。

**1) 运营价值流的应用场景**

- 后端问题修复：处理已识别的后端问题修复，确保数字化产品实例的稳定性和正常运行。
- 灾难恢复：确保灾难恢复目标得到满足，应对突发事件和灾难情况。
- 应急响应和解决：应对重大事件或事故，迅速给出应急响应和解决措施。
- 前端问题修复：修复消费者前端问题，解决消费者在使用过程中遇到的问题。
- 计划维护：执行计划维护，包括主动检测并解决问题，进行预防性维护，以确保产品的持续性能和稳定性。
- 自助问题解决：为消费者提供自助解决问题的帮助，例如自助门户、虚拟助手或社区支持，提供便捷的问题解决途径。
- 安全事件响应：检测和响应安全事件和漏洞，确保数字化产品实例的安全性和数据的保护。

**2) 运营价值流的关键活动**

- 监测问题：通过监控和数据收集等手段发现数字化产品实例中出现的问题。
- 诊断问题：深入分析问题的原因和影响，确定解决方案和应对措施。
- 解决问题：采取措施解决问题，确保数字化产品实例能够恢复正常运行。

## 8.4.3　数字化产品与服务的开发方法

数字化产品与服务的发展可分为两个阶段：上半场聚焦软件，下半场侧重传感器和人工智能。在数字化转型中，组织应专注于通过传感器和人工智能技术创新原有产品，拓展数字化增强的产品和服务。同时，重视有效数据的生成和应用，强调"数据资产即数字石油"的理念，最终实现数字化业务。为实现这一目标，行业提出 6 个建议，如图 8-8 所示。

拓展产品与服务范畴

创造新数字化业务

提升用户体验

替代原有产品与服务

提升服务效率

转移消费者价值主张

图 8-8　数字化产品与服务的六大开发方法

- 拓展产品与服务范畴：运用数字化技术扩展产品与服务的领域，为产品增值。例如，智能家居技术可提升传统家居产品的价值。
- 创造新数字化业务：利用数据有效开发能够创造额外收入的数字化业务产品与服务，包括智能产品、个性化服务和以数据变现为核心的解决方案。这将改变交付价值的方式，支持新商业模式并颠覆市场。
- 提升用户体验：通过数字化技术创造卓越的用户体验，从销售产品转向销售体验。通过数字化产品改变传统服务模式，使用户获得更好的体验。
- 替代原有产品与服务：使用数字化产品替代传统核心产品或服务形式，通过不断尝试和创新塑造组织运营和消费者生活。例如，用智能手机替代传统手机。
- 提升服务效率：利用人工智能、语音识别等认知技术提高服务运行效率，充分利用用户数据，例如合成语音电话排查潜在用户或由人工智能客服解决通用问题。
- 转移消费者价值主张：通过数字化能力重新塑造价值主张，满足用户未被满足的需求，推动"即服务"模式发展，转向按使用付费和软件即服务等新型商业模式。

# 8.5　输入资源

数字化产品与服务的生命周期管理不仅是技术性工作，还需要整合组织层面的系统性、体系化的专业与管理型工作。除了管理七大核心价值流，组织还需要与图 8-9 所示的支持功能进行复杂互动，以提供必要的输入资源和支持。

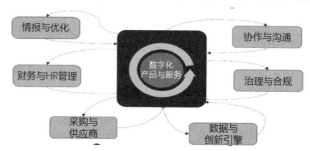

图 8-9　数字化产品的六大支持功能及资源

通过与消费者、业务伙伴、供应商以及政府和监管机构的互动，数字化产品和服务创造价值，共创并交付自身的价值。同时，组织必须遵守政府和监管规定，确保数字化产品与服务的管理和运营的效率和有效性，并进一步定义价值网络，参与到社会的价值创造中。以下是相关支持功能的介绍。

- 财务与 HR 管理：侧重财务管理，同时优化人才、职业发展和数字化产品交付过程中的团队效能，以确保全生命周期经济可行性和协作效率。
- 治理与合规：确保数字化产品交付的安全、风险和合规信息透明可追溯，注重"安全设计"和"合规设计"。
- 数据与创新引擎：整合数据和分析支持以及技术创新支持，提升数字化产品与服务的创新和效能。
- 采购与供应商：建立动态合作伙伴网络，包括端到端数字交付模型的关键合作伙伴，共同创造数字化产品并提供价值和成果。
- 情报与优化：实施情报数据分析和报告功能，通过反馈机制不断优化数字化产品与服务，确保产品与市场需求的一致性。
- 协作与沟通：在生态系统内实现最佳协作和沟通，使用适当的协作工具以获取高度透明的合作和支持。

## 8.6  总结与思考

为成功交付和管理数字化产品与服务，组织需要建立健全的数字化生态系统，整合技术、人才和流程资源，实现全生命周期管理。要强调监测与分析，持续优化功能和用户体验，将数字化技术与创新融合，为消费者提供高质量、高价值的数字化产品与服务体验。

数字化产品与服务管理是数字化管理师的核心技能之一，包括在数字化环境中有效管理和提供产品和服务的全过程。这使得数字化管理师能够参与和协调全生命周期管理和运营，以满足组织业务目标和消费者需求，并与当前业务和能力相融合。

数字化管理师还需要关注外部环境和因素，如技术、市场、法规、竞争、文化、经济和生态系统等，这些直接或间接影响产品与服务的开发、交付和运营。深入了解这些因素可帮助数字化管理师更好地应对复杂多变的数字化环境，提升产品成功度和创造价值的能力，为组织的数字化转型和业务增长做出贡献。

### 思考题

1. 如何在数字化产品与服务组合中实现平衡，以满足不同类型客户的需求？提供哪些策略可最大化客户价值和满意度？

2. 如何有效管理和优化数字化产品与服务的生命周期？数字化技术对产品与服务管理的哪些方面产生最大影响，以及如何迎接挑战？

3. 个性化定制如何在产品与服务的交付方式、客户体验以及组织竞争优势方面产生影响？在满足客户需求的同时如何保持效率和可持续性？

### 本章测试题

1. 有效管理数字化产品与服务的根本目标是什么？

    A. 理解数字化产品与服务的需求

    B. 加速数字化产品与服务的开发

    C. 提升组织产品与服务的竞争力和实现高效价值交付

    D. 建立企业的产品与服务体系

2. 下列哪个产品示例最符合数字化产品与服务的定义？

    A. 传统汽车生产厂商生产的汽车，只具备传统机械及电子结构，无法通过互联网连接

    B. 智能手表，内置传感器和软件，可以与手机应用程序连接并提供个性化健康监测服务

    C. 传统纸质书籍，没有任何数字化元素，无法通过网络提供服务

    D. 传统餐厅提供的餐饮服务，主要依赖人工服务，采用了简单的进销存软件

3. 以下哪项最准确地描述了数字化产品与服务的特点？

    A. 数字化产品与服务不包含任何硬件部件，完全依赖软件提供服务

    B. 数字化产品与服务可能存在对其他数字化产品和非数字化产品的依赖关系

    C. 数字化产品与服务仅在组织内部使用，不涉及外部交互

    D. 数字化产品与服务的价值主张不需要与消费者进行明确标价的正式价值要约

4. 在数字化产品与服务转型升级的哪个阶段，组织建立了跨产品的服务体系，实现了更高层次的数字化产品与服务的管理与交付？

    A. 个性化数字化产品与服务阶段    B. 智能互联产品服务阶段

    C. 产品服务系统阶段    D. 产品服务体系阶段

5. 数字化产品与服务的生命周期包括七大价值流：评估、探索、集成、部署、发布、消费和运营。其评估价值流专注于以下哪项活动？

    A. 产品发布计划    B. 新产品发布

    C. 选择服务提供商    D. 需求与意见收集

6. 某企业启动数字化转型并分阶段建设核心能力，以下哪些情况不属于产品与服务的实现方式？

    A. 邀请华为为数字化产品与服务制定专业高效的变革项目管理方法论

    B. 购买 SAP 的 ERP 平台并邀请原厂团队实施交付

    C. 从消费者场景切入设计并研发交付线上商城

    D. 选择钉钉作为企业在线沟通协作平台

7. 哪个数字化产品与服务的支持功能旨在建立动态合作伙伴网络，包括端到端数字交付模型的关键合作伙伴，共同创造数字化产品并提供价值和成果？

    A. 财务与 HR 管理    B. 采购与供应商

    C. 情报与优化    D. 协作与沟通

请扫描二维码查看答案解析。

# ∽ 第 III 部分 ∾
# 中级数字化管理师能力培养

中级数字化管理师是企事业单位数字化管理的中坚力量及主要执行者，他们需要具备比较完备的数字素养与技能，同时精通若干项数字化管理的关键能力。

中级数字化管理师需要具备的关键能力包括如下。

- 需求分析和管理
- 用户体验设计与应用
- 数字化项目管理
- 数据管理与应用
- 知识管理与应用
- 产品与服务管理
- 流程管理与优化
- 合规和风险管理

在开始本部分的学习之前，请先自我判断对于中级数字化管理师角色和能力的了解程度。

**1. 中级数字化管理师在数字化转型中的作用主要是什么？**

　　A. 作为企事业单位各经营管理领域的数字化管理的主要责任人，负责相关组织架构、业务架构、业务运营模式等数字化的主要设计

　　B. 负责数字化管理的基础工作承担者，具备一定的数字素养与技能，熟练掌握至少一项数字化管理的关键能力

　　C. 是数字化战略的主要制定者之一，负责制定长期数字化发展方向和目标

　　D. 作为企事业单位数字化管理的中坚力量及主要执行者，具备比较完备的数字素养与技能，精通若干项数字化管理的关键能力

**2. 中级数字化管理师需要重点关注以下哪些能力？**

　　A. 制定长期数字化战略和目标

　　B. 熟练掌握数字化项目管理的关键技能

　　C. 提高员工的工作效率和生产率

　　D. 理解和应用数字化管理的多项关键能力，包括需求管理、用户体验、项目管理、数据应用、知识应用、产品服务、流程优化、合规风险等

**3. 中级数字化管理师提升的路径主要包括哪项？**

　　A. 拓展行业关系网，提升个人社交影响力

　　B. 深入研究领域专业知识，提升专业素养

　　C. 进修硕士或相关高等教育学位，提升学历水平

　　D. 培养跨部门合作和领导能力，熟练运用数字化管理技能解决复杂问题

可扫描二维码查看答案解析。

# 第 9 章

# 流程管理与优化：提高组织运营效率，助力数字化战略的落地

## 9.1 概述

### 9.1.1 背景与目标

#### 1. 流程管理的背景

作为组织业务运营的核心，流程涵盖了组织各个方面。在 20 世纪 90 年代，美国的 Michael Hammer 与 James Champy 提出了业务流程管理理论，引领了全球管理革命。随着大数据、云计算、人工智能等现代信息技术的广泛应用，流程管理正朝着自动化、智能化、数字化的方向迈进。

信息化时代的流程管理将组织的工作方式从传统的纸质或电子表单转变为在线信息化系统。组织通过构建人事系统、成本系统、采购系统等业务系统，实现了从线下到线上的转型。然而，由于信息化系统之间存在割裂和不互通的问题，工作仍然需要依赖纸质文件和口头转述。为提升管理效率、降低成本，组织迫切需要构建一套数字化的流程体系，通过数字手段将各个系统和流程有机地连接起来，编织出一张高效的网络。

流程具有连接性和在线性的特点，其目标是为组织和客户创造价值。这些特性决定了流程管理在推动整个组织数字化转型中的重要作用。数字化的流程管理应用最新的自动化、智能化技术(如 RPA、OCR 文本识别、智能语音等)，通过对组织架构和流程制度的梳理和归类，帮助组织建立统一、自动化、智能化、移动化、数据化的流程管理平台。其中，数据沉淀和分析有助于组织及时发现流程问题，分析并制定改进建议，为流程和组织制度的优化提供支持。

### 2. 流程管理的目标

流程管理旨在提高组织运营效率、降低成本，并实现卓越运营，助力数字化战略的落地。在各个组织领域，包括销售、研发、财务和人事等，流程无处不在。其主要目标包括如下。

- 制度优化：通过流程可视化运行，结合公司管理制度，发现问题并进行改进，合理合规地减少环节，优化管理制度。
- 降低成本：规范、体系化的流程管理有助于减少人力和物力损耗，缩短流程周期，从而降低组织运营成本。
- 提升效率：通过流程管理，剔除重复繁琐的工作，释放人力从事更有价值的事务。规范性、标准性和程序化的流程管理有助于形成作业指导，提高整体工作效率。
- 控制风险：流程管理的规范和标准化让组织成员在处理事务时有明确的责任人和流转路径，避免相互推诿的现象，从而有效控制风险。

## 9.1.2 相关概念解析

### 1. 流程管理的定义

流程管理的核心在于流程。**流程**被定义为一组相互关联或相互作用的活动，它将输入转化为输出(ISO 9000 标准)。

Hammer 教授提出，**流程**是将一个或多个输入转化为对客户有价值的输出的活动。换言之，流程可以是单一活动，也可以是多个相互关联的活动。这些活动按照严格的先后顺序进行，彼此紧密联系并相互作用，以服务于特定目标，为内部或外部客户创造价值。

**流程管理**是对流程的有效管理，通过一系列的管理制度和措施，确保流程生命周期的各个环节在实现业务分工后能够有效协作。

**业务流程管理**是以规范化构建端到端的卓越业务流程为中心，以持续提高组织绩效为目的的系统化管理方法。

流程管理的 6 个关键要素包括输入资源、活动、活动关系、输出、客户和价值。其主要目标是从执行角度确保个人或组织确定的目标能够得以有效实现，如图 9-1 所示。

当下，组织的流程管理主要通过流程管理平台来实现。而**流程管理平台**是通过对成本、时间、满意度以及价值等方面的考量，帮助组织实现业务管理流程化、流程管理数字化的规范化、智能化的流程梳理和落地平台，如图9-2所示。

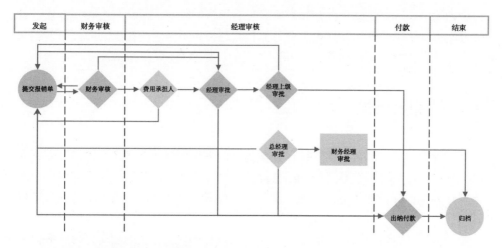

E1-输入资源：填写报销单，发起流程

E2-活动：申请后需要经过3个关键活动（财务审核、业务审批、出纳付款）

E3-活动关系：活动串行为主，通过流程出口条件（金额、承担部门等）自动判断

E4-输出：费用报销单/原始票据，符合要求的费用报销款到账，记录报销凭证

E5-客户：费用发生人（所有员工）

E6-价值：及时报销结算，对发生的费用能够规范、有序管理

图 9-1　报销流程示例

图 9-2　流程管理平台示意图

## 2. 流程管理的类别

流程管理主要分为工作流程管理和业务流程管理两大类。

**工作流程管理**是指组织内部某项业务从起始到完成的完整过程。它要求多个部门、多个岗位按照既定顺序协调与协同，以共同完成特定业务。核心在于合理高效地分配权责，明确工作事项的活动流向顺序。工作流程被视为企业高效运转的关键，因此，设计和建立科学、严谨的工作流程并保持这些流程的有效执行、控制和管理对企业至关重要。

**业务流程管理**旨在实现特定的价值目标，通过相互关联或相互作用的活动将输入转化为输出。这些活动不仅在先后顺序上有严格的限定，而且在内容、方式、责任等方面都有明确的安排和界定。业务流程管理使得不同活动在不同岗位角色之间的转手交接成为可能，同时在时间和空间上的转移具有一定的灵活性。

## 9.2 效果检验

绩效管理有一句名言：你考核什么样的指标，就得到什么。换言之，设立相应的指标并实施考核、跟进是达成预期目标的关键。建立合理的指标体系并引导个人和组织行为是目标管理的基本原则，贯穿现代管理各个环节，适用于所有业务流程的管控。

业务流程是企业产出价值的主线，如产品研发和创新、生产和交付、服务提供等，是企业经营成功的关键。

**业务流程的绩效评估体系包括质量、成本、交付、服务、技术、资产和员工(QCDSTAP)7个方面。**这7个指标涵盖了硬性指标和软性指标，共同构成业务流程绩效的全貌。前三个指标各行各业通用，相对易于统计，属硬性指标，是业务流程绩效的直接表现；后三个指标相对难于量化，是软性指标，但却是保证前三个指标的根本。服务指标介于中间，是业务流程增加价值的重要表现。前三个指标广为接受并应用；对其余指标的认识、理解则参差不齐，对其的执行能体现管理业务的水平。

### 1. 质量指标(Quality)

常用的指标包括如下。

- 产出特性指标：为客户(注：流程产出的接收者统称为客户，包括外部客户和内部客户)提供产出的具体标准，如产品外观达到何种标准。
- 产出符合性指标：百万机会不良品率或百万机会差错率以及合格率等。
- 产出稳定性指标：变差、均值、过程能力等。
- 质量成本：如质量问题带来的损失。
- 过程性能指标：如过程能力指数、过程性能指数、首次通过率、返工返修率、质量问题重发率等。

### 2. 成本指标(Cost)

常用的包括业务过程的作业成本指标、物料消耗指标等。

### 3. 按时交付(Delivery)

业务流程的运作就像"接力跑"，其每一个节点流转均需要准时、及时、快速，常用的指标包括业务流程周期、关键点响应速度、成果交付时间等。

### 4. 服务指标(Service)

服务是一种无形的体验，不同公司和行业对服务的重视程度各有不同。服务涉及人与人之间的互动，通常通过用户满意度调查来衡量。例如，业务流程负责人期望提供合理建议、缩短交付时间、积极协调解决争议等。公司可以通过客户满意度调查表或设立投诉和申诉渠道来获取反馈。

### 5. 技术指标(Technology)

对于技术要求较高的业务，关键在于拥有独到的技术。业务管理部门应制定技术发展蓝图，寻找创新机会，并将其作为一项绩效指标进行定期评价。很多业务管理部门常常因为忙于日常运营而忽略对技术开发的关注，可能为公司未来的发展埋下隐患。技术指标通常包括新技术采用、信息化技术应用等，通过先进技术的运用，实现成本节省、效率提高和产出价值的增加。

### 6. 资产管理(Asset)

通过合理设计和优化业务流程，可以有效利用资产、加快资产周转。业务流程运作是否有效还需要考量在开展业务时对资产管理的有效性评价，例如资产有效利用率、库存周转等。

### 7. 员工(People)

员工素质直接影响整个业务流程运转的绩效。培训、教育、工作经历和岗位轮换等是提高员工素质的途径。相应地，可以建立一些指标，如确保100%的员工每年接受一周的专业培训、保持低于2%的离职率、监测人均产出等。这些指标的价值在于规范和引导员工行为，同时也是评估供应管理部门绩效的关键依据。

简单、实用、平衡是设计具体指标时的原则，要确保指标的简明易懂、实用性强，且在各指标之间保持平衡，以适应公司不同发展阶段的需求。

## 9.3 输出结果

### 9.3.1 流程管理的评估

流程管理的评估是组织在进行流程管理工作的同时，定期审视流程管理的实施情况的一项关键活动。为衡量流程管理的推行成果，可以采用以下两种评估方法。

### 1. 流程成熟度评估

在流程管理评估中，广泛采用 Michael Hammer 提出的 PEMM(Process and Enterprise Maturity Model，流程与企业成熟度模型)。PEMM 包含对流程成熟度和企业管理成熟度的评估。

- 设计：分析流程设计的目标、背景、文件，详尽规定了流程的执行过程。目标和背景帮助评估流程管理理念是否正确对齐最终目标。
- 操作者：对流程操作者的知识、技能、行为进行规定，以评估流程是否能打破部门壁垒，实现有效执行。
- 负责人：流程负责人对流程及其结果负责。评估流程负责人是否拥有与其职责相匹配的权利决定了流程的向下推动力。
- 基础设施：指支持流程的信息系统和人力资源系统，决定了流程管理实施的效率和成果。
- 衡量指标：为组织跟踪流程绩效的指标，应根据不同阶段制定相应指标来评估流程绩效，主要聚焦客户需求是否满足和组织管理目标是否实现。

#### 2. 流程推行现状评估

组织在进行流程管理时，需要关注与管理体系相关的问题，包括流程适用的组织架构是否有调整、流程责任人是否有更新、相关流程描述是否规范、新增流程是否及时补充等。在流程推行过程中，对流转不畅、责任不明、执行率低、考核不清楚的流程，需要重点了解问题点，并通过综合评估，做出沿用、优化、弃用或变革等决策。

### 9.3.2　流程管理体系

流程管理的重要输出结果是流程管理体系的建设，它通常包括流程管理团队、流程管理制度、流程管理平台、流程绩效评估体系 4 个方面，如图 9-3 所示。

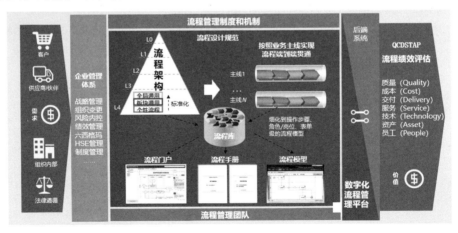

图 9-3　流程管理体系

#### 1. 流程管理团队

组织在实施流程管理前，需要清晰定义组织架构和职能。流程管理团队是核心，由最高决策层、管理层、员工和 IT 部门组成，推动流程管理的执行和数字化平台的搭建，如图 9-4 所示。

### 2. 流程管理制度

流程管理制度规范员工在流程管理中的工作。它需要灵活适应公司管理要求的变化，数字化平台的支持和全体成员的执行协作是成功实施流程管理制度的要素。

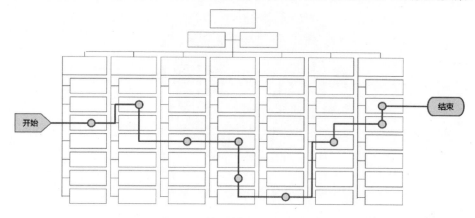

图 9-4　流程在组织内流转示意图

### 3. 流程管理平台

数字化流程管理平台是提升效率的关键。通过流程引擎构建系统，用户可通过登录进行流程操作。该平台适应不断变化的管理需求，支持流程的电子化，包括版本管理、自动测试和消息提醒机制。

在搭建平台前，需要评估适合电子化的流程，制定明确的分阶段上线规划和目标。

### 4. 流程绩效评估体系

绩效评估体系包括评价指标、方法和数据收集。指标须与企业战略一致，简单且易于量化。要从成本、质量、服务、交付、技术、资产、员工等方面设置指标，以全面考虑流程的绩效。

根据企业现状和战略选择评价角度，有助于量化流程绩效，优化流程的运作。

## 9.4　流程管理与优化过程

### 9.4.1　流程管理系统建设全生命周期

每位客户会面对独特的挑战和机遇，企业要在激烈的行业竞争中脱颖而出，关键在于拥有与众不同的业务流程。建设业务流程管理体系涵盖了整个生命周期，包括

规划、设计、实施、监控、分析、优化和改善业务流程的关键阶段和活动，如图 9-5
所示。该体系的目标是通过持续改进和优化业务流程，降低成本，提升企业效率、
质量、适应性、竞争力和客户满意度。为成功实施这一体系，企业需要不断承诺和
投入资源，以确保流程管理的有效性和持续改进。

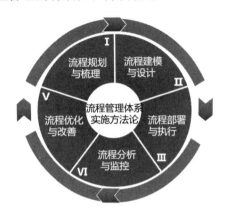

图 9-5　流程管理系统建设全生命周期

### 1. 流程规划与梳理

流程规划与梳理阶段是企业业务流程管理体系建设的起始阶段，旨在为后续流
程优化工作奠定基础。在此阶段，组织将明确其业务流程管理的目标和范围，规划
建设流程的方向。

**1) 目标**

- 确定业务流程管理的战略方向目标和期望的效益。
- 确定哪些业务流程将被管理和优化。
- 为流程建模、改进和监控提供清晰的指导。

**2) 输入**

- 组织的战略目标和需求。
- 与流程相关的文档、数据和信息。
- 决策者和利益相关者的需求和期望。
- 资源和预算分配。

**3) 过程或任务**

- 目标设定：确定业务流程管理的总体目标和战略方向。
- 范围界定：明确选择哪些业务流程将被纳入管理体系，并界定其边界。
- 建立团队：组建跨职能的流程管理团队，包括流程负责人、分析师和其他
  关键成员。
- 制定策略：制定业务流程管理的战略计划，包括资源分配和时间表。

**4) 输出**

- 业务流程管理的总体目标和战略计划。
- 确定纳入管理体系的业务流程清单。
- 流程管理团队的建立。
- 初步的战略计划和资源规划。

流程规划与梳理阶段的主要目标是确立一个清晰的业务流程管理方向，明确哪些流程需要关注，并规划后续流程建模、部署、分析和优化的工作。这个阶段的输出是业务流程管理的基础，为整个流程管理体系的建设提供了指导和框架。

**2. 流程建模与设计**

流程建模与设计阶段是企业业务流程管理体系建设的关键步骤，旨在重新构思和改进业务流程，以提高效率和效益。在此阶段，组织将详细描述和设计业务流程，以便更好地理解和控制它们。

**1) 目标**

- 重新设计业务流程，以优化流程步骤、规则和工作流程。
- 提高流程的效率、质量和响应能力。
- 创造更好的工作流程和用户体验。

**2) 输入**

- 流程规划与梳理阶段的输出，包括流程目标和范围。
- 相关的业务数据和信息。
- 流程参与者的反馈和需求。
- 流程建模工具和方法。

**3) 过程或任务**

- 流程分析：详细分析已选定的业务流程，识别瓶颈、改进机会和效率提升点。
- 流程设计：重新设计业务流程，优化流程步骤、规则和工作流程。
- 流程建模：使用流程图、流程模型或其他工具将新设计的流程可视化。
- 用户参与：与流程参与者和利益相关者合作，确保他们的需求被纳入流程设计中。

**4) 输出**

- 重新设计的业务流程图或模型。
- 流程改进建议和方案。
- 用户和利益相关者的参与和反馈记录。

流程建模与设计阶段的主要目标是重新构思和改进业务流程，以满足规划阶段设定的目标和需求。通过可视化流程并考虑各种改进机会，组织可以为后续的流程部署和执行提供更清晰和高效的指导。这个阶段的输出是重新设计的流程图或模型以及改进建议,这将在后续阶段用于实际流程改进。

### 3. 流程部署与执行

流程部署与执行阶段是企业业务流程管理体系建设的关键步骤,旨在将重新设计的业务流程实际应用于组织的日常运营。在此阶段,组织将部署并执行新的流程,确保它们能够按计划运作。

**1) 目标**

- 将重新设计的业务流程部署到实际的工作环境中。
- 实现流程自动化和数字化。
- 确保员工能够按照新的流程执行工作。

**2) 输入**

- 流程建模与设计阶段的输出,包括重新设计的流程图或模型。
- 相关的技术和工具,如流程自动化软件。
- 培训计划和材料。
- 相关的资源和预算。

**3) 过程或任务**

- 流程部署:将新设计的流程部署到适当的业务系统中,确保流程自动化和数字化。
- 培训和沟通:为员工提供培训,确保他们了解新的流程和工作方式,并与相关利益相关者进行沟通。
- 技术支持:提供必要的技术支持,以确保新流程的顺利运行。
- 启动计划:确保流程的平稳过渡,并监督流程的执行。

**4) 输出**

- 实际部署的业务流程。
- 员工培训记录和沟通文档。
- 流程部署的技术支持和监控机制。

流程部署与执行阶段的主要目标是将重新设计的业务流程应用到实际运营中,并确保它们顺利执行。这个阶段的成功实施对于实现流程管理的效益至关重要,它将确保流程的自动化和数字化,并为后续的流程分析和监控提供数据和基础。

### 4. 流程分析与监控

流程分析与监控阶段是企业业务流程管理体系建设的重要环节,旨在实时追踪和分析业务流程的性能,以便及时发现问题并采取纠正措施,确保流程达到预期的效益水平。

**1) 目标**

- 建立监控机制,跟踪流程的关键性能指标(KPI)以衡量其效率、质量和效益。

- 根据监控结果，发现潜在问题和瓶颈，及时采取纠正措施。
- 提供数据支持，以便后续的流程不断优化和改善决策。

**2) 输入**

- 流程部署与执行阶段的输出，包括实际部署的业务流程和执行数据。
- 事先定义的 KPI 和性能指标。
- 技术工具和监控系统。
- 员工和利益相关者的反馈。

**3) 过程或任务**

- 数据收集和分析：收集并清洗有关业务流程的性能数据，通过流程挖掘分析并比较与预期目标的差距。
- 标识问题和改进机会：根据对流程模型的分析结果，识别潜在的问题、瓶颈和改进机会。
- 报告和沟通：向利益相关者报告流程分析结果，并与他们沟通改进计划和具体的优化建议。
- 实时监控：建立实时监控机制，收集数据，以追踪流程的实际执行情况。

**4) 输出**

- 业务流程性能分析报告。
- 问题和改进机会的清单。
- 实时监控系统的建立和运行。

流程分析与监控阶段的主要目标是确保业务流程的稳定性和效益，通过持续监控和分析流程性能来识别问题并及时采取行动。这个阶段的输出是业务流程性能分析报告和改进机会的清单，这将为后续的流程优化和改善提供有力的依据。

### 5. 流程优化与改善

流程优化与改善阶段是企业业务流程管理体系建设的关键环节，旨在不断提高业务流程的效率、质量和适应性，通过持续改进满足不断变化的需求和目标。

**1) 目标**

- 持续提升业务流程的效率和效益。
- 识别和实施流程改进机会。
- 适应变化，确保流程与组织的战略目标保持一致。

**2) 输入**

- 流程分析与监控阶段的输出，包括性能分析报告和改进机会的清单。
- 员工和利益相关者的反馈和建议。
- 技术工具和方法。
- 资源和预算。

**3) 过程或任务**

- 周期性评估：基于性能分析报告和反馈，定期审查业务流程管理体系，识别改进机会，确定需要改进的流程领域。
- 制定改进计划：根据评估结果，开发详细的改进计划，包括目标、策略、资源和时间表。
- 实施持续改进措施：根据计划，执行流程改进措施，可能涉及流程重新设计、技术工具及方法的升级或员工培训，以不断提高效率和效益。
- 持续监控：确保改进措施的有效性，并根据需要进行调整。

**4) 输出**

- 流程改进实施记录和报告。
- 改进后的业务流程，反映了效率和效益的提高。
- 持续改进文化的强化。

流程优化与改善阶段的主要目标是持续提高业务流程的效率和质量，以适应不断变化的需求和市场条件。通过识别和实施改进机会，组织可以不断优化流程，确保其与战略目标保持一致，并建立一个持续改进的文化。这个阶段的输出包括改进实施记录、改进后的流程和持续改进文化的强化，这将为未来的流程管理提供坚实的基础。

## 9.4.2 流程优化与自动化方法

### 1. 流程优化的 ESIA 分析法

"ESIA 流程优化方法"是一种逐步完善业务流程的策略，有助于确保组织高效管理和业务发展。它通过 4 个步骤实现流程整体优化。

- 清除(Eliminate)：消除非必要的非增值活动，如重复、等待、检验等，确保流程精简高效。
- 简化(Simply)：在清除冗余活动后，对剩余活动进行简化，包括流转、沟通和记录等方面。
- 整合(Integrate)：对流程进行整合，使流程顺畅、连贯，更好满足用户需求，包括机构整合、团队整合和活动整合。
- 自动化(Automate)：通过成熟的软件系统实现人力操作和数据处理的自动化，减少人工干预，提高流程效率；包括工作流、协作和动态业务流的自动执行。

### 2. 数字化时代的流程优化

通过数字技术和数据分析，优化企业内部业务流程以提高效率、降低成本、提高质量和客户满意度。将传统流程管理理念与新技术结合，引入人工智能、机器学习等实现自动化决策和自适应优化，进一步提高流程效率和准确性。数字化时代的流程优化主要体现在自适应流程设计、智能流程控制和精细管理技术的应用。

随着移动技术的发展，自动化范围扩大，增强了员工之间的连通性，动态案例考验流程自动化整体性，处理非结构化、协作性工作和结构化生产型工作流。

RPA 技术在自动化中起关键作用，通过虚拟软件机器人执行手动、重复性任务，处理大批量、多系统的工作，例如与多个数据源交互、执行审批工作流、访问不同应用等，提高效率，降低成本。特别在制造业，可替代工人执行机械化流程，解放员工潜力。RPA 在企业数字化转型中发挥关键作用，尤其适用于无法直接访问数据的系统集成，因此成为不可或缺的一部分。

### 9.4.3　流程数字化

流程数字化和流程自动化两者相关但又有不同。

流程数字化是组织数字化转型的核心，传统信息化仅实现了线上化，即"**业务对象数字化**"——将实体或模拟对象转化为数字形式，在数字世界建立对象本体的全量、全要素映射，通过计算机和网络存储、传输和处理信息。真正的"流程数字化"需要基于业务流程管理(BPM)和 SOA 架构，实现业务流程上线和作业过程自记录，即"**业务过程数字化**"；其核心目的是通过数字技术优化或重构业务过程，使操作本身数字化，并实现自动衔接、结构化、受控。

最后是"**业务规则数字化**"，将复杂场景下业务过程中的复杂规则作为业务对象数字化，并用数字化手段进行管理和利用。业务规则管理的方向是显性化、数字化、结构化和自动化。可配置的规则可以作为数据参数提供业务执行过程的遵从性告警，也可以通过 API 等方式传递，实现根据实时感知到的业务变化动态调整业务过程的走向或控制业务运作。同时，通过对告警实例的组合分析，促进业务规则及时优化调整，以实现业务流程的自动化和智能化，推动企业运营模式的改变，提高效率和决策能力。

数字化流程的三大核心要素包括**业务对象数字化、业务过程数字化**和**业务规则数字化**，它们共同推动着**业务数字化**的进程。

数字化转型要求企业具备自动化、网络化、智能化的实时数字化流程与分析控制能力。iBPM(智能业务流程管理)整合了复杂事件处理、智能机器人、云服务、OCR、移动化、社交化、物联网集成、业务活动监控等先进技术，可以重塑流程全生命周期，改造供应链、采购、生产和核心运营。这使企业能够个性化提升客户体验，实现规模稳定和长期的商业价值。

流程数字化的本质是用户中心的过程管理，以提升用户价值为目标，通过数字化技术使流程更敏捷、迅速。企业流程数字化需要与企业战略紧密结合，以用户为导向，聚焦业务，实现服务效能的提升和敏捷经营。

### 9.4.4　主流数字化流程管理平台的技术应用

通过数字化流程管理平台(如图 9-6 所示)，可根据企业业务和管理需求，灵活定义各种流程应用，快速建立企业独特的流程管控体系。同时，这为构建全面协同平台奠定了坚实基础。在市场上，主流数字化流程管理平台强调流程如同组织的血脉，也是协同(OA)软件的核心之一。

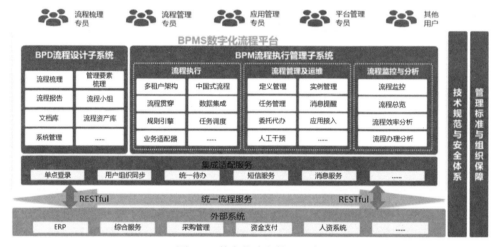

图 9-6　数字化流程管理平台

典型流程管理平台通常具备以下 8 个特点。

- 组件化设计：采用开放设计和组件化技术，实现可视化流程设计和无代码表单设计，无缝集成不同系统，快速流程化。
- 智能化构建：引入智能语音和人工智能技术，使流程构建更便捷，规则能够迅速应用。平台支持自动构建流程，同时业务部门可自主构建简单流程。智能审批技术可提高审核效率。
- 协同性增强：通过接口连接各应用系统，实现紧密的业务、数据和信息连接，提高流程驱动与管控业务的能力。可以减少数据录入工作，提高数据质量，实现数据驱动业务与流程运作。
- 集成化操作：利用流程集成引擎，快速打通门户体系和业务体系，使得流程承载的人员、数据、资源在上游供应商和下游客户之间及内部按照业务要求快速协同运作。
- 全程电子化：融入身份认证、电子签名、电子签章、数据存证等，实现流程管理的全程电子化，提升数据安全性和可追溯性。
- 分级分权管理：面向集团型组织提供分级分权管理的授权模式，让各级管理员自由设定每个流程的建立、发布和管理权限。
- 自定义流转：提供自定义流转功能，帮助组织构建尚未完全固化的流程。

支持加签、转办、传阅、意见征询等操作，通过图形化方式自由增加审批
节点，设定审批人员、审批方式和节点权限。

- 多端适配：除 PC 端外，配置和功能可适配至移动端、PAD 端、企业微信
等，实现流程管理的随时随地操作。

### 9.4.5　一体化流程管理平台

流程管理与优化可以通过统一组织、统一标准、统一管理机制以及统一数字化
平台，构建一体化的流程体系架构＋流程运营管理体系，提升组织运营效率及管理
水平，如图 9-7 所示。

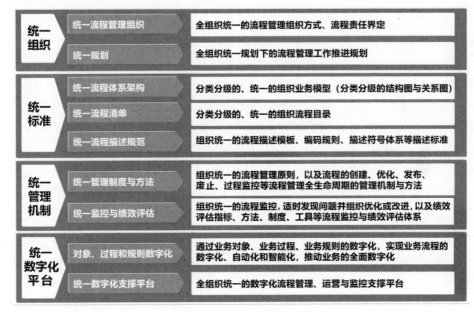

图 9-7　一体化流程管理平台

## 9.5　输入资源

确保流程管理的长期运行需要以下机制的长效支持。

- 组织保障：组织架构的及时调整是流程管理的关键，要确保责任人与流程
管理一致。组织应在实施流程管理后及时调整架构，以保持一致性，从而
确保流程管理的稳固基础。
- 制度保障：流程管理制度是监督和规范流程管理的支柱。应快速制定或完
善制度，以规范和解决流程管理中的各种问题，确保流程管理的有序进行。

- 连通保障：组织流程是复杂多维度的网络，需要建立良好的流程互通机制，特别是在跨部门和业务单元之间。要避免流程割裂导致冲突，采用合适的线下会议和简化流程来保障流程的顺畅连接。
- 数字化技术保障：在数字时代，数字化技术对流程管理至关重要。IT 部门应紧跟时代步伐，将新技术应用于组织流程管理，以提高效率、通过数据分析发现问题，并促进流程管理的不断优化。

# 9.6 总结与思考

本章详细探讨了流程管理的概念、目标与设计原则、评估方法、体系建设、平台搭建以及主流数字化流程管理平台的技术应用。通过对比传统流程管理，突显了数字化背景下流程管理的最大特征(在线化、协同化、平台化)。以流程管理体系全生命周期为线索展开分析，结合主流数字化流程管理平台的技术应用和特点，旨在帮助读者深入理解、掌握企业流程管理与优化，并将知识应用于实践。在企业中，流程管理、制度建设和组织架构管理紧密相连、相互依赖，是维持企业稳定性和推动正常运营的关键因素。这三者之间的协调合作是实现企业目标的重要路径。制度建设和组织架构管理为流程执行提供环境和基础，而流程管理和制度建设则相互影响，为组织架构的优化和改进提供反馈和指导。通过这种协同作用，企业能够更好地保持稳定性、正常运转，并成功实现既定目标。

**思考题**

1. 如何有效整合流程梳理、流程优化和流程再造，以提升企业的运营效率和灵活性？

2. 在实践业务数字化的过程中，有哪些关键方法和策略可帮助数字化管理师取得成功？

3. 数字化管理师在数字化环境中如何精妙运用流程管理与优化技能，以促进企业的运营效率和激发创新力？

**本章测试题**

1. 关于流程管理，以下哪项描述是错误的？

    A. 流程管理旨在提升组织运营效率

    B. 流程管理一般会经历流程规划、流程开发、流程运营和流程优化 4 个阶段

    C. 流程管理的主要目标是降低成本和减少时间消耗

    D. 流程管理可以应用于组织的各个层面和领域

2. 在流程优化过程中，以下哪项不是关键步骤？
　　A. 流程梳理　　　　　　　　　　B. 流程分析
　　C. 流程设计　　　　　　　　　　D. 引入自动化和信息技术

3. 关于流程管理，以下哪项陈述是正确的？
　　A. 流程管理只关注提高效率，不关心质量
　　B. 流程管理等同于标准化操作和程序化工作
　　C. 流程管理可以促进组织内部的沟通与协作
　　D. 流程管理主要关注的是个人的工作效率

4. 在实施流程管理时，以下哪项不是需要关注的重点？
　　A. 客户需求和期望　　　　　　　B. 内部资源和能力
　　C. 行业标准和最佳实践　　　　　D. 组织文化和价值观

5. 关于流程优化的重要性，以下哪项陈述是错误的？
　　A. 优化流程可以提高组织的竞争力
　　B. 优化流程可以降低成本并提高效率
　　C. 优化流程可以消除浪费并增加产能
　　D. 优化流程只对大型企业有意义，与小企业关系不大

6. 在进行流程管理时，以下哪项措施不是常用的工具或方法？
　　A. 工作流图和流程图　　　　　　B. 六西格玛管理法
　　C. BPR(业务流程重组)　　　　　 D. 网络安全分析

7. 以下哪一项不属于主流数字化流程管理平台的技术特点？
　　A. 全程电子化　　　　　　　　　B. 分级分权管理
　　C. 自定义流转　　　　　　　　　D. 混合部署

请扫描二维码查看答案解析。

# 第 10 章

# 合规与风险管理：保障安全和可持续，提升信任和信誉度

## 10.1　概述

### 10.1.1　背景与目标

企业数字化转型是一项涉及数据、信息、技术、流程、组织等的复杂系统工程。企业将积极推动以技术为先的全覆盖、全在线、全云化、一站式的数字化服务，在加大数字技术融合创新发展的过程中，企业的经营模式、商业模式都会发生颠覆性变化，与之相伴相随的信息安全、网络安全和数据安全的合规管理的问题已不容小觑。我国企业侵犯信息安全和公民个人信息，以及网络安全、数据安全的情形多有发生。因此，企业需要通过整合风险管理、内部控制、信息安全、合规管理这 4 个方面的能力，达到保障数字化转型的安全合规和可持续性，实现业务的可靠性和稳定性，提高企业的竞争力和信誉度的目标。

### 10.1.2　相关概念解析

#### 1. 合规

在国际标准化组织发布的 ISO 37301《合规管理体系要求及使用指南》中，合规被定义为履行了全部合规义务。七部委的《企业境外经营合规管理指引》中也作了定义，具体为"本指引所称合规，是指企业及其员工的经营管理行为符合有关法律法规、国际条约、监管规定、行业准则、商业惯例、道德规范和企业依法制定的章程及规章制度等要求"。

## 2. 合规管理

合规管理是指企业以有效防控合规风险为目的,以提升依法合规经营管理水平为导向,以企业经营管理行为和员工履职行为为对象,开展的包括建立合规制度、完善运行机制、培育合规文化、强化监督问责等有组织、有计划的管理活动。

## 3. 风险管理

风险管理是指企业围绕总体经营目标,通过在企业管理的各个环节和经营过程中执行风险管理的基本流程,培育良好的风险管理文化,建立健全全面风险管理体系,包括风险管理策略、风险管理措施、风险管理的组织职能体系、风险管理信息系统和内部控制系统,从而为实现风险管理的总体目标提供合理保证的过程和方法。

## 4. 内部控制

内部控制是在一定的环境下,单位为提高经营效率、充分有效地获得和使用各种资源,达到既定管理目标,而在单位内部实施的各种制约和调节的组织、计划、程序和方法。

## 5. 网络安全

根据《中华人民共和国网络安全法》的规定,网络安全是指通过采取必要措施,防范对网络的攻击、侵入、干扰、破坏和非法使用以及意外事故,使网络处于稳定可靠运行的状态,以及保障网络数据的完整性、保密性、可用性的能力。

## 6. 信息安全

根据 ISO/IEC 27000:2018 的定义,信息安全是"信息的保密性、完整性和可用性的保护"。此外,其他属性(如真实性、责任、不可否认性和可靠性)也可能涉及。

## 7. 数据安全

根据《中华人民共和国数据安全法》的规定,数据安全是指通过采取必要措施,确保数据处于有效保护和合法利用的状态,以及具备保障持续安全状态的能力。

# 10.2 效果检验:合规与风险管理体系有效性评估

《中央企业合规管理指引(试行)》的第 22 条中提出,"开展合规管理评估,定期对合规管理体系的有效性进行分析,对重大或反复出现的合规风险和违规问题深入查找根源,完善相关制度,堵塞管理漏洞,强化过程管控,持续改进提升"。因此,合规与风险管理体系有效性评估是指企业根据外部监管要求,评估已建立的合规与风险管理体系在识别、防范和管理合规风险中的实际效果。

## 评估范围

企业将合规管理、风险管理、安全管理有效性评价纳入内部控制评价的内容，其合规管理有效性评价工作应当符合相关管理要求，并单独出具有效性评估报告。企业合规管理有效性评估分为全面评估和专项评估。

### 1. 全面评估

全面评估主要分为 3 个方面：评估内容、考核指标和绩效评价。评估内容涉及合规管理的多个方面，如管理环境、职责履行、保障措施及制度机制的建设与运行。考核指标是衡量企业合规与风险管理表现的关键，包括员工培训比例、与监管部门的联系频率、报告与反馈机制的使用、违规事件的纠正措施、违规问题的识别、违规造成的损失、报告与纠正措施所需时间、违规风险大小及不合规趋势等。绩效评价则定期进行，覆盖公司各层面，包括董事会、监事会、高级管理层以及各部门和子公司，其结果须编入年度报告并提交给相关机构。

### 2. 专项评估

- 评估内容。针对网络安全、信息安全、数据安全的合规管理绩效，包括：①合规、违规以及存疑问题；②根据主客观企业环境变化而涌现出新的合规管理问题；③企业持续的监管或企业组织变更；④合规与风险管理的有效性和绩效的评估；⑤企业内部优秀网络安全、信息安全和数据安全合规管理实践案例。
- 评估指标。它包括网络、信息和数据安全的合规制度建设情况、分类分级情况、安全事件应急响应水平、合作方安全合规保护水平、安全保障措施配备情况与完善程度等，以保障数字化转型的可持续性、业务的可靠性和稳定性，以及企业的竞争力和信誉度的提高等。

## 10.3　输出结果

### 10.3.1　合规六库

合规与风险管理主要体现的是合规六库，具体如下。

- 合规风险库：是合规管理的对象，识别并记录可能违反合规义务的情形，分析和评价网络、信息、数据合规风险。
- 合规义务库：是合规管理的边界，包括遵守法律法规、内部规章制度和职业道德规范，涵盖领域包括反腐败、数据保护、税收等。
- 合规管理手册库：是公司管理系统的依据，包括引言、范围、引用标准、组织环境、领导作用、策划、支持、运行、绩效评价等章程。

- 合规性文件存储库：存储合规性系统文件的副本。
- 合规指引库：包括企业制定的合规指南，如反商业贿赂、反垄断、公平竞争、数据隐私保护、数据合规和知识产权合规等。
- 合规制度库：是合规推动的保障，提供合规行为准则、管理办法和操作性规定。

## 10.3.2　风险评估报告

企业合规风险评估是对企业合规风险识别、分析、评价的过程。

### 1. 合规风险识别

合规风险识别是将网络、信息和数据安全合规与企业活动联系起来，以识别潜在的不合规情况及其原因和后果。风险类型包括法规遵守、隐私泄露、网络和数据安全、信息安全、数据管理、跨境数据流动、员工和技术风险，可能导致未授权访问、数据滥用、黑客攻击、信息泄露等问题。有效识别和管理这些风险对维护企业网络、信息和数据安全至关重要。

### 2. 合规风险分析

合规风险分析是企业对不合规原因、来源、后果及其发生可能性的分析。具体步骤包括：①结合威胁可能性与脆弱性可利用性，评估安全事件发生的可能性；②根据脆弱性影响和数据重要性，计算安全事件的影响严重程度；③结合可能性和影响程度，判断风险值。

### 3. 合规风险评价

在网络、信息和数据安全领域，综合安全风险评估采用信息安全风险评估的基本原理和步骤，以数据全生命周期安全为出发点，检测组织目标环境中数据和数据处理活动的安全风险和违法违规问题。评估结果包括资产、脆弱性、威胁、已有安全措施、残余风险等5个基础维度。中国有多个标准可供参考，如GB/T 20984-2022《信息安全技术　信息安全风险评估方法》、JR/T 0171-2020《个人金融信息保护技术规范》《电信网和互联网数据安全风险评估实施方法》等，还包括正在立项中的《信息安全技术　数据安全风险评估方法》以及GB/T 37988-2019《数据安全能力成熟度模型》、GB/T 41479-2022《网络数据处理安全要求》等。

### 4. 全面风险评估报告

全面风险评估报告采用综合定性和定量方法，结合标准化度量单位和模型以提升可靠性；该报告清晰明了，涵盖各阶段的风险评估，包括过程、业务风险点、事件、合规测试效果和风险偏差分析，为管理层提供清晰易懂的信息；通过效率验收，合规负责人向管理层提交格式化报告，方便管理层快速验收和董事会评审；这一实际应用导向的评估报告具有操作性，可直接指导合规措施的制定，来提高实际应用价值。

### 10.3.3　审计报告

内部审计通过识别数字化增长的潜在风险，为组织提供价值。审计团队应掌握人工智能、机器学习和数据科学等技术，监测异常值。

合规审计原则包括自行审计和强制审计。自行审计旨在控制和避免风险，避免法律责任、处罚、经济或声誉损失。强制审计是为应对网络、信息和数据风险事件，满足监管机构的要求或履行风险应急管理义务。

网络、信息和数据安全合规审计要点至少包括：①常见风险场景及企业的对策；②合规管理架构运营情况及问责制；③相关合规培训和员工意识；④网络、信息和数据合作伙伴的管理；⑤网络、信息和数据保护影响评估和风险管理。

## 10.4　合规与风险管理过程

### 10.4.1　合规义务

合规义务包括合规要求和合规承诺。合规要求是指企业所在国家(地区)、地方政府、行业组织、社区制定的强行性规范。合规承诺是企业为获取市场信任而作出的超出合规要求的承诺。

#### 1. 网络安全合规义务梳理

#### 1) 等级保护 1.0

依据我国《信息系统安全等级保护基本要求》和相关标准，如 GB/T 22239-2008、GB/T 25070-2010 和 GB/T 28448-2012，组织必须执行等级划分与保护、等级保护的实施与管理、涉及国家秘密信息系统的分级保护管理和信息安全等级保护的密码管理。不履行这些义务可能导致法律责任，包括民事赔偿、行政处罚或刑事追究。

#### 2) 等级保护 2.0

根据《信息系统安全等级保护基本要求》及更新的国家标准，如 GB/T 22239-2019、GB/T 28448-2019、GB/T 25070-2019、GB 17859-1999、GB/T 22240-2020、GB/T 25058-2019、GB/T 28449-2018 以及关于印送《贯彻落实网络安全等级保护制度和关键信息基础设施安全保护制度的指导意见》的函(公网安[2020]1960 号)，组织需要保障网络安全支持与促进、网络运行安全、网络信息安全、监测预警与应急处置等合规义务，违反规定可能导致民事、行政或刑事责任。

**3) 涉密信息系统分级保护**

根据《中华人民共和国保守国家秘密法》及相关管理办法，涉密信息系统的等级分为秘密级、机密级、绝密级 3 个级别，组织必须对信息系统进行风险评估和管理，确保国家秘密安全。若风险管理不善导致安全问题或秘密泄露，组织将承担法律责任，并须保证所有安全措施合法合规。

**4) 关键信息基础设施保护**

依照《关键信息基础设施安全保护条例》《中华人民共和国网络安全法》以及新颁布的 GB/T 39204-2022《信息安全技术 关键信息基础设施技术安全保护要求》，组织在处理关键信息基础设施中的数据信息时，须实施严格的安全管理，确保数据的完整性、保密性及可用性。这包括防止数据丢失、篡改或未经授权访问，并对敏感数据采取更严格的保护措施。同时，组织须对其数据处理活动进行风险评估，以符合法律法规和国家标准的要求，确保快速有效应对安全事件，违规将面临法律追责。

**5) 商用密码应用安全性评估**

根据《中华人民共和国密码法》、GM/T 0054-2018《信息系统密码应用基本要求》和《商用密码应用安全性评估指南(试行)》的规定，在密码管理和保护方面，核心要求包括普通密码的管理和商用密码的保密义务。首先，所使用的密码算法和技术必须符合相关法律法规以及国家和行业标准。其次，所采用的密码产品和模块需要获得国家密码管理部门的核准。最后，使用的密码服务应当符合国家密码管理的相关要求。这些措施共同确保密码的安全性和合规性。若密码应用不当或违反相关规定，组织可能会面临法律责任。

## 2. 信息安全合规义务梳理

**1) 个人信息保护法**

《个人信息保护法》要求组织处理个人信息时确保合法、正当、必要，明确目的、方式和范围。组织须建立内部管理制度、操作规程，强化信息安全措施，防范泄露、丢失、篡改。在提供个人信息时，必须获得同意，对信息的共享、转让和公开负责，确保接收方提供足够保护。违法将面临法律责任，包括行政处罚或民事赔偿。法律还要求对操作人员进行安全教育和培训，提高个人信息保护意识和能力。

**2) 民法典**

《民法典》在个人信息保护方面提出了几个重要原则。首先，明确了自然人的个人信息享受法律保护。其次，扩大了对个人信息处理行为的规制范围，不仅包括收集、存储、使用、加工、传输、提供、公开等各个阶段，而且涵盖全部的个人信息处理活动。此外，《民法典》增加了处理个人信息的免责情形，同时强化了自然人查询和复制自己个人信息的权利，进一步保障了个人信息的安全与隐私权。违反规定将承担民事责任。

**3) 消费者权益保护法**

《消费者权益保护法》和《实施条例》规定，组织在处理个人信息时须保障消费者的知情权和选择权，不得强迫提供不必要信息，也不得超范围收集。组织须明确告知个人信息收集目的、方式和范围，并取得同意。此外，消费者有权访问和更正个人信息。违反规定将受到法律制裁，消费者可要求赔偿。

**4) 电子商务法**

《电子商务法》规定电商平台在处理个人信息时须遵循合法、正当、必要原则，不允许不符合这些原则的信息收集。例如，关于个人信息的保存期限，网络日志不少于 6 个月；商品和服务信息、交易信息不少于 3 年。平台须提供账户注销途径，注销后须删除个人信息。用户有权查询和更正信息，平台不得设置不合理条件。违反法规将承担法律责任，包括赔偿消费者损失。用户有权要求删除或更正信息，平台未在法定时限内响应将追究法律责任。

**5) 刑法**

《刑法》强调信息安全标准化的重要性，包括合规、增信任、防泄露、保品牌等，以及建立信息安全管理体系的好处。相关刑法条款包括第 177 条之一窃取、收买、非法提供信用卡信息罪的法律责任，第 219 条侵犯商业秘密罪、第 253 条侵犯公民个人信息、第 285 条非法侵入计算机信息系统导致的法律责任，以及第 286 条和第 287 条数据安全违法行为至第 308 条各种信息安全违法行为的法律后果。

**6) 儿童个人信息网络保护规定**

《儿童个人信息网络保护规定》强调确保儿童个人信息安全的措施，如建设完善的信息安全管理体系、定期员工培训、制定专门的儿童信息处理规则，并实施监控和审查机制。违反规定可能导致法律后果，包括《网络安全法》和《个人信息保护法》的行政处罚或刑事追责，以保障儿童个人信息网络安全。

**7) APP 违法违规收集使用个人信息行为认定方法**

《APP 违法违规收集使用个人信息行为认定方法》明确了开发者和运营者的不当行为，包括未授权收集、超范围、欺骗、不当使用等。违反规定的开发者将受到《网络安全法》和《个人信息保护法》的法律制裁，如罚款、整改、服务暂停、停业整顿，甚至撤销业务许可。这些规定旨在规范 APP 在个人信息收集和使用中的行为，强化个人信息保护。

**8) 个人信息保护有关的司法解释及国家标准**

《侵犯公民个人信息刑事案件解释》明确了对"个人信息"的定义和非法获取、出售、提供的违法情形。违规者将面临刑事追究，包括监禁和罚款。《检察机关办理侵犯公民个人信息案件指引》详细说明了案件处理操作，强调了对非法获取、出售、提供个人信息行为的处罚。《个人信息安全规范》规定了处理个人信息的原则，要求合法、正当、必要，并强调个人信息处理者应建立健全的保护体系，否则将迎来法律责任。最后,《个人信息去标识化指南》提供了去标识化处理个人信息的原则和方法,要求处理者确保信息安全,防止泄露,否则将承担法律责任。

### 3. 数据安全合规义务梳理

- 数据安全管理:建立完善的数据安全管理制度,包括规定和培训;违规可能受到警告、罚款,甚至停业整顿或解散。
- 风险监测与安全响应:实施数据安全风险监测,建立应急预案;违反规定可能导致警告、罚款,甚至超过百万元的罚款。
- 重要数据与核心数据保护:重要数据须采取特殊保护措施,违规可面临最高百万元罚款;核心数据必须实施最高等级保护,违规可受罚款,甚至千万元。
- 数据出境:限制涉及国家安全、公共利益或个人隐私的数据出境;违规可能受到警告、罚款或更严厉的法律责任。
- 数据交易中介:交易中介须保护个人信息,违规可能罚款或面临法律责任。
- 数据调取:在数据调取时须遵守法规,违反可能受到警告、罚款。
- 境外执法合作:与境外执法机构合作须遵循国内个人信息保护法规,违规可能面临罚款等法律责任。

## 10.4.2 合规与风险管理实施

### 1. 合规与风险管理运行机制及程序策划

合规与风险管理机制包括合规培训、风险预警、风险应对、合法审查、报告、举报、检查、考核、奖惩与问责、协同和支持机制。在实践中,可按事前、事中、事后3个环节规划机制运行。程序策划须设定各部门、层级的合规与风险管理目标,综合考虑内外部环境、义务和目标,制定应对措施并不断调整。

### 2. 合规培训

企业须定期进行网络、信息和数据安全的合规培训,重点强调法规及政策知识,尤其是关键岗位和主要负责人员。培训内容包括合规管理人员的法律、数字化转型和企业基本业务,员工培训则覆盖监管法律趋势、客户隐私、行业合规、涉外数据监管、合规风险防范、数据合规流程等。第三方合作伙伴也需要接受培训,关注安全责任、个人信息安全措施、应急响应等。通过这些培训,企业可提升合规意识,确保各层级和合作伙伴了解并遵守法规,有效应对合规挑战。

### 3. 合规风险预警机制

#### 1) 风险预警

风险预警是通过监控和评估企业内外部环境变化,对潜在风险进行预测和报警,促使企业及时采取措施，提高应变能力。

**2) 风险预警机制建设**

建设风险预警机制涉及以下关键环节：①全面分析管理活动中的合规风险，系统预测风险严重后果，包括内部控制和核心业务流程监控；②持续监测各种风险因素和关键风险指标(KRI)，动态捕捉风险变化，设置关键风险指标的安全值、关注值和预警值。

### 4. 合规风险应对措施

根据 ISO 31000:2018，风险管理是系统性应用管理政策、程序和实践的活动，包括沟通、咨询、建立背景以及识别、分析、评估、处理、监控和复审风险。合规风险管理旨在通过评估和应对，将风险控制在可接受或可容忍的范围内。风险应对措施包括如下。

**1) 加强合规风险应对**

建立数据安全事件应急预案和风险处置机制，根据接受准则判定风险可接受性，采取措施降低风险级别。

**2) 采取合规风险应对措施**

- 风险规避：停止可能导致风险的活动；
- 风险降低：改进内部控制和核心业务流程，降低可能发生风险事件的频率和/或影响程度，减少潜在损失；
- 风险转移：通过保险或合同将风险转嫁给第三方；
- 风险承受：在可接受范围内接受某些风险，考虑与潜在收益的平衡。

**3) 停止违法行为**

发现违法行为后，立即停止并与执法机构合作，配合调查或消除违法行为危害。

**4) 风险处置与监管部门的配合**

风险处置与监管部门的配合分为：①与外部机构的协作，如与监管机构、执法部门、行业协会、信息共享中心、国际组织协作；②向公众通报安全事件，确定通报对象、准备通报内容、选择通报渠道，并持续更新信息；③积极配合调查，提供相关材料、信息，不拒绝、销毁证据，确保透明度和协助调查。

### 5. 举报机制

举报机制是处理网络、信息和数据处理者内部违规行为的机制。处理者应公布接受投诉、举报的联系方式和责任人信息，每年公开数据安全投诉数量、处理情况、平均处理时间，接受社会监督。同时，要严格保护实名和匿名举报者，确保其不受打击和报复，特别是保护匿名举报者的个人信息安全。

### 6. 合法合规性审查

合规审查是对企业经营管理活动的合规性进行审核、检查与监督，以确保违规行为得到及时整改，持续监督并保障经营管理的合规性。审查对象包括企业制度、业务模式调整、敏感业务活动、高风险交易以及外包业务。监管部门主要关注公司是否存在违规行为、是否涉及对外买卖个人信息或原料数据，以及网络、信息和数据安全监督政策变动对企业的影响。

### 7. 合规风险管理控制措施

合规风险管理控制措施主要包括：①企业组织架构；②企业数字化转型发展战略；③人力资源；④企业社会责任；⑤资金活动管理；⑥采购业务；⑦生产管理；⑧销售业务；⑨财务管理；⑩研究与开发；⑪项目管理；⑫反商业贿赂；⑬商业伙伴的合规风险和控制措施；⑭知识产权保护；⑮数据保护；⑯反垄断合规风险管理控制措施。

### 8. 管理体系信息化

数据安全合规管理信息化建设的框架体系包括以下内容：①构建数字化信息库，如构建合规风险数据库、数据合规制度库、典型案例库等；②合规管控信息嵌入流程，加强与业务部门信息系统有机融合；③与业务系统联通，实现数据共用共享；④建立动态监测预警系统，对于重点领域、关键节点，特别是数据安全合规风险事件频发的领域，通过高级算法和模型进行实时动态监测，挖掘大数据信息，实现精准洞察和提前化解违规风险。

## 10.4.3 内部控制体系建设和内容

### 1. 风险管理、合规管理、内部控制一体化建设

《关于加强中央企业内部控制体系建设与监督工作的实施意见》中明确要求中央企业建立健全以风险管理为导向、合规管理监督为重点的严格、规范、全面、有效的内控体系。首次明确将内部控制、风险控制、合规管理实现一体化管理。因此，企业安全合规管理的实现会贯穿风险管理、信息安全管理及内控管理中的全过程，是所有管理实施的重要基础。

### 2. 内部控制框架

这指的是，基于"大风险"管理体系的组成要件与运作机理，将全面风险管理、内部控制、信息安全与合规管理进行四位一体整合构建，从情境一体化、目标一体化、组织一体化、风险一体化、流程一体化、制度一体化 6 个维度并运用相应的方式进行一体化整合，同时结合 COSO 内控模型、中华人民共和国财政部等五部委发布的《企业内部控制基本规范》，以及根据企业业务特点而制定的内控管理制度。

### 10.4.4　合规改进

#### 1. 持续改进计划

**分析与规划**：合规与风险管理部门须对改进项目进行详细分析，制定全面的改进计划。该计划须提交给管理者代表进行审核，并由总经理批准。

**优先级与内容**：改进计划应依据数据分析结果，优先处理可能导致较大风险的项目。计划应详细阐述项目名称、具体目标及可衡量的指标、改进方法、责任部门以及预定进度。

#### 2. 持续改进机制

**风险再评估**：根据《合规管理体系指南》第 3.6 条，以下情况应进行周期性合规风险再评估：启动新的活动、产品或服务，或者现有的活动、产品或服务发生变化；企业结构或战略调整；重大外部环境变化，如金融经济环境、市场条件、债务和客户关系等；合规义务发生变化；出现不合规行为。

**系统性改进**：为了使合规与风险管理体系保持更新和有效，企业应不断完善合规制度和运行管控机制。这包括多样化和持续的合规培训，以促进良好合规文化的形成和提高员工合规意识。

## 10.5　输入资源

### 10.5.1　合规与风险管理相关规范及指引

#### 1. 国外相关规范

**欧盟**：制定了《通用数据保护条例》(GDPR)，规定企业在处理数据时须合法操作，包括获得同意、记录保留和确保数据跨境安全。此外，《电子隐私条款》和《数字市场法案》等法规进一步构建了欧盟数字安全框架，适用于所有在欧盟运营的企业。

**美国**：美国采用部门法，没有统一的隐私法。《电子通信隐私法》(ECPA)保护通信，《儿童在线隐私保护法》(COPPA)保护儿童个人信息。州法如《加州消费者隐私法案》(CCPA)代表较全面的隐私保护法。尽管没有统一监管机构，但是联邦贸易委员会(FTC)在隐私法监管中很关键。《澄清海外合法使用数据法》授权联邦机构强制技术公司提供境内外存储的数据。

#### 2. 国内相关规范

企业数据安全合规的依据包括法律、行政法规、司法解释、部门规章、国务院规范性文件、部门工作文件、征求意见稿、行业标准和内部规定等。法律方面包括《个人信息保护法》《网络安全法》《数据安全法》等，而行政法规、司法解释、部门规章涵盖了计算机信息网络、科学数据管理、计算机信息系统等方面。国务院规范性文件如《关于促进"互联网+医疗健康"发展的意见》《国务院办公厅关于运用大数据加强对市场主体服务和监管的若干意见》等也是依据之一。同时，行业标准如 ISO 27001 认证以及企业内部规定是数据合规的指导标准。

## 10.5.2 合规计划

企业制定的合规计划一般分为企业总体合规计划和专项重点合规计划。网络、信息和数据安全合规计划属于专项重点合规计划。

### 1. 企业管理层重视与承诺

企业构建网络安全规范时，制定全面的安全政策，包括网络、信息保护和数据隐私。资源要充足支持实施和维护安全措施，员工须接受定期培训以提高安全意识。建立全面的风险管理框架，确保治理结构适当，领导层提供书面承诺支持和遵守安全政策。

在监控与响应方面，确保合规，不断改进安全管理。建立应急预案和事故响应机制，及时处理安全事件和数据泄露。通过内外部沟通，提高透明度。定期评估安全措施，保持符合组织安全目标和业务需求。

### 2. 建立和完善内部合规管理组织架构

企业应设立网络、信息和数据安全合规管理体系，明确委员会或负责人职责和权限。对于大型企业或关键领域，设立专门的数据安全合规管理委员会至关重要。同时，设立网络、信息和数据合规官岗位，确保人员具备全面专业知识、风险评估和监测能力，以及处理安全事件和其他相关工作的能力。

### 3. 建立和完善企业合规管理制度

制定全面网络安全规范，包括原则、管理、权限、技术应用和数据交互等。实施风险管理机制，各部门报告数字合规风险，定期进行安全性评估，特别关注关键数据的保护。引入合规考核制度，将合规情况纳入绩效考核，影响员工晋升和奖惩。设立匿名举报渠道，及时处理安全合规风险和违规行为。明确问责制度，对违反合规计划的行为进行纪律处分和法律追责。

### 4. 建立宣传合规文化的制度

企业应当建立常态化的合规文化宣传制度，通过签订员工合规承诺书等多种方式宣传和倡导合规理念，鼓励员工理解和接受合规要求，提倡合规风气。宣传方式应注意针对性、创新性和知识性，达到合规文化宣传效果。

### 10.5.3　企业合规与风险管理体系建设

企业合规与风险管理体系应依据相关法律法规建立，并针对个人信息、网络与数据安全进行分析。

#### 1. 管理体系

合规管理体系通过三层结构实施任务。

- 第一层：合规管理部门的网络、信息和数据安全与隐私合规工程师直接向部门负责人和合规委员会报告，执行安全和隐私策略。
- 第二层：合规管理部门的负责人，包括合规、法务和人力资源部门负责人，向合规委员会报告，负责推动安全隐私策略在产品中实施。
- 第三层：审计部门负责人对产品安全隐私策略进行审计，发现风险并推动业务改进。

#### 2. 职责

职责包括策略制定、风险管理、业务合规性评估、合规培训、举报调查、绩效考核及监控法规变化。

#### 3. 合规风险管理系统工具

- 合规风险评估工具：常用的工具有风险矩阵和风险热图。
- 合规管理工具：包括蓝凌合规管理平台和"星来智引"专业合规社区。
- 安全管理工具：包括360、天融信、安恒、奇安信以及长亭科技。

## 10.6　总结与思考

本章主要围绕建立有效的合规与风险管理体系进行详细阐述。首先从背景和目标出发，解析相关概念，为读者提供合规与风险管理的基础理解。随后，详细介绍合规与风险管理体系的效果检验，包括评估的范围、全面评估和专项评估。输出结果方面包含合规六库、风险评估报告和审计报告3个关键组成部分。在过程部分，作者深入探讨了合规义务、合规与风险管理实施、内部控制体系建设和内容，以及合规的持续改进。输入资源部分则从合规与风险管理相关规范及指引、合规计划、以及企业合规与风险管理体系建设等方面进行了阐释。最后，通过总结与思考环节，引导读者深入理解合规与风险管理的重要性和实施过程中的关键点。

#### 思考题

1. 请简述"合规六库"包含哪些内容，以及它们在合规与风险管理中扮演的角色是什么。

2. 根据本章的内容，探讨如何在一个企业内部有效地实施合规与风险管理计划。请列出至少 3 个关键步骤并说明每个步骤的重要性。

3. 结合 10.2 节，讨论全面评估与专项评估在合规与风险管理体系有效性评估中的不同作用。在实际操作中，这两种评估方法应如何结合使用以达到最佳效果？

**本章测试题**

1. 下列哪项不属于企业合规规范体系的组成部分？
   A. 法律法规　　　　　　　　　　B. 商业惯例
   C. 企业章程　　　　　　　　　　D. 董事会决议

2. 下面哪项关于合规管理、风险管理、信息安全管理、内部控制之间的关系表述是错误的？
   A. 合规就是必须符合法律、法规和准则
   B. 在合规与业务发展发生矛盾时，业务发展优先于合规
   C. 合规管理与内控、合规与业务发展、合规与全面风险管理是企业信息安全合规管理需要处理好的三类关系
   D. 内部控制的实施主要是为了有效实现控制目标，也是风险管理在具体实施中的重要基础

3. 以下哪项不属于合规管理有效性评估指标？
   A. 数据安全制度建设情况　　　　B. 数据分类分级情况
   C. 合作方数据安全保护水平　　　D. 数据量大小

4. 下列合规风险应对措施中，哪一项是必需的？
   A. 建立健全数据安全事件应急预案与风险处置机制
   B. 停止违法行为
   C. 风险处置与数据监管部门的配合
   D. 加强网络舆情监测，做好媒体公关

5. 如何提升企业数据合规意识？
   A. 建立健全数据安全合规管理基本制度
   B. 建立健全违法违规行为举报和调查制度
   C. 加强员工合规意识的考核与奖惩机制
   D. 建立定期开展数据安全合规培训的机制

6. 建立完善内部合规管理组织架构的最核心要素是什么？
   A. 董事会决定企业合规管理目标，对企业合规管理承担责任
   B. 监事会履行合规管理监督职责
   C. 经理层负责落实合规管理目标，对合规运营承担责任
   D. 业务部门负责本领域日常合规管理工作

7. 洞察服务企业存在的合规风险的关键步骤是什么？

    A. 关注内外环境               B. 识别合规义务

    C. 评估合规风险               D. 策划应对方案

请扫描二维码查看答案解析。

# ❧ 第IV部分 ❧
# 高级数字化管理师能力培养

高级数字化管理师作为企事业单位各经营管理领域的数字化管理的主要责任人，是数字化战略的主要制定者之一，负责相关组织架构、业务架构、业务运营模式等数字化的主要设计。

高级数字化管理师需要具备的关键能力包括如下。

- 数字化项目管理
- 流程管理与优化
- 合规与风险管理
- 企业架构设计与管理
- 组织设计与管理
- 数字化战略规划

在开始本部分的学习之前，请先自我判断对于高级数字化管理师角色和能力的了解程度。

**1. 高级数字化管理师的关键职责之一是什么？**

    A. 是数字化管理的主要引领者之一，负责数字化驱动的发展战略的主要制定者

    B. 作为企事业单位各经营管理领域的数字化管理的主要责任人，负责相关组织架构、业务架构、业务运营模式等数字化的主要设计

    C. 作为企事业单位数字化管理的中坚力量及主要执行者，具备比较完备的数字素养与技能，精通若干项数字化管理的关键能力

    D. 负责数字化管理的基础工作承担者，具备一定的数字素养与技能，熟练掌握至少一项数字化管理的关键能力

**2. 高级数字化管理师需要重点关注以下哪些能力？**

    A. 提高员工的工作效率和生产率

    B. 应用数字化战略规划、企业架构、组织设计、数字化项目管理、流程优化、合规风险管理等能力

    C. 制定长期数字化战略和目标

    D. 深入了解行业趋势和市场竞争环境

**3. 高级数字化管理师能力提升的核心方法是什么？**

    A. 培训提升自身的技术水平和专业知识

    B. 拓展国际视野，学习国际先进数字化管理经验

    C. 建立行业领先地位，积极参与行业会议和论坛

    D. 发展战略眼光，参与数字化战略规划和组织架构设计

可扫描二维码查看答案解析。

# 第 11 章

# 企业架构设计与管理：构建数字化总体架构蓝图，支持数字化转型目标实现

## 11.1 概述

### 11.1.1 背景与目标

企业开展数字化转型，要在数字化转型战略的指引下，引入新一代 IT 技术提升业务的数字化能力，通过数字科技与业务场景融合，重构业务架构、IT 架构与治理结构，把数据驱动的理念、方法和机制根植于企业发展战略全局，围绕企业总体发展战略提出的数字化的愿景、目标，构建业务架构与 IT 架构相融合的企业数字化总体架构蓝图，并据此提出数字化转型的方向、举措、资源需求等，支持数字化转型目标实现。

企业架构方法正是有效实现上述思路与目的的有效工具，在战略驱动下的企业架构与管理体系设计可以全局性、体系化地支撑企业业务数字化能力的建设，以数字化的业务运行和优化为主线，有效串接起业务、技术、管理等相关内容，实现业务与数字科技的有机融合，有效支撑企业数字化战略的实现。

### 11.1.2 概念解析

企业架构(Enterprise Architecture，EA)是在信息系统架构设计与实施的实践基础上发展起来的。自 1987 年 John Zachman 的开创性工作以来，这个领域已经累积了不少研究与实践。Zachman 被公认为企业架构领域的开拓者，他认为使用一个逻辑的企业构造蓝图(即一个架构)来定义和控制企业系统和其组件的集成是非常有用

的。企业架构是一种对企业多角度的综合描述，它反映了企业的人、流程、技术的组织和安排。对于企业的不同参与者，企业架构提供了不同的视图，用他们容易理解的方式和语言反映企业的状态。

对于企业架构，一些专家和组织从不同的角度给出了相关定义。

- Zachman：企业架构是构成组织的所有关键元素和关系的综合描述。
- Clinger-Cohen 法案：企业架构是一个集成的框架，用于演进或维护存在的信息技术和引入新的信息技术来实现组织的战略目标和信息资源管理目标。
- Open Group：企业架构是关于理解所有构成企业的不同企业元素以及这些元素怎样相互关联。
- OMB：企业架构是业务、管理流程和信息技术间当前和将来关系的显示、描述和记录。
- Meta Group：企业架构是一个系统过程，它表达了企业的关键业务、信息、应用和技术战略以及它们对业务功能和流程的影响。关于信息技术怎样以及应该如何在企业内实施，企业架构提供了一个一致、整体的视角，以使它与业务和市场战略一致。
- IBM：企业架构是记录企业内所有信息系统和其相互关系以及它们如何完成企业使命的蓝图。
- Microsoft：企业架构是对一个公司的核心业务流程和 IT 能力的组织逻辑，通过一组原理、政策和技术选择来获得，以实现公司运营模型的业务标准化和集成需求。

对于企业架构的概念，通常把"企业"与"架构"分开来进行解析。

**企业(enterprise)**一词较常见的含义指各种独立的、营利性的组织(可以是法人，也可以不是)，并可进一步分为公司和非公司企业，后者如合伙制企业、个人独资企业、个体工商户等；另一种含义与组织接近，可以用来泛指公司、学校、社会团体乃至政府机构等。我们一般可以视企业为组织或组织中的具有共同目标的组织机构的集合。

**架构(architecture)**一词最初来源于建筑，是指一系列建筑构件的组合。架构设计是建筑行业必不可少的活动。例如，要建一栋房子，就需要进行很多的架构设计工作。首先要进行外部架构的效果设计，在客户满意之后，再进一步设计内部结构，以及配套的线路、上下水管道等各方面的设计。架构是系统的组成部件及其之间的相互关系，通过明确这种关系，使得架构之间联系更科学合理，系统更稳定。

TOGAF[1]将"架构"定义为如下。

- 一个系统的正式、形式化描述，指导系统实现组件层面的详细规划。

---

1 TOGAF(开放群组架构框架)是一个用于企业架构的标准化框架。它包括业务、应用、数据和技术架构领域，通过架构发展方法(ADM)提供系统性的 IT 战略开发和管理步骤。

- 一组组件的结构、组件间的相互关系以及对这些组件的设计和随时间演进的过程进行治理的一些原则和指导策略。

事实上，架构是一个很广泛的话题，既可以上升到企业数字化管理与变革这样的层面，也可以沉淀到具体的 IT 软硬件协议和标准中来，因为架构不仅是一种理念，更是一种实践的产物，是一种需要与组织已有 IT 环境相关联的体系框架。从数字化的管理与变革的层面看，企业数字化转型是一个相对长期的战略，为实现这个战略目标，必然需要系统化的一系列架构来支撑。

企业架构是对企业多层面、多角度的构成要素(或构件)以及要素之间有机逻辑关系的描绘。对于企业架构，我们的定义如下。

**企业架构**是指对一个组织机构(如企业或事业单位)支撑数字化战略并承接数字化解决方案，融合业务与 IT 的全局性、体系化的架构蓝图。

## 11.2　效果检验

对于企业引入并应用企业架构方法，TOGAF 确立了一个宏大的价值愿景：实现无边界的信息流，即通过企业架构牵引的业务与 IT 整体性设计与治理，实现数据、信息在一定范围内充分共享。

在数字经济时代，数据要素化、资产化，数据与信息的价值更加突显。对于企业数字化转型，数据将成为企业驱动业务创新与管理创新的关键要素。由于数据在企业内与企业间的共享与交易，围绕数据全生命周期的过程将创造出更多的业务应用场景。

在这样的背景下，我们提出如下企业引入与应用企业架构的价值愿景：实现数据全生命周期过程的一致性与完整性，在遵守数据安全与交易原则的前提下，实现数据在企业内部以及企业与企业间的充分流动，使数据要素成为业务数字化创新的关键要素。

在以上价值愿景的引导下，企业引入与应用企业架构还会有以下效果。

- 构建支撑数字化战略同时承接数字化解决方案的桥梁，保障数字化的资源投入符合数字化的战略要求。
- 整体全局性地规划设计企业的数字化业务能力、业务模式与业务流程体系，可以使企业在数字化时代的运行效率更优。
- 保证业务与 IT 融合，使数字技术完全融入业务的数字化创新场景，为业务创新升级提供技术支撑。
- 规避业务变革、数字化解决方案风险，避免重复的 IT 投资，以及其他的数字化变革资源的重复投入。
- 一体化、平台化构建企业数字化技术支撑平台，使数据、应用及其他各类数字化服务更好地共享。

对于数字化管理人员，通过学习企业架构方法与相关知识，理解企业架构的价值，可以树立整体性、系统性思维，提升自身在企业数字化的建设与管理过程中解决复杂问题的能力。在关注具体问题的同时，还可以跳出问题本身，上升到整体、全局性的视角提出更系统的解决方案。

# 11.3　输出结果

企业架构设计工作的最终输出成果是数字化时代的企业架构高阶蓝图，以及基于企业架构的数字化治理体系，可为数字化时代的企业业务架构与 IT 架构设计及建设过程提供系统性、规范化的指引。

### 1. 企业架构的愿景及原则

**愿景**是指未来企业数字化转型在业务架构与 IT 架构设计上的远景目标，它依托并支撑企业数字化战略，是企业架构设计与建设的方向目标。

原则是指企业架构设计与建设过程中要遵从的原则性要求，具体示例如下。

**1) 业务原则**

- 业务持续性(对业务发展有长远计划，不只考虑近期实现范围)；
- 业务敏捷性(业务流程可以根据客户需求与市场环境动态配置调整)。

**2) 数据原则**

- 数据价值性、数据正确性、数据完整性；
- 数据积累分析需要规范化数据；
- 数据是安全的；
- 数据不只是可以共享的数据，还包含业务规则和策略。

**3) 应用原则**

- 技术独立性，不绑定到特定厂商；
- 易用、模块化设计。

**4) 技术原则**

- 响应变化、灵活性；
- 可扩展、稳定性；
- 资源平台化共享、信创化。

### 2. 企业架构高阶蓝图

企业架构高阶蓝图一般由业务架构(BA)与 IT 架构组成，后者包括数据架构(DA)、应用架构(AA)和技术架构(TA)。站在一个企业的不同视角，企业架构呈现的层面与内容会不同，对于企业数字化管理人员来说，应更多站在规划与设计视角来关注企业架构。站在规划者与设计者视角的企业架构的交付成果的内容构成如图 11-1所示。

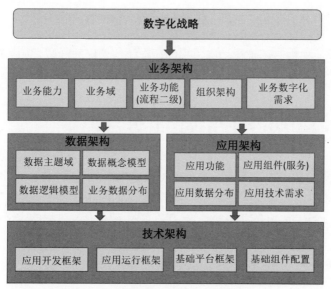

图 11-1　企业架构高阶蓝图主要内容构成

"业务架构、数据架构、应用架构与技术架构"这 4 个架构及相关交付物之间有内在的依存关系，同时又有一定的独立性。在数字化战略驱动下设计的业务架构是数据架构、应用架构、技术架构设计的依据。

**业务架构**设计蓝图的主要内容包括：业务能力、业务域、业务功能(流程二级)、组织架构和业务数字化需求。

**数据架构**设计蓝图的主要内容包括：数据主题域、数据概念模型、数据逻辑模型和业务数据分布。

**应用架构**设计蓝图的主要内容包括：应用功能、应用组件(服务)、应用数据分布和应用技术需求。

**技术架构**设计蓝图的主要内容包括：应用开发框架、应用运行框架、基础平台框架和基础组件配置。

### 3. 企业架构治理体系

企业架构治理体系实质上是指基于企业架构的数字化全生命周期的管控体系，内容包括如下。

- 企业架构管控组织、架构管理委员会、企业架构师团队的人员配置及能力提升要求；
- 数字化项目全生命周期过程的主线流程及关键里程节点(如立项、方案选型、需求分析方案设计、系统上线等)的架构管控流程及相关制度、关键里程碑节点的架构评审表单及相关模板等。
- 基于企业架构蓝图细化梳理出来的数字化技术标准规范，如软硬件标准、软硬件部署规范等。

## 11.4 企业架构设计与管理开发过程

对于架构开发方法(Architecture Development Method，ADM)，不同的企业架构研究机构给出了不同的开发框架及方法，如基于 Zachman 框架的 EAP、美国联邦政府架构 FEA、Open Group 的 TOGAF 等。它们对于架构开发过程的定义都有各自的特点，但都有一个共同的开发过程逻辑，即

(1) 确立架构开发愿景及原则；

(2) 梳理当前架构；

(3) 定义未来架构；

(4) 架构差距分析；

(5) 识别架构优化机会点并提出解决方案；

(6) 架构迁移计划及实施治理。

在吸收各类架构开发方法的基础上，基于架构开发过程的基本逻辑，结合企业数字化建设的发展趋势及特点，我们提出了更符合数字化转型战略要求的架构开发方法，即数字化架构开发方法(Digital Architecture Development Method，DADM)。

数字化架构开发方法(DADM)的核心逻辑如下。

(1) 基于数字化转型战略，确立架构开发愿景及原则；

(2) 梳理当前架构；

(3) 数字化战略驱动定义未来架构；

(4) 架构差距分析；

(5) 识别架构转型及优化机会点并提出解决方案；

(6) 架构迁移计划及实施治理。

完整的企业架构包括业务架构、数据架构、应用架构和技术架构 4 个架构，这 4 个架构之间有一定的独立性，但有一个相互依存的核心逻辑，即业务架构是其他 3 个架构的创建基础与驱动。在数字化转型趋势下，业务架构能力非常关键，无论是业务模式转型、产品服务转型、运营管理及决策转型、组织及文化转型，还是 IT 架构(包括数据架构、应用架构、技术架构)转型，业务架构是上游战略落地、下游数字化解决方案实施的指导蓝图。当前正在或准备进行数字化转型的企业都在加强业务架构能力建设与业务架构设计的岗位设置，业务架构能力是数字化管理师需要重点学习的一项企业架构设计核心能力。

数字化战略与几个架构之间的逻辑关系是：首先战略驱动建立业务架构，然后业务架构驱动定义数据架构与应用架构，最后根据数据架构与应用架构设计技术架构。但在具体的企业架构的应用实战中，针对要解决的具体问题涉及的关键架构层面，几个架构的设计还可能会有一定的独立性。

在 DADM 中，根据 4 个架构之间的相互依存又独立的逻辑关系，制定了细化的架构开发过程及输入、输出内容。

## 11.4.1　业务架构

数字化转型是企业利用云计算、大数据、物联网、人工智能、移动技术、社交网络等数字化技术，推动企业转变业务模式、组织架构、企业文化等。数字化转型不仅是技术与业务的融合，更是战略创新驱动下的业务架构蓝图、企业运营的升级。业务架构是桥梁，上接企业战略，下接 IT 架构与解决方案实施，发挥了从数字化战略向数字化转型实施过渡的关键作用。因此，数字化战略驱动下的业务架构蓝图是数字化总体架构蓝图设计的基础工作，业务架构蓝图设计能力是数字化管理师应该重点掌握的一项核心能力。

在数字化时代，企业业务架构设计有两个关键目的：一是设计支撑数字化转型战略的目标业务架构；二是借助数字化的业务能力与企业当前业务能力差距分析，识别业务架构的能力增量。目标业务架构就是企业数字化转型要实现的业务架构蓝图，业务架构的主要内容包括业务能力、业务功能(流程二级)、组织架构、业务数字化需求等。

业务架构工作的主要目标是根据企业数字化战略愿景，分析业务现状，识别现有业务能力及问题，提出业务能力增量与优化改进需求，设计目标业务架构。

项目在梳理现状(AS-IS)业务架构时，采用 5W1H 调研表调研信息，同时参考业务流程及管理制度文件，依据业务组件归集原则，进行现状的业务功能组件梳理，并将功能组件与实施阶段进行对应。另外在梳理业务功能组件的前提下，通过业务功能组件的串联形成流程图(业务架构梳理的业务流程到二级)。

在设计未来(TO-BE)业务架构时，根据数字化战略及数字化业务能力提升要求，以及业务数字化需求分析,参考外部标杆,识别需要完善或新增的业务组件,形成未来业务组件总体视图。对于发生变化的业务组件,具体变化要求将在业务架构差距分析部分进行详细描述。

业务功能组件现状的梳理与目标功能组件的设计一般会参考迈克尔·波特的价值链模型进行业务架构分析,或者参考企业所在行业的业务架构分析模型,如电信行业的业务架构设计一般会参考国际通信联合会发布的 eTOM 模型。另外,有些企业的数字化转型会进行创新性的商业模式转变,对于这样的企业在进行业务架构设计时,首先要进行商业模式的分析(商业模式分析一般会应用商业模式画布方法)。

在业务架构设计过程中,使用的具体方法/工具包括 5W1H 表、业务架构差距分析矩阵等,为应用架构、数据架构和机会与解决方案及迁移规划提供输入。

业务架构设计过程以及输入、输出及方法/工具如图 11-2 所示。

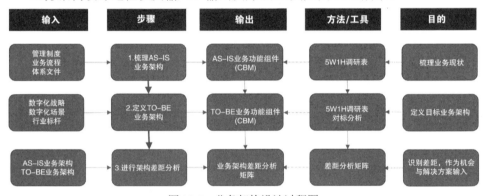

图 11-2 业务架构设计过程图

## 11.4.2 数据架构

数据架构工作的主要目标是根据企业现状数据架构需求及业务架构中的数据流转,设计目标数据架构。

确定 AS-IS 数据架构时,包括对现有业务调研,整理业务涉及的指标,形成主题分析数据;通过业务/数据 UC 矩阵中的数据类型,确定 AS-IS 数据架构中的业务数据;基础数据以主数据为核心,分析主数据类型、主要属性及编码规则等;最后形成 AS-IS 数据架构图。

设计 TO-BE 数据架构时,包括定义 TO-BE 主题分析数据类别;根据 5W1H 调研表中对业务数据的需求,结合 AS-IS 数据架构中的业务数据,确定 TO-BE 数据架构中的业务数据;最后推导 TO-BE 数据架构图。

在确定 TO-BE 数据架构和 AS-IS 数据架构的基础上,运用差距分析矩阵,比对 AS-IS 数据架构和 TO-BE 数据架构,确定差距,为机会与解决方案及迁移规划提供输入。

数据架构设计过程以及输入、输出及方法/工具如图 11-3 所示。

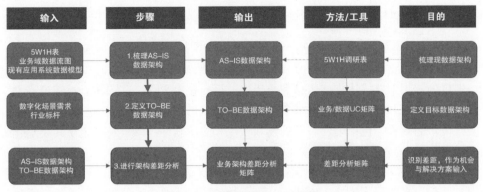

图 11-3　数据架构设计过程图

### 11.4.3　应用架构

应用架构工作的主要目标是根据企业现状应用架构及业务架构中的数据流分析结果，设计目标应用架构。应用架构的设计起源于 5W1H 业务调研表中的数字化需求(这是在业务架构设计时就预留的指导应用架构设计的接口)。同时结合业务组件定义，以及对现状 IT 系统进行现场调研了解应用系统现状，通过分析得出现状应用架构。

为进一步了解应用对进行未来数字化业务的支撑情况，需要将梳理出来的 AS-IS 应用架构与 AS-IS 业务架构进行对应关系分析，了解当前信息化支持情况和尚无信息化条件支撑的情况，作为设计 TO-BE 应用组件的输入。

设计 TO-BE 应用架构时，需要对数字化需求进行归集并进行功能分析整理，同时利用业务/数据 UC 矩阵进行应用边界划分和数据流转设计。

在应用架构设计过程中，使用的的方法/工具包括业务/应用 UC 矩阵、应用架构差距分析矩阵等，为数据架构、技术架构和机会与解决方案及迁移规划提供输入。

应用架构设计过程以及输入、输出及方法/工具如图 11-4 所示。

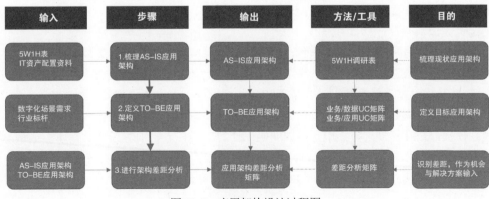

图 11-4　应用架构设计过程图

### 11.4.4　技术架构

技术架构工作的主要目标是基于现状技术架构、技术标准、业务/应用/数据架构要求，设计目标技术架构。梳理 AS-IS 技术架构，形成平台分解图和技术谱系目录。

平台分解图主要描述支持信息系统架构运行的技术平台，该图涵盖基础设施平台的所有方面，并提供组织技术平台的概述。技术谱系目录是识别和维护组织在用的所有技术的列表，包括硬件、基础设施软件和应用软件；该目录是建立其余矩阵和图所依据的基础。

设计 TO-BE 技术架构时，在 AS-IS 技术架构基础上，重点考虑新增业务场景或应用支撑、所需的技术解决方案(软硬件、网络等)、基础设备到达运行周期后所需的备选方案(删除数据或新增设备)等。

技术架构设计过程以及输入、输出及方法/工具如图 11-5 所示。

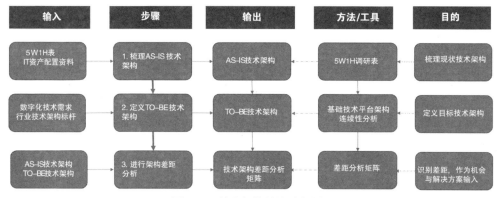

图 11-5　技术架构设计过程图

### 11.4.5　机会与解决方案及迁移规划

机会与解决方案及迁移规划工作的主要目标是分析业务架构、数据架构、应用架构和技术架构提出的差距分析，设计工作包，并识别工作包相互影响和资源需求，确定优先级，设计迁移规划路线。

根据差距分析结果定义工作包，将业务架构、应用架构、数据架构、技术架构的差距分析结果进行归集汇总，并考虑实施约束(包括企业战略、资源约束、变革阻力等)，然后对差距分析结果进行审查和合并，形成一个个工作包。

确定迁移规划时，需要先进行依赖性分析，并进行工作包资源评估。按照迁移规划模板，在迁移规划方案中，需要明确工作包的责任人、前置条件及具体实施路径。结果作为未来实施治理的输入。

机会与解决方案及迁移规划过程以及输入、输出及方法/工具如图 11-6 所示。

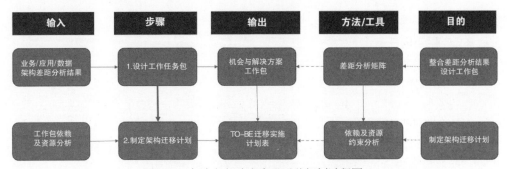

图 11-6　机会与解决方案及迁移规划过程图

### 11.4.6　架构治理

架构治理是企业架构在企业范围内进行管理和控制的实践，包括以下内容。

- 实时对所有架构组件和活动的创建和监控进行控制，以确保在组织内有效地引入、实施和优化架构；
- 实施一个系统来确保符合内部和外部标准以及监管义务；
- 在商定的参数范围内建立支持上述流程的有效管理过程；
- 建立并记录影响企业架构的决策结构，包括为决策提供输入的利益相关者；
- 制定实践，确保对组织内外明确确定的利益相关者群体负责。

企业架构不只是架构开发过程中输出的交付物，它还是确保组织按照架构中规定的原则行事的一个决策框架。

建立企业架构委员会及架构治理相关管理机制是确保企业架构在企业中发挥其价值的关键。架构委员会负责管理与运营基于企业架构设计确定的数字化解决方案及数字化投资项目，必须能够在可能发生冲突的情况下做出决定，并对做出这些决定负责。因此，它应该是架构中所有关键利益相关者的代表，并且通常由负责审查和维护整个架构的一组管理人员组成。

架构委员会的成员必须涵盖架构、业务和 IT 管理领域。架构委员会可以负责的问题包括如下。

- 为所有关于架构变化的决策提供基础。
- 子架构之间的一致性。
- 识别可重复使用的组件。
- 企业架构的灵活性；满足业务需求并利用新技术。
- 执行架构合规性。
- 提高组织内部架构规范的成熟度。
- 确保采用以架构为基础的开发规程。
- 支持可视化升级功能以进行跨界决策。

架构委员会还负责管控项目，基于架构监测、控制以及治理数字化项目，如生成可用的治理材料。重要任务包括如下。

- 分配架构任务;
- 正式批准架构设计;
- 解决架构冲突。

要实施架构治理,仅依赖架构管理委员会及相关架构专家团队是不够的,还需要数字化项目的其他利益相关者(如项目经理、解决方案或系统层面的架构师或项目受益的相关组织部门)的配合。配合协同的方式会通过管理流程或相关制度规范固化下来,这些架构治理的管理流程及制度规范是有序实施架构治理的保障。

另外,企业架构治理能力的提升需要一个企业建立一支企业级架构师专家团队。架构师团队的构成可以根据企业架构的 4 个子架构,分别建立业务架构师、数据架构师、应用架构师与技术架构师团队。

### 11.4.7　基于企业架构的解决方案实施管理

基于企业架构方法,在数字化战略驱动下设计的企业数字化架构总体蓝图不仅是企业数字化转型方向目标的可视化呈现,更重要的还是管理数字化解决方案设计与实施落地的指导框架,它将在从数字化需求统筹、解决方案设计、实施上线到运营服务的数字化建设的全生命周期过程中发挥指导作用。企业架构在数字化全生命周期过程中的管理模式及作用如图 11-7 所示。

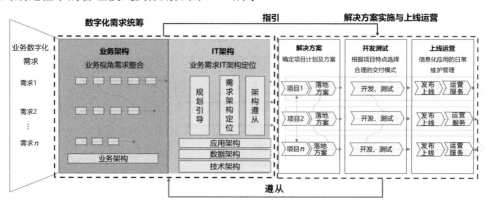

图 11-7　企业架构在数字化全生命周期过程中的管理模式及作用

基于企业架构方法设计业务架构与 IT 架构相融合的数字化架构蓝图只有应用到数字化全生命周期的管理过程中,才能指引数字化需求统筹与数字化解决方案的设计、开发实施、上线运营的全过程。无论是解决方案的稳态交付还是敏态交付,都需要纳入企业架构的统一管理,这样才能实现数字化总体架构蓝图,并最终支撑企业数字化战略落地。只有把企业架构完全融入数字化全生命周期的管理过程中并发挥指导性作用,基于企业架构方法的数字化总体架构蓝图设计的价值才能实现。

## 11.5　输入资源

企业架构设计工作是一项复杂的系统性、体系化工程，要求企业具备一定的前提条件及资源支持。为确保工作顺利进行，以下是必要的前提条件及资源。

**企业高层领导支持**：在数字化治理机制不完善的情况下，领导的支持对于企业架构工作至关重要，特别是在企业变革、新领导上任或迎接业绩挑战时。

**业务部门与 IT 部门的全面配合**：企业架构设计涉及业务与 IT 架构，需要业务部门与 IT 部门全面协作。业务架构由业务人员主导，IT 部门提供支持；而 IT 架构的设计由 IT 人员主导，业务部门予以配合。

**有经验的架构师团队**：企业架构设计需要经验丰富的架构师团队，可以通过内部组建或引入外部咨询团队，并在过程中提升企业内部团队的能力。

**明确的数字化战略**：数字化战略是企业架构设计的输入，其制定方向和关键举措对推动企业架构工作至关重要。数字化战略驱动下的架构设计成为数字化项目投资和解决方案选型的依据。

**引入合适的企业架构开发方法**：根据企业所在行业和可获得性选择适用的企业架构开发方法，可采用通用开发框架或行业架构开发框架，以提升工作效率。本书提供的方法是基于很多通过框架提炼出来的实操性的通用框架。

**引入合适的企业架构开发建模工具**：选择适用的建模工具支持企业架构的开发和规范化管理，降低工作复杂度，提高资源管理效率。

**企业架构开发工作启动任务书及过程管理章程**：通过高层审批成立工作小组或项目组，制定启动任务书和管理章程，以明确指导开发过程。

**资金费用及其他资源**：确保充足的资金费用支持，满足团队、方法/工具、工作环境等的需求，为阶段性和长期性数字化治理工作提供必要保障。

## 11.6　总结与思考

通过学习本章，数字化管理师需要掌握以下要点。首先，了解企业架构的定义，包括 4 个子架构以及架构治理的概念。其次，理解业务战略与企业架构及 4 个子架构以及解决方案之间的关系。要进一步地认知企业架构的价值愿景及企业架构方法的应用价值。了解数字化架构开发过程(DADM)的核心逻辑，以及 4 个子架构的开发过程及其输入、输出。培养参与业务架构设计的能力，熟悉并能灵活运用价值链、商业模式画布等业务架构设计参考模型。最后，形成全局性、系统性的思维，站在架构层面审视与处理数字化建设过程中遇到的问题。这些知识和技能将有助于数字化管理师更好地理解、规划和推动企业数字化转型。

**思考题**

1. 在一个信息化、数字化基础良好的企业中，有哪些具体的场景或情境可以更有效地引入和推动企业架构工作，以促进数字化转型的成功实施？

2. 为确保基于企业架构方法设计的数字化总体架构蓝图真正实施，你认为在执行过程中需要关注和解决哪些关键因素和挑战？请具体举例说明你的观点。

3. 数字化管理师在企业架构设计和管理中如何平衡业务需求、技术可行性和架构的演进，以确保数字化转型的可持续性和成功实施？

**本章测试题**

1. 对于企业架构概念中企业的理解，不准确的是哪项？

    A. 一家独立法人的公司

    B. 企业集团

    C. 只能是一家独立的法人公司

    D. 事业单位

2. 关于数字化时代的企业架构包括的核心内容的描述，最正确的是哪项？

    A. 企业架构是指数字化解决方案的架构

    B. 企业架构由业务架构与 IT 架构(包括数据架构、应用架构、技术架构)构成

    C. 企业架构主要是指业务架构与应用架构

    D. 企业架构主要指的是企业的业务架构

3. 关于企业架构应用的价值，正确的答案是哪项？

    A. 整体全局性地规划设计企业的数字化业务能力、业务模式与业务流程体系，可以使企业在数字化时代的运行效率更优

    B. 保证业务与IT融合，使数字技术完全融入业务的数字化创新场景，为业务创新升级提供技术支撑

    C. 规避业务变革、数字化解决方案风险，避免重复的 IT 投资，及其他的数字化变革资源的重复投入

    D. 以上都正确

4. 以下哪一项不是业务架构设计的常用参考模型？

    A. 价值链模型

    B. 商业模式分析画布

    C. CBM 核心业务组件分解模型

    D. E-R 数据建模实体关系模型

5. 关于企业架构的 4 个核心架构之间关系的描述，不太准确的是哪项？

    A. 业务架构是数据、应用与技术架构的基础依据

    B. 4 个架构之间的一般逻辑是业务架构→数据架构→应用架构→技术架构

  C. 技术架构的设计有时可以先于其他几个架构进行

  D. 4 个架构的设计必须严格遵循它们之间的一般逻辑，不能单独进行

6. 企业架构设计的最关键的输入前提是什么？

  A. 企业高层领导支持

  B. 业务部门的支持配合

  C. 企业架构开发工作启动任务书及管理章程

  D. 有经验的架构师团队

7. 关于架构治理描述，不正确的是哪项？

  A. 企业应设立架构管理委员会，把控架构方向

  B. 企业应建立日常的架构更新维护机制

  C. 需要一个企业建立一支专业的企业级架构师团队

  D. 架构治理对于企业架构的设计与落地是可有可无的事情

请扫描二维码查看答案解析。

# 第12章

# 组织设计与管理：让组织更敏捷，适应数字化转型的需求

## 12.1 概述

### 12.1.1 背景与目标

#### 1. 背景

组织设计与管理是企业适应新发展环境、强化自身核心竞争力的有效措施。在数字经济新时代，随着环境变化速度不断加快，企业组织管理受到的冲击也越来越大。尤其近年来，在互联网环境迅速发展的背景下，已经全面进入数字化时代，企业想要健康持续发展，就要从多个方面入手进行数字化升级转型，组织管理作为其中的重要内容，也要充分做到与时俱进。只有做好组织设计与管理工作，才能为企业正常运营、快速适应复杂环境提供支撑。由此可见，开展数字化时代企业组织管理转型研究，无论在提高企业组织管理水平，还是促进企业快速适应环境变化方面，都有十分重要的现实意义。

企业组织与管理变革的动因有很多，主要包括内外部变化的一些因素。

**1) 内部因素**

■ **战略目标调整需求**：组织需要及时调整结构以适应战略变化，确保与目标一致，避免出现战略与结构不匹配情况。

■ **克服低效率要求**：长期运行可能导致低效率，需要变革以阻止效率下降，解决机构重叠、权责不明和人浮于事等问题。

■ **快速决策需求**：机会对企业发展至关重要，迅速决策可避免错失发展良机，以确保组织灵活应对市场变化。

- 提高管理水平要求：管理水平是竞争力的关键体现，为达到新战略目标，组织须在管理人员素质、技术水平、价值观念、人际关系等方面不断提升。

**2) 外部因素**

- 社会环境变化：政治、法规、市场需求等的调整引发组织深层次调整和变革。
- 技术进步挑战：科技不断发展，新产品、工艺、方法对组织运行机制构成强烈挑战。
- 观念更新：全球市场竞争激烈，组织需要调整竞争观念以适应未来挑战，争取主动立于竞争之巅。

### 2. 目标

通过组织设计与管理，可以有效提高组织运作效率和管理水平，建立快速适应市场和客户需求变化的组织形态，让组织更敏捷，适应数字化转型的需求。

## 12.1.2 相关概念解析

### 1. 组织设计与管理的理解

不同人员类型构成企业的不同群体，塑造了企业的知识、利益和组织结构，决定了组织的思维方式、价值导向、沟通能力和运作风格。为确保企业流程顺畅运作，必须有序规划人员的职责、权限和相互关系，制定管理制度，形成企业组织结构。

在组织中，每位成员需要明确责任范围、职权，以及与他人工作职权的关系，以确保正确执行决策并对其后果负责，支持企业流程的良好运行。科学设计组织结构是保障企业流程运作质量、高效运营和实现目标的关键。

组织结构设计需要关注成长性，随着公司发展调整结构；保持相对稳定，避免混乱；保持弹性以适应环境变化。简单和权责明确的组织结构有助于人力分配、内部协调，降低运营成本，避免工作发生混乱和提高运作效率。

为适应激烈市场竞争，实现工作目标，企业组织结构必须不断创新和完善。企业类型、业务范围、规模、环境等因素的变化要求企业结构适应新常态，进行调整和创新设计。

### 2. 组织设计与管理的定义

**企业组织设计**是管理者根据企业需求，合理组合各要素，科学建立和实施特定组织结构的过程。这包括组织结构、权力、流程和人力资源的设计。组织设计的情况有 3 种：新建企业需要设计结构、原有结构问题较大或目标变化需要重新设计、结构需要局部调整和完善。

**企业组织管理**是确保企业内部资源有效配置，按规则和程序构建责权结构和人事安排，以最高效率实现共同目标的管理总称。组织管理的特点包括：以目标为导向；是动态持续的过程；是自主有意识的活动；贯穿整个组织的发展。

## 12.2 效果检验

### 12.2.1 组织管理的效果检验

要评价和衡量组织管理的效果，首先应该把不同的测评指标及其用途加以区分。根据各种指标的性质、特点和所涉及的时间范围，具体可区分如下。

**1) 组织经营活动的结果或目标**

结果或目标(例如高额利润)可根据企业组织自身的实现程度予以评价，从这个意义上说，它们很接近组织的正式目的。而另外一些测评指标衡量之所以具有价值，主要是因为它们是达到该组织主要目的的必不可少的手段或条件(例如管理人员的责任心)。

**2) 时间范围**

一些组织管理测评指标考察的是过去(例如去年的利润)，另一些指标则涉及现在的状况(如资本净值)，当然还有一些标准是预期未来的(如计划中的规模增长率)。无论这些标准涉及何种时间范围，在对过去或将来的情况以及对发展变化趋势作出推论时都可能要用到。

**3) 长期与短期**

有些测评指标归属于一个比较短的时期，而另一些则归属于一个较长的时期。它们可能适用于衡量比较稳定的企业组织经营活动，也可能适用于衡量比较不稳定的经营活动。如果指标所属的时间与通常的或变量的潜在变化率不相符，那么这个指标的可用程度就很有限。例如，企业当前的营业和财务统计资料对于企业控制生产或进行会计核算这样一类的目的来说很合适，但如果用它们对企业的经营状况进行评价就没有多大价值。

**4) 硬指标与软指标**

有些指标是根据实物和事件的特点、数量或发生的频率来计量的，可以称之为硬指标(如销售额、次品率等)。而有些指标则是根据对组织行为的定性观察或进行的民意测验结果来衡量的，可以称之为软指标(如员工是否满意、工作积极性的高低、协作关系的好坏等)。

**5) 价值判断**

有的指标变量呈线性变化趋势(越多越好)，而另一些指标变量则呈曲线变化趋势(期望某种最优解)。由此，判断这些变量指标孰优孰劣时，就应该与其各自变化的规律和特性相适应。在不能使所有组织目标(领导力、责任、战略一致、协同、创新、安全、风险、效率等)同时达到最优的情况下，如何在各个评价指标或变量之间进行权衡、取舍，在相当大的程度上取决于曲线的走向和形状。

### 12.2.2 组织设计前的能力考量维度

首先,在组织设计之前,需要从大的方面考虑清晰,才有利于建立一个目标明确、与目前与未来进展阶段相匹配的组织结构。在表 12-1 中列示了组织设计前需要考量的要紧维度,这些维度往往也是促使企业进行组织设计或调整的重大因素。在咨询过程中,也可按照这样的逻辑顺序,分析有关影响因素来形成组织设计前的调研诊断报告(此部分不是本章重点,因此不详加阐述)。

表 12-1 组织设计前的考量表

| 考量维度与次序 | 要紧考量内容 | 要紧考量结果 | 备注/示例 |
| --- | --- | --- | --- |
| ①战略梳理 | 总体战略 | 组织的关键职能 | 如由生产型向营销型企业转型,营销机构与职能需要定位为组织的关键职能来设计 |
| | 职能战略/子公司战略 | 业务单元与职能部门的进展方向与目标 | 如子公司模拟或比照子公司运作的进展方向 |
| ②组织生命周期考量 | 企业生命周期的进展阶段判定 | 本阶段的组织特点 | 企业创业期、成长期、规范期、成熟期等不一致阶段的组织特点 |
| | 组织结构与进展阶段是否匹配 | 组织成熟度判定 | 进行组织成熟度问卷调研 |
| ③企业主价值链与主流程考量 | 企业内部主价值链营运方式;企业主流程活动 | 初步形成一级组织职能、一级部门结构、部门使命 | 不一致行业不一致产品的企业都有内部营价值链,在组织设计前先熟悉公司的内部价值链的运作方式,才能更好地进行组织设计;基于对企业主价值链的要紧活动分析,初步设计企业的一级职能/关键职能,一级职能决定了一级结构与使命;同时,基于一级职能设计部门一级机构,还有助于部门在地位等级、对价值链的奉献与重要性方面保持平衡;基于主价值链流程进行组织设计,按照业务链考量部门的归并或分立 |

(续表)

| 考量维度与次序 | 要紧考量内容 | 要紧考量结果 | 备注/示例 |
|---|---|---|---|
| ④现行组织结构诊断 | 组织结构诊断 | 组织结构 | 对总体组织形态与各部门一级结构/二级结构进行诊断 |
| | 组织职能诊断 | 职能交叉(重叠)、职能冗余、职能缺失、职能割裂(或衔接不足)、职能分散、职能分工过细、职能错位、职能弱化等 | 对各部门职能现状进行诊断，并确定要紧职能改进领域与改进重点 |
| | 管理层次诊断 | 管理人员分管职能的相似性、授权范围、决策复杂性、指导与操纵的工作量、下属专业分工的相近性等 | 不一致管理层级之间 |
| | 管理幅度诊断 | 工作的复杂程度、需要监管的程度、人员素养、部门间平衡等 | 不一致部门的管理幅度大小 |
| | 组织效率 | 人均销售额、人均创利额或净资产收益率与人均产值等 | 人均销售额：企业人均年销售收入。反映出企业员工的劳动效率，包含全员人均销售额与营销人员人均销售额两个指标；人均创利额：人均制造的经济效益(单位时间内)。这一指标反映出全体人员在单位时间内所制造的经济效益，可分为全员人均创利额与营销人员人均创利额 |
| | 战略承载能力 | 战略习惯能力、管理能力、凝聚能力、汇报系统、抵御风险能力等方面 | 进行组织对企业战略承载性的问卷调研 |
| ⑤组织管控模式 | 集团管控模式 | 集团组织的定位与管控模式设计 | 针对集团型企业的财务管控型、战略管控型、操作管控型等不一致模式 |
| ⑥明确组织变革的方向与目标 | 组织设计与变革目标 | 总目标；各部门分目标 | 变革目标决定了组织设计与变革的重点 |

### 12.2.3　组织设计后的能力考量维度

组织设计方案完成后，需要对有关键变动的部门或关键职能在新结构下如何运作进行模拟分析，同时对组织变革的风险与方式进行预测、把控。表 12-2 列出了组织设计后需要考量的维度。

表 12-2　组织设计后的考量表

| 考量维度与次序 | 要紧考量内容 | 要紧考量结果 | 备注/示例 |
|---|---|---|---|
| ①组织变革风险识别 | 变革风险识别 | 利益群体分析、人员风险、业务风险、组织能力与人员能力风险等 | 根据识别出来的风险点,制定相应的风险规避措施 |
| ②组织运行模拟 | 部门与职能设置 | 部门独立性；部门内各个二级机构的职能相近性/紧密性；部门内部资源或信息需求与应用方向；要紧职能的工作周期、饱和度等 | 组织设计方案实施前的运行模拟分析,考虑结构、职能变动带来的流程是否顺畅、内部关系是否复杂等。没有封闭设计,导致实施后出现很多问题,甚至使组织设计方案出现较大变动,造成组织设计的短板 |
| | 内部运作流程 | 新机构的要紧运作流程 | |
| | 内部沟通关系 | 部门纵向多重隶属关系或横向关联部门关系 | |
| | 资源支持与调配 | 场地、资产、人力等资源的拆分、统筹与调配 | 组织结构调整意味着资源调配。因此,不应只看到静态的组织结构的平面图,还要看到对相应的资源调配的影响，如场地资源(办公场所、物流配送场地与路程);机构拆分对设备集中使用的效率的影响;关键的人力资源的拆分等 |
| ③组织变革的影响 | 新旧组织接轨 | 新旧组织接口 | 考察新机构变化对现组织的影响,例如职能增加是否与原机构的某项职能重叠(如财务部门增加稽核职能与审计部门的职能分工作对比) |
| | 对现有人员的影响 | 现有人员能否支持新组织结构与职能运转 | 考察机构新定位对人员任职资格的变化的影响 |
| | 管理团队建设 | 管理团队任职资格设计 | 考虑同层级管理人员的素养要相当,相差过大不利于团队建设;需要设计管理人员的任职资格,并有助于团队的合作与交流 |
| | 管理方式能否支持 | 管理模式与风格考量 | 原有的管理模式是否符合新职能的要求 |

通过组织设计前、设计过程中和组织设计后的运行过程的预测分析，对前端战略、组织现状、后端风险、组织资源状况等因素作通盘考虑后，制定组织设计的实施步骤、实施措施等，来促使组织设计方案逐步落地。

其中比较关键的是要确定组织变革的递进时期与各时期变革重点，以及确定组织变革后的人员安置措施——"先有渠道再放水"，要事先设计好组织变革后的安置渠道。

## 12.3　输出结果

要达成提升组织设计与管理能力的目标及其具体指标，需要首先完成任务并输出相应的结果。

所谓输出结果是指完成任务或项目时在多个领域的产出内容，每一项产出对应一个目标效果检验的考察指标。组织设计与管理的输出结果应该是多样的，一般而言主要包括以下几个方面的内容。

- 组织结构：组织结构是组织设计的核心产出，它描述了组织中各个部门、职能、层级之间的关系和职责分工。
- 工作流程：工作流程是组织设计中的重要输出物，它描述了组织中各个部门和职能之间的工作流程和信息流动。
- 职位说明书：职位说明书是组织设计中的关键产出之一，它描述了职位的职责、要求和所需技能。
- 绩效管理系统：绩效管理系统是组织管理的关键产出之一，它描述了如何评估和管理员工的绩效。
- 奖励和激励机制：奖励和激励机制是组织管理的重要产出之一，它描述了如何奖励和激励员工，以提高员工的工作积极性和绩效。
- 员工培训和发展计划：员工培训和发展计划是组织管理的重要产出之一，它描述了如何培训和发展员工的能力和技能，以提高员工的绩效和职业发展。
- 组织文化：组织文化是组织设计和管理的重要产出之一，它描述了组织的价值观、行为准则和企业精神，以塑造组织的独特文化和品牌形象。

组织通过有效的监测和评估机制，及时调整输入把控过程并提升输出的效果，可以更好地适应数字化时代的组织管理要求，提升组织敏捷和竞争力。

# 12.4 数字化组织设计与管理过程

## 12.4.1 数字化时代的企业组织特点

在智能化和数字化时代下，互联网成为沟通交流的重要工具，其在企业组织中发挥着重要的作用，促使企业组织发生了变化，与传统模式的企业组织大不相同。最为明显的特点就是以人为本、数字化部门牵引、敏捷链接化、生态平台化、创新孵化，注重协同共生，数据驱动迈向组织协同化和智能化。具体表现在以下几个方面，如图12-1所示。

图 12-1　数字化时代的企业组织特点

### 1. 以人为本

在数字化时代，"人力资本"的发展趋势已经不能阻挡，人才从来都没有像今天这样是企业至关重要的资本和竞争力，其价值分配权力更强，可以站在资金资本的层次上，二者已经日趋平等。货币资金和人力资本已成为企业两个重要的"标配"。真正的人才会给企业带来更大的价值，为此需要付出更多的成本去获取高端人才。

### 2. 数字化部门牵引

通过一个强大的数字化部门负责领导转型项目的进程，确保各方之间的高效合作，对项目执行进行管理，以及避免过度占用公司资源。

### 3. 敏捷链接化

为满足业务模式需求，通过项目制、小前台等组织形式，实现组织对内外部不确定性、变化性的快速反应与应对；层级网络化，提升内部的全链接协同效率，减少决策流程与时间。

### 4. 生态平台化

在数字时代下，企业通过构建中台，实现内部资源、技术、数据的汇集沉淀，赋能支持前台运营，最终实现组织生态化，组织转变为共创价值生长空间。

### 5. 创新孵化

企业构建创新孵化中心或平台，助力组织孵化新技术、新能力、新模式、新产品，培育并激发创新，让员工积极投入到创新工作中。

### 6. 数据驱动的管理智能化

企业处于数字化和智能化的时代，大数据技术的应用让智能化 HR 得以实现，管理工具多样，过程会留下痕迹，评估更数量化，决策依靠系统，以准确数字代替人盲目判断。具体来说，企业高管人员对于员工的管理要基于各种数据，例如业绩的评估，应当利用企业信息系统收集具体的数据，用具备客观性的数据进行比较，才能评选出业绩最好的员工。

### 7. 学习方式的智能和自助化

智能时代下，互联网不是简单的计算机联网，而是人的大脑联网。无所不在的网络为人们提供了一个智能化的自助平台，使得可以在平台上分享、交流和传播信息、知识，自主获取任何信息、研究问题、解决问题。这种新型的学习自助组织在智能化的网络平台上形成，成员相互交流、相互学习，进而提升学习效率，有利于能力的极大提升。

## 12.4.2　数字化技术促进企业组织管理的转型

社会技术进步(特别是信息技术的发展)为企业管理带来新动力。通过利用互联网、信息技术、智能化等数字技术，企业在生产流程、管理模式和核心力上实现创新，如图 12-2 所示。

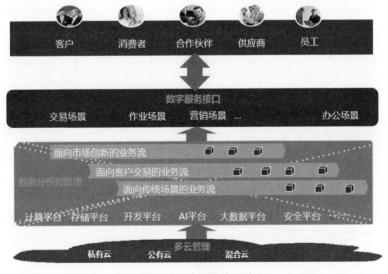

图 12-2　企业数字平台

### 1. 优化生产流程

运用人工智能、大数据、区块链等数字技术优化生产流程，提高效率。例如，宝钢通过信息技术优化组织管理，实现全供应链深度融合，提供个性化服务。鞍钢与中国移动合作，利用 5G 技术提供稳定网络服务，促进数字化办公和智能化生产。

### 2. 创新管理模式

在第三次信息技术浪潮中，数字技术改变了传统决策、生产和工作方式。借助云计算、数据挖掘、大数据等技术打通业务渠道，消除"数据孤岛"，为企业提供准确决策支持。数字化转型构建以客户为中心的业务模式，实现高度个性化和差异化，提升人性化管理水平。

### 3. 强化数字化核心力

科技创新推动企业数字化转型，提供创新空间。利用区块链、人工智能、大数据等技术，企业改变了组织与管理模式，实现数字化管控覆盖各环节。建立数字化基础设施，构建数字化信息系统，将生产与管理有机联合，实现"互通互联"，提高企业利润。设计智能化数字运营平台，全面了解客户需求，提供个性化服务，实现精准化营销。

## 12.4.3 数字化时代的企业组织设计和管理

在信息技术高速发展的推动下，人们进入了数字化时代，这对于传统的企业组织结构和管理而言，是不得不面对的挑战。世界层面的数字化程度加深，各个企业也都在促进数字化的转型，因此企业组织形态呈现不同的多样性变化，逐渐进化到更高的水平，由"职能式+项目制"和"小前台+大中台"的模式转变为生态型，这样的组织更能适应多样化环境，如图 12-3 所示。

图 12-3 组织形态的数字化演进

企业组织管理的创新应当从重构组织模式、组织模式赋能和人性化的企业组织管理等方面进行。组织管理的创新不能一蹴而就，其会经历长时间变化与调整。因为在未来的发展过程中，行业会变成什么样，谁都不能给出确切的答案，所以要站在长远发展的角度，进行企业组织管理创新。

### 1. 重构组织模式

结合国内企业数字化转型的实践，组织模式大体分为 3 种，如图 12-4 所示。

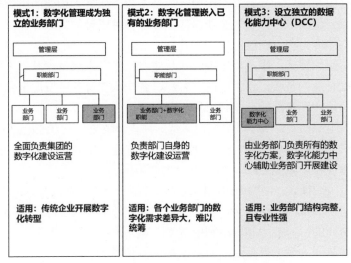

图 12-4　企业数字化管理组织常见的 3 种模式

如图 12-5 所示，数字化能力中心(DCC)具有 3 种功能。

- 数字化战略规划。
- 构建跨部门的数字化能力，推动数字化转型。
- 打造生态网络，连接行业上下游生态伙伴。

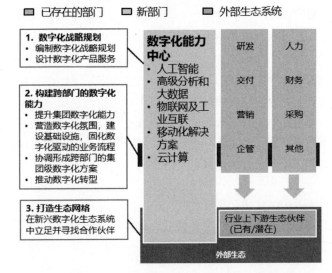

图 12-5　数字化能力中心(DCC)的 3 种功能

## 2. 组织模式赋能

组织模式赋能的主要方式是通过提供更灵活、高效的组织结构以及更适应变化的管理方式，从而提高企业的竞争力和创新能力。以下是几种常见的组织模式。

- 平台型组织模式：平台型组织模式是基于数字化技术构建的组织形式，通过建立开放的平台，实现企业内部和外部各种资源的共享和协同，提高企业的协作能力和创新能力。
- 生态型组织模式：生态型组织模式是建立在生态系统理念基础上的组织形式，以企业为核心，将供应商、客户、合作伙伴等各种资源组合成一个生态系统，实现资源的高效利用和协同创新。
- 敏捷型组织模式：敏捷型组织模式是一种基于敏捷开发方法论的组织形式，通过快速响应市场变化，实现业务流程的快速调整和灵活变化，提高企业的敏捷性和创新能力。
- 网络型组织模式：网络型组织模式是一种基于网络和信息技术的组织形式，通过建立虚拟的组织网络，实现企业内部和外部各种资源的连接和共享，提高企业的协作能力和资源利用效率。建立数字化平台和网络，实现信息共享和协同决策，提高企业的决策效率和管理水平。

组织模式赋能有 3 个方面的助推作用：第一，提高组织的灵活性和适应性，使企业能够更快地响应市场变化和客户需求；第二，提高组织的协作能力和资源利用效率，实现资源共享和协同创新；第三，提高组织的创新能力和敏捷性，灵活应对内外不确定性变化，贴合数字化的业务创新特点，给企业带来价值。

## 3. 人性化的企业组织管理

在未来的发展中，企业必须创新组织管理方式，面对更复杂的组织关系和企业间复杂的网络。领导者应运用各种可用技术实现数字化转型，利用多样工具和技术支持，建立全局视角，将企业组织管理看成一个生态圈或产业。组织结构将由传统的权威三角形层级转变为网络型或前、中、后台的综合多层级组织。新型组织在协同方面表现更灵活，前后台协同效果显著。在组织管理中，决策应获得生态圈和参与者的支持，而非凭主观决策。未来企业组织将涵盖科技、人性、温暖和情感等多个方面。数字化转型须具备利他文化，展现人性优点，而非抑制。建议管理者从人性化出发，具备同理心和慈悲心，理解行业升级的压力，鼓励员工畅所欲言，提升员工凝聚力。

在数字经济时代，数字技术和智能技术的广泛应用颠覆了对企业组织管理的传统认知。管理者需要全面考虑业务、发展战略和管理等多个方面，制定符合时代要求的组织管理策略。

# 12.5　输入资源

## 12.5.1　企业组织设计工具

组织结构是企业的框架体系，就像人类的骨骼一样，支撑着整个企业。组织结构设计必须在高层领导的有力支持下，通过与各部分进行有效沟通来完成。具体包括现状分析、总体规划、细节设计、确定实施计划、实施及发展、运用和学习，如图 12-6 所示。

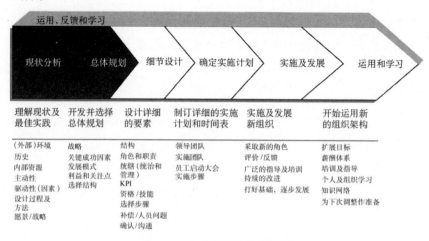

图 12-6　企业组织设计路线图

组织设计的最佳典范来源于企业实践，企业的实际情况不同，则对应的最佳企业实践也有所不同，必须根据实际情况、策略和市场成熟度来择善而从(如图 12-7 所示)。

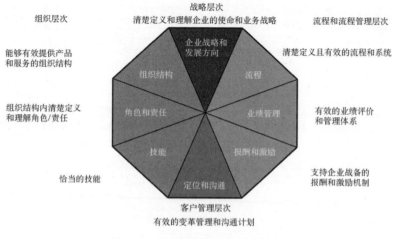

图 12-7　企业组织设计全景分析图

### 12.5.2 企业组织管理工具

优秀企业都在用的九大组织管理工具为三图、三表、两书、一设计。

#### 1. 三图

- 战略规划图：明确企业的发展方向；
- 组织结构图：清晰组织内部的权责利；
- 晋升通道图：给员工创造发展空间，激活员工动力。

#### 2. 三表

- 工作分析表：责任到岗、分工明确、权责清晰，让员工知道要做什么。
- 绩效考核表：明确岗位的工作标准，让员工知道该做好什么。
- 晋升标准表：明确岗位的晋升标准，让员工知道如何自我发展。

#### 3. 两书

- 目标责任书：让管理者背负起自己的责任，人人头上有指标；
- 人才引进说明书：让优秀的人才迅速加入公司。

#### 4. 一设计

绩效薪酬设计：打造对内公平、对外有竞争力的绩效薪酬体系，整合业内优秀人才。

### 12.5.3 企业组织结构转型

企业组织结构转型的种类有战略性转型、结构性转型、以流程为中心的转型、以员工为中心的转型，如图 12-8 所示。

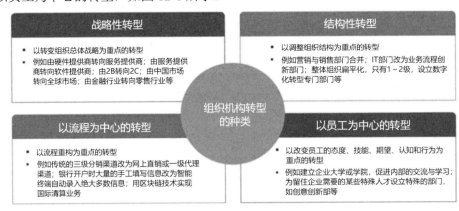

图 12-8 组织结构转型的种类

组织变革可遵循库尔特·卢因[1]的组织变革三阶段模型(如图 12-9 所示)。

(1) 解冻：创造变革的动力。组织必须清醒地认识到新的现实，与过去决裂，承认旧的做事方式不再可接受。组织要与那些不再发挥作用并要设法打破的结构和管理行为分开，接受一个新的未来愿景。

(2) 变革：指明改变的方向并实施变革。组织创造并拥有一种未来愿景并综合考虑达成这一目标所需的步骤。安排变革的一个首要步骤是将整个组织团结在一个凝聚人心的愿景之下。

(3) 再冻结：稳定变革。当新的实践与政策用于改变公司时，它们必须被"重新冻结"或固化。再冻结即把组织稳定在一个新的均衡状态，目的是保证新的工作方式不会轻易改变，这是对支撑这一变革的新行为的强化。

图 12-9　库尔特·卢因的三阶段模型

组织变革可遵循约翰·科特[2]的组织变革八步骤(如图 12-10 所示)来逐步进行，最后将新的行为模式上升为组织文化。

**约翰·科特的组织变革八步骤**

| 序号 | 步骤 | 失误 |
| --- | --- | --- |
| 1 | 建立紧迫感 | 未能在组织内部营造变革的紧迫感 |
| 2 | 创设领导联盟 | 没有创设一个负责变革过程管理的强有力的领导联盟 |
| 3 | 制定变革的目标和战略 | 未能明确制定变革的目标与战略 |
| 4 | 沟通变革愿景 | 管理层与员工对变革目标和战略方面缺乏有效的沟通 |
| 5 | 克服阻力并合理授权 | 未能克服变革目标与战略规划过程中所面临的障碍 |
| 6 | 系统规划并给予阶段性激励 | 缺乏系统的计划以及阶段性激励 |
| 7 | 巩固并维持推动组织变革 | 过早宣布大功告成 |
| 8 | 将新的行为模式上升为组织文化 | 未能让变革在企业文化中根深蒂固 |

图 12-10　约翰·科特的组织变革八步骤

## 12.5.4　企业组织和管理变革的保障

企业组织和管理变革是一项非常复杂的系统过程，要把组织变革的目标落到实

---

1　库尔特·卢因(Kurt Lewin)是一位著名的社会心理学家。他以提出"力场理论"和三阶段变革模型(解冻-变革-再冻结)而著称。卢因的理论和研究对组织发展、领导力和变革管理产生了深远影响。

2　约翰·科特(John P. Kotter)是一位著名的管理学者和作家，特别在领导力和变革管理领域享有盛誉。科特以其关于组织和领导变革的研究而闻名，尤其是他提出的"八步变革过程"模型，在管理界产生了深远的影响。

地，需要强有力的组织保障，至少要做好以下 6 个层面的工作。

- 制定明确的变革目标和策略。企业必须明确组织变革的目标和策略，并确保组织内外的员工都能理解和支持这些目标和策略。
- 建立变革团队。企业应该建立一个由高级领导、专业人才和内部代表组成的变革团队，来推动组织变革过程。
- 建立有效的沟通渠道。企业必须建立有效的沟通渠道，以确保员工和其他利益相关者能够及时了解变革的进展，并与组织分享他们的反馈和建议。
- 建立激励机制。企业应该建立激励机制，以鼓励员工积极参与变革过程，并确保他们能得到应有的认可和回报。
- 提供培训和支持。企业必须提供培训和支持，以帮助员工适应和掌握新的工作方式和技能。
- 不断评估和调整。企业应该不断评估和调整组织变革过程，以确保其能取得预期的成效，并及时采取措施解决可能出现的问题。

## 12.6　总结和思考

在一个不断变化的世界中，数字化管理师必须深刻理解组织需要不断适应变革的现实，意识到组织转型与变革是持续关注的核心议题。本章详细探讨了数字化时代的组织特征以及实现数字化组织的方法。随着时代的演进，企业特征也在发生变化，因此数字化管理师需要积极探索，使组织更具敏捷性。

在这个快速变化的数字化时代，企业需要紧跟潮流，而组织转型与变革则是一项不可忽视的永恒话题。不同的时代具有不同的特征，数字化管理师需要根据企业的独特特征，主动探索创新方法，以使组织更具敏捷性。透过持续的创新和适应性，数字化管理师可以更好地引领组织应对不断变化的环境，实现可持续的数字化成功。

**思考题**

1. 企业组织设计、组织管理和组织变革的内涵分别是什么，数字化管理师如何理解并在实践中运用这些概念？

2. 在进行组织设计和管理时，数字化管理师应该掌握哪些方法、原则和工具，以确保组织的高效运作和持续发展？

3. 针对数字化时代的企业组织和管理变革，数字化管理师应采取哪些策略和步骤，以适应快速变化的市场和技术环境？

**本章测试题**

1. 下面哪项对组织设计与管理的概念理解正确？

    A. 组织结构设计要关注组织结构的过程性

    B. 企业的组织结构需要固定，不需要创新

    C. 企业组织结构要复杂化和权责明确化

    D. 组织中的每个成员都一定要明确自己的责任范围和相应的职权

2. 在敏捷组织中，跨部门协作的关键是什么？

    A. 坚持分工明确　　　　　　　　　B. 强化部门领导力

    C. 促进信息共享和透明　　　　　　D. 强调个人技能

3. 下列有关数字化时代的企业组织特点，哪项理解不正确？

    A. 以人为本。发挥人才的价值，高度重视人才在数字化转型中的作用

    B. 敏捷链接化。提升内部的全链接协同效率，减少决策流程与时间

    C. 数字化部门进行组织变革，对项目进行全面管控

    D. 生态平台化。企业通过构建平台，实现资源、技术、数据的汇集沉淀，实现组织生态化，组织转变为共创价值生长空间

4. 在敏捷组织中，通常使用什么方法来快速迭代产品和应对市场变化？

    A. 瀑布模型　　　　　　　　　　　B. 敏捷开发方法(如 Scrum)

    C. 传统项目管理　　　　　　　　　D. 大规模定制

5. 企事业单位组织设计与管理的输出结果是多样的，有关输出结果下列哪个表述是不正确的？

    A. 组织结构　　　　　　　　　　　B. 工作流程

    C. 薪酬说明书　　　　　　　　　　D. 员工培训和发展计划

6. 在敏捷组织中，如何处理员工的创新想法？

    A. 忽略非核心部门的意见　　　　　B. 鼓励员工提出并参与实施

    C. 由上层领导决定是否采纳　　　　D. 进行全面的风险评估

7. 为实现组织管理的敏捷性，以下哪一做法不太建议？

    A. 提供持续的员工培训和发展机会　B. 促进跨部门沟通与合作

    C. 减少层级以加快决策速度　　　　D. 在决策时仅考虑短期利益

请扫描二维码查看答案解析。

# 第 13 章

# 数字化战略规划：对齐业务战略，合理规划和资源，助力有效执行和持续增值

## 13.1 概述

### 13.1.1 背景与目标

#### 1. 数字化战略的背景

随着信息技术的迅速发展，数字化战略已成为现代企业在全球竞争中取得成功的关键。数字化战略的制定和执行可以帮助企业获得更高效的运营、更广阔的市场和更强大的竞争优势。

本章通过探索数字化战略的历史背景、出现的背景和关键原因，帮助读者全面理解数字化战略规划的重要性、价值、与业务战略的关系以及目标和设计原则。信息技术的兴起是数字化战略的基础，自 20 世纪 60 年代以来，计算机和通信技术的快速发展为企业提供了数字化转型基本工具。数字化战略起源于 20 世纪 80 年代的信息革命，全球企业认识到信息技术潜力，积极采用计算机系统提高业务效率。互联网的崛起使数字化战略迈入新阶段，为企业带来商机和新兴模式。移动技术革新推动数字化战略拓展至移动平台，智能手机的应用使企业更好地与客户互动，提供个性服务。大数据和人工智能的崛起为数字化战略的实施提供机会和挑战，通过分析大数据可获取洞察力，应用人工智能实现业务自动化和智能解决方案。

#### 2. 数字化战略的五大价值

数字化战略是企业为应对未来挑战、实现业务愿景而采用数字化技术和数据的

一系列规划和举措。其主要目标包括通过数字化技术改进产品与服务、提升客户体验、增强生产力、提高效率、加强市场营销以及提升数据分析能力。通过数字化战略的制定和执行，企业能够在数字化转型中实现纲举目张，成为数字化企业。

数字化战略规划的实施通常需要企业对业务流程、组织结构和文化进行深刻变革，以更好地适应数字时代的需求和变化。数字化战略有助于企业充分理解和利用数字技术的潜力，从而实现更高的业务价值和竞争优势。

优质的数字化战略能够促进企业高质量发展，实现**五大价值**：提升企业的盈利能力、提升运营效率、提升用户体验、强化合规风控能力、推动创新能力。因此，数字化战略对企业业务战略的达成至关重要，是数字化时代企业高质量发展的不可或缺的手段。数字化战略的制定过程即为数字化战略规划，是一项科学、系统、价值导向的关键能力和工作。

### 3. 数字化战略规划的六大目标

企业数字化战略规划是通过一个科学化、体系化的过程，解读业务战略，分解制定出企业的数字化战略的工作。数字化战略规划的目标在于以下 6 个，如图 13-1 所示。

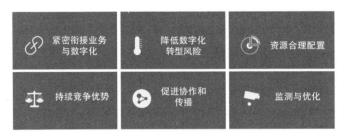

图 13-1　数字化战略规划的六大目标

- 紧密衔接业务与数字化：确保数字化举措与企业长期业务目标有针对性地结合，从而支持业务战略。
- 降低数字化转型风险：通过精准分析企业现状和市场趋势，制定可行的数字化转型蓝图和演进路线，以降低变革过程中的风险。
- 资源合理配置：在人力、技术和资金等方面合理分配资源，以支持数字化转型的顺利实施和落地。
- 持续竞争优势：确保数字化战略规划可持续，适应未来市场变化和技术发展，以维持持续的竞争优势。
- 促进协作和传播：促进不同部门间的协作与沟通，确保数字化转型在整个组织中得到有效传播和实施。
- 监测与优化：建立评估和反馈机制，持续监测数字化转型进展，及时调整和优化战略规划，以实现预期业务价值，如建立企业的数字化转型成熟度评估模型，然后用这个模型来持续地度量和优化。

一句话，组织数字化战略规划的根本目标是将数字化转型与业务战略紧密融合，通过合理规划和资源配置，确保数字化转型的有效执行和持续增值。

## 13.1.2　相关概念解析

### 1. 数字化战略与业务战略及其关系

数字化战略和业务战略是两个密切相关的概念，它们在组织的发展和运营中相互支持和影响。

**数字化战略**是指组织在数字化时代利用技术和数字化手段来实现其业务目标的规划、决策和举措，从而帮助企业有路径可依。数字化战略涉及利用信息技术、数字化工具和数据分析等手段来改进业务流程、提高效率、提升客户体验和创造新的商业模式。它的目标是通过数字化转型来提升组织的竞争力和创造价值。

**业务战略**是指组织为实现其长期目标而制定的规划和决策，涉及市场定位、产品和服务开发、渠道管理、品牌建设等方面。业务战略关注的是如何在市场上取得竞争优势，实现盈利和增长。它需要考虑市场需求、竞争环境、组织资源和能力等因素，并制定相应的战术和行动计划。

数字化战略与业务战略之间存在密切的关系，并相互促进。数字化战略在支持业务战略实现的同时，也成为推动业务创新的引擎；而业务战略的制定则指导着数字化投资的方向和优先级。这种协同作用确保了数字化战略与业务战略的有机结合，共同推动组织朝着整体战略目标迈进。

### 2. 数字化战略规划

数字化战略规划是以价值创造为核心，沿着企业的业务战略分解，通过调研、分析，设计出企业的数字化转型整体蓝图和演进路线，最终落地成项目举措，配套以保障措施，确保规划的落地执行，从而达成业务战略。

### 3. 数字化战略规划的八大成功原则

在设计数字化战略规划时，以下八大成功原则是能否获得企业管理层和业务用户认可的重要度量：**价值导向原则、可行性原则、整体性原则、用户体验原则、可持续性原则、数据驱动原则、变革推进原则、快速落地迭代原则。**

这八大原则可作为数字化战略规划的参考。通过遵循这些原则，可以确保数字化战略规划的目标和设计与组织的业务目标紧密对齐，具备可行性和整体性，并关注用户体验、可持续性和数据驱动的决策。同时，变革管理原则确保数字化战略的成功实施和组织变革的有效管理。

## 13.2 效果检验

对于数字化战略规划工作的效果检验，可从成果和成效两个方面来度量。

### 13.2.1 规划成果检验

一个好的数字化战略规划的成果输出物应该具备以下特点：一致性、全面性、可行性、创新性、客户导向、数据驱动、敏捷性、跨部门合作、风险管理、持续改进。

### 13.2.2 落地效果检验

以上是对于数字化战略规划报告成果本身的检验方式，而这个战略规划最终执行的效果如何，则可以通过以下方式来检验。

- 业务绩效指标：观察按照此规划推进的数字化转型后的业务绩效变化。
- 数字化指标：监测与数字化相关的指标。
- 成本效益分析：对数字化转型所涉及的投资与收益进行评估，判断数字化战略是否为组织带来了实际的成本效益。
- 客户反馈：收集客户的反馈意见，了解他们对于数字化改变的感受和意见，判断是否有助于提升客户体验。
- 员工参与度：观察员工对数字化转型的参与程度，以及他们是否认同并积极支持这些变化。
- 竞争优势：分析组织在数字化方面是否获得了竞争优势，如是否在市场上更具吸引力、是否创造了新的商业模式等。
- 创新成果：观察数字化战略是否推动了新的创新成果，如新产品、新服务、新市场的开发等。
- 周期性评估：建立定期评估机制，周期性地评估数字化战略的执行情况和效果，并根据评估结果进行调整和优化。

综合利用以上方法，可以全面地评估数字化战略规划的效果，从而判断其是否取得了预期的成果，并根据评估结果进行进一步的调整和改进。

## 13.3 输出结果

数字化战略规划通常的输出包括数字化战略愿景、数字化蓝图、数字化转型路径和度量指标、数字化举措和实施方案，以及数字化转型保障机制和配套举措等，如图 13-2 所示。

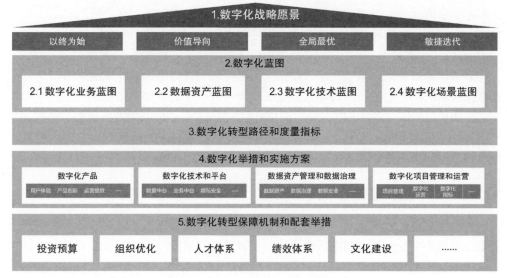

图 13-2　数字化战略规划的输出

## 13.3.1　数字化战略愿景

数字化战略愿景是非常重要的，它能够全面、清楚地描述你的组织在几年后会是什么样子，明确变革的正确方向，激励每个人朝着既定方向采取行动，为个人和团队提供自给自足的能力，同时减少冲突。

## 13.3.2　数字化蓝图

在数字化战略愿景之下，要有全面的实现愿景的蓝图，主要包括数字化业务蓝图、数据资产蓝图、数字化技术蓝图和数字化场景蓝图。

**数字化业务蓝图**：数字化业务蓝图是以数字化战略愿景为目标，以客户为中心实现的新的业务终局的全景图，是业务数字化的目标。

**数据资产蓝图**：数据资产是指企业所拥有和管理的与数据相关的资源，这些资源可以是各种类型的数据，如客户信息、销售数据、供应链数据、产品信息、市场趋势等。数据资产在现代企业中具有极其重要的价值，可以用于支持决策、优化业务流程、创新产品和服务，以及提供洞察力。企业的数据资产蓝图是一个企业的数据资产的全景图，是一个战略级的指引，旨在管理和优化企业的数据资产，以实现更好的数据治理、数据利用和价值创造。

**数字化技术蓝图**：数字化技术蓝图是企业为实现数字化战略愿景而构建的全面技术规划，集结了支持数字化业务蓝图和数据资产开发的核心生产力。作为构建数字化能力和平台的路线图，数字化技术蓝图是将数字化愿景转化为实际行动的关键纲领。它涵盖了一系列关键要素，包括技术基础设施、数据管道、分析工具、应用开发、安全策略等，以确保数字化转型在技术层面的高效实施。这一蓝图的定位不仅在于支持业务的创新和发展，还在于构建强大的数字化平台，使企业能够灵活应对市场变化，不断提升数字化竞争力，并以持续的绩效评估为指导，不断演进和完善。

**数字化场景蓝图：**数字化场景是指在数字化转型过程中，企业或组织所创建、模拟或应用的特定业务情境或场景。这些场景通常用于展示数字化技术、工具和解决方案如何在实际业务中应用，以实现更高效、更灵活、更创新的业务流程和结果。数字化场景蓝图是为实现企业的数字化战略愿景，所规划出来的所有数字化场景的全景图，从而更清晰地指导和牵引企业数字化转型的建设路线。

### 13.3.3 数字化转型路径和度量指标

在制定数字化转型路径的同时，需要制定对应的度量指标，将转型带来的变化清晰地度量出来，更加准确地获得反馈，了解转型的举措、行动是否达成了预期，从而根据反馈来调整转型的动作。

### 13.3.4 数字化举措和实施方案

在数字化蓝图和数字化转型路径逐渐清晰后，需要指定具体的落地举措和实施方案。

数字化转型一般来说可以分成四类项目具体落地。

**数字化产品：**这是数字化转型的显著成果，主要包括数字化产品与服务。前面第 8 章明确定义了数字化产品与服务。这类产品以数字技术为基础，利用计算机实现数据驱动，具有定制和可更新的特性，同时兼具自动化和智能化的特征。手机应用程序、在线支付平台、数字音乐服务、智能家居设备、虚拟现实应用等都是数字化产品的典型例子。

**数字化技术和平台：**企业在数字化转型过程中，需要考虑构建与转型目标匹配的数字化技术和平台能力。有时企业独特的业务需求可能无法通过购买现成解决方案满足。通过构建自身技术和平台能力，企业能定制解决方案，适应业务需求，提升灵活性和创新能力，迅速应对市场变化。尽管自建数字化能力需要更多投资，但能带来更大自主权、创新力和持续竞争优势。因此，企业须权衡投资与收益，根据战略目标决定是否构建数字化技术和平台能力。

**数据资产管理和数据治理：**在数字化时代，数据成为企业独立于应用之外的新资产，因此在数字化转型中，每个企业须建立自身的数据资产管理和治理体系。主要包括建立数据目录、进行质量管理、规划采集来源、确保安全和隐私、执行生命周期管理、进行元数据管理、建立血缘和数据地图、设计治理架构和流程，以及选择适配的访问与分析工具。要关注风险管理、合规性、数据创新和价值实现，促使企业构建数据驱动文化。这有助于确保在数字化转型中合理管理、保护和充分利用数据，可根据企业特点和需求进行调整和扩展。

**数字化项目管理和运营**：以上举措需要建立对应的数字化项目管理体系来执行，并且在落地以后，要对项目设置运营机制，从而保证项目落地后的效果。

### 13.3.5　数字化转型保障机制和配套举措

企业数字化转型是一个变革工程，是对业务的重塑，因此除了技术工作和项目的实施外，需要建立与之配套的体制机制和举措，来确保数字化转型的顺利推进，从而达到理想的效果。一般来说，包括预支对应的投资预算、进行适当的组织结构调整和优化、建立对应的人才培养体系、创建推动数字化转型发展的绩效体系、打造对应的文化等。

不同的企业根据数字化转型的需要，可能会调整和扩展这些内容。

## 13.4　数字化战略规划的三阶五步法

数字化战略规划的制定过程一般分成三大阶段和五大步骤，如图 13-3 所示。

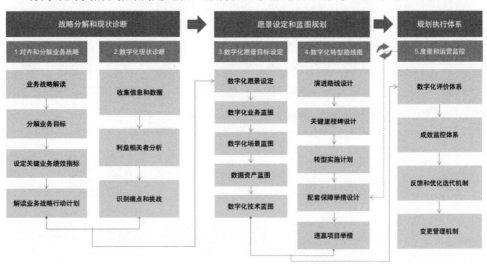

图 13-3　数字化战略规划的三阶五步法

### 13.4.1　战略分解和现状诊断

数字化转型本身不是目标，它是服务于业务战略使之达成的工具。因此，数字化战略规划的第一步是要对企业的业务战略进行解读分解，然后在此基础上理解现状并进行诊断，从而清晰地知道数字化战略所服务的业务终局是什么，以及当前企业的现状问题是什么。这一步往往被很多数字化从业人员所忽视，一上来就直接进入 IT 和数字化技术的详细设计。

**1. 对齐和分解业务战略**

**1) 业务战略解读**

业务战略解读的核心是实现以下 4 点，这是制定数字化战略的基石。

- 一是上下对齐，也就是企业高层、中层及基层对于业务战略的理解都是一致的，公司战略能够得到逐级分解，防止高层所制定的战略不落地。
- 二是左右对齐，也就是各个职能部门对于战略的理解是统一的，各部门之间的战略是互相耦合的，能够保证各个部门协同一致的工作。
- 三是内外对齐，也就是企业内部的各项战略举措来源于市场战略，市场战略要与企业内部的产品、技术、运营规划等保持一致，用市场的作战目标牵引内部的产品规划、技术规划和运营规划。
- 四是横纵一致，也就是横向作战单元的战略与纵向职能部门战略实现矩阵式的逻辑关系，横向的战略目标纵向需要分解承担，纵向各个部门战略目标需要依靠横向业务运作实现。

通过对业务战略的解读，梳理清楚对齐要求，才能够在统一的业务战略理解下开展进一步的数字化战略的规划工作。

**2) 分解业务目标**

业务战略解读对齐后，需要通过精益价值树(Lean Value Tree，LVT)对业务愿景进行分解，从而形成可落地、量化的业务目标矩阵，如图 13-4 所示。

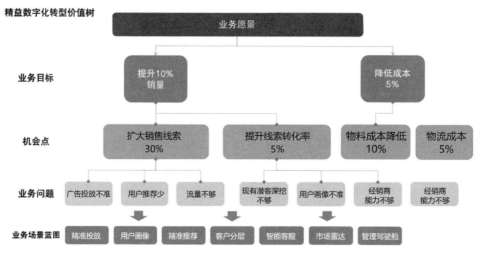

图 13-4　精益价值树

企业的业务目标分解可以采用"精益价值树"工具。精益价值树是一种用于帮助组织将高层业务战略转化为具体的行动计划和绩效指标的方法。它能够清晰地呈现战略目标、价值驱动因素和实际执行步骤之间的关系，有助于团队对战略的理解和跟踪。

**3) 设定关键业务绩效指标**

在精益价值树中，很重要的一个原则就是尽可能量化、可度量。因此在设计业务目标时，需要设定与之匹配的关键业务绩效指标，对于每个子目标，制定关键绩效指标(KPI)，以便能够衡量进展和实现情况。

**4) 解读业务战略行动计划**

在解读业务战略、设定子目标并清晰了解量化的关键业务绩效指标后，如果业务战略中有关键的战略级行动计划，则也要将这个行动计划进行理解，从而纳入后续的数字化战略规划中作为参考。

**2. 数字化现状诊断**

在梳理、解读企业业务战略后，很重要的一个基础工作就是清晰地了解和掌握企业的数字化现状，知道自己当下在哪里，对当下的数字化能力做出诊断和评估。对于不同的企业，不同的信息化、数字化现状直接决定了规划的路线如何实施和落地。

一般来说，数字化现状诊断包括如下三部分的工作。

**1) 收集信息和数据**

数字化现状诊断是评估组织、流程或系统当前状态的关键过程，致力于支持改进和优化的决策。在进行数字化现状诊断时，搜集的信息和数据是至关重要的。需要采集的信息和数据通常包含组织结构和人员信息、业务流程信息、技术基础设施信息、数据资产和信息流、性能和效率数据、安全和合规性数据、用户反馈和需求、财务和预算信息、变更管理和项目信息等。这些信息全面反映了现有状态，为数字化规划的深入分析和诊断奠定了基础，从而推动未来改进和优化的实施。

**2) 利益相关者分析**

搜集相关信息和数据后，关键是进行数字化转型的利益相关者分析。只有明确了解数字化转型所涉及的对象以及这些利益相关者对企业战略目标的影响，才能在有限的资源和时间内做出最有价值、最优化的战略选择。利益相关者分析应结合企业业务目标的精益价值树工具，重点识别数字化转型中最关键的用户和决策者，以制定最精准的转型路径，提高效率、减少浪费，实现最佳的效果和产出。

**3) 识别痛点和挑战**

当关键信息采集完毕，并且对于关键的利益相关者也识别清洗后，就可以针对关键的利益相关者识别他们的业务痛点；同时，也能够识别出解决这些业务痛点的挑战和阻力，也就是数字化转型的重要的业务价值。

### 13.4.2　愿景设定和蓝图规划

数字化战略愿景设定是基于业务战略的解码和数字化现状的分析两者共同得出的结果，既要愿景驱动，又需要痛点驱动，这样制定出的数字化愿景才能够既代表企业的业务目标达成，又立足于企业自身的数字化现状，才具备可行性和前瞻性。数字化愿景目标的设计要从业务价值出发，而不是从技术架构出发，要能够设计出转型的路线图，一步步通过具体的举措达成。因此，我们将愿景设定和蓝图规划作为数字化战略规划中最重要的两部分内容。

#### 1. 数字化愿景设定

数字化愿景是一个组织或个人对于数字化转型的未来状态和目标的描述。它是一个清晰的愿景，表达了在数字化领域取得的成就、变革和发展。数字化愿景涵盖了组织希望通过数字技术和创新实现的目标，以及实现这些目标所需的价值、效益和改进。

数字化愿景通常包括以下要素：未来状态描述、目标和成就、价值主张、创新和技术要素、时间范围、变革和文化、风险和挑战。

数字化愿景是一个激励人心、具有远见和引导作用的高度抽象的内容。它能够为组织内外的相关人员提供共同的方向，促使他们在数字化转型的道路上共同努力，实现更高的目标和成就。

企业数字化转型的过程就是业务场景、数字化技术与数据资产融合的过程。业务通过数字化技术转化成数据，数据反过来驱动业务的进行，三者关系呈花瓣形，如图 13-5 所示。

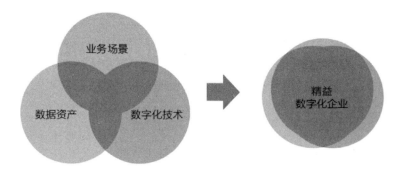

图 13-5　场景、技术和数据融合

#### 2. 数字化业务蓝图

数字化业务蓝图描绘了企业完成数字化战略转型后的理想业务形态，展现了目标实现、业务架构全面数字化的终极景象。作为业务架构的未来愿景，它清晰勾勒出各业务领域之间的互动与协同关系，为企业的数字化征程指明方向。

### 3. 数据资产蓝图

数据资产蓝图是企业业务在数据层面的呈现，是企业新的核心资产的全景图。数据资产蓝图探索会把企业业务相关的数据资产都梳理出来，而不只是企业已经采集和存储的数据。面向未来构建数据资产蓝图，可以从起点就规划好这些数据未来在哪里产生以及数据之间具有什么关系，从而从开始阶段就降低数据孤岛产生的风险。

数据资产蓝图是一个面向未来的蓝图，企业能够从中清晰地看到根据自己的业务战略和愿景应该拥有哪些数据资产，以及这些数据资产应该来自哪些系统。企业可以根据这张蓝图进行现状调研，分析出现状与预期的差距，从而制定行动路径，实现这个数据资产蓝图。

### 4. 数字化技术蓝图

数字化技术蓝图指的是支撑企业数字化转型的数据智能技术全集。企业在构建数据中台时，可以依照此蓝图，围绕价值场景，急用先行，按需建设，最终完成自己的数字化技术体系建设。

数字化技术蓝图可以作为技术团队能力建设的顶层规划。数字化技术蓝图能够指导企业构建适合自己的技术能力体系，让技术投入更贴近业务需求，也让技术团队的人员能力与业务需求相匹配。

### 5. 数字化场景蓝图

数字化业务蓝图全面描述了企业的业务全貌，而数字化的价值则是由数字化场景所承接的。我们国家的数字化转型的核心竞争力之一就是丰富的应用场景，只有将数据和数字化技术充分地应用到业务场景中，才能产生业务价值。因此数字化场景蓝图是数字化转型的核心要素。

一个好的业务场景能够同时对企业内外部都产生积极的作用，如图 13-6 所示。

图 13-6　业务场景对企业内外部的作用

一个好的业务场景需要能够具备 SMART 原则，即是独特的、可度量的、可执行的、现实的和时效性的。

企业可以利用精益数据画布来组织和描述自己的数字化转型场景。典型的业务场景蓝图如图 13-7 所示。

图 13-7　业务场景蓝图示例

### 6. 数字化转型路线图

前面梳理设计了数字化业务蓝图、数据资产蓝图、数字化技术蓝图和数字化场景蓝图，也就具备了顶层设计，接下来需要将顶层设计分解成执行路径，也就是数字化转型的路线图，如图 13-8 所示。数字化战略规划区别于传统的 IT 规划的地方在于，需要更加敏捷和更加价值导向，因此要融合自上而下和自下而上两个思路，既有全面的顶层设计，又要精准高效识别价值场景，以快速启动。

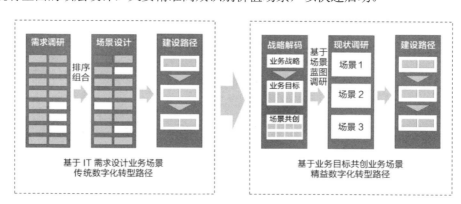

图 13-8　数字化转型路线图

### 1) 演进路线设计

一条清晰的可执行路径必定义出短期、中期和长期这 3 个不同阶段的数据利用目标，并且要根据短期目标提供具体可以落地的场景，以便直接指导策略落地。对应于数字化转型路径蓝图，就是规划出速赢阶段、中期阶段、远期阶段的主要任务。

典型的数字化转型演进路线图如图 13-9 所示。

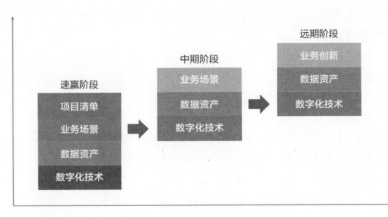

图 13-9　数字化转型路径蓝图示例

其中，速赢阶段要制定出项目清单等内容，以便该阶段的策略能快速落地，并通过用户的反馈，量化策略实施的效果和价值，不断优化。中期阶段重点关注数字化技术和数据资产的建设准备工作，为业务场景打好建设基础。远期阶段则更关注创新及企业终极愿景的达成，尝试孵化新的业务模式。

如图 13-10 所示，对于这 4 张蓝图，企业以业务场景蓝图为核心，带动数据资产蓝图和数字化技术蓝图的持续迭代优化，不断更新数字化转型路径蓝图，让全局业务更敏捷和高效。

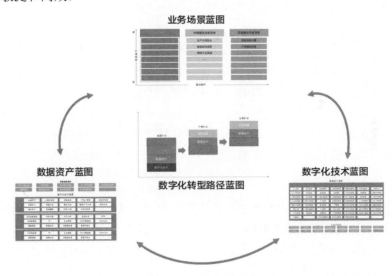

图 13-10　数字化蓝图

企业以业务场景蓝图为纲，构建数据资产蓝图，指导数据资产的采集、建设和利用。然后从业务需求、数据开发需求的角度出发，推导出数字化技术蓝图，建设数据中台。再将这 3 张蓝图的演进路线和执行计划进行归类、集成，形成企业的数字化转型路径蓝图。通过这4张蓝图的持续迭代优化,企业最终转型为数字化企业。

**2) 关键里程碑设计**

数字化转型的关键里程碑要与前面的业务目标、关键度量相匹配,把阶段性、标志性、能带来关键提升和变化效果的项目节点作为里程碑,以每一个里程碑为阶段性的目标,从而一个里程碑一个里程碑地达成和攻克,走向最终的胜利。

**3) 转型实施计划**

在关键里程碑设计完毕后,就可以制订出整体的数字化转型项目实施计划。需要建立对应的项目管理办公室,统筹地管理和推动数字化转型项目的前进。

**4) 配套保障举措设计**

数字化转型不只是技术的事情,更不只是开发软件和系统,因此在实施计划的过程中,需要建立对应的配套保障举措和体系,让数字化转型的系统、软件、新的模式能够切实地落地下来。

**5) 速赢项目举措**

数字化转型是价值驱动的,要以用户为中心,这就意味着数字化转型必须要快速让用户看到效果和变化,这也就是速赢项目举措的重要性。

在数字化战略规划的过程中,既要看得全面,想得长远,又要从关键利益相关者的痛点出发,快速找到他们有获得感的场景。然后,以这些业务场景拉动,设计出对应的技术平台支撑举措,建立对应的数据资产层,从而形成一个完整的端到端的速赢项目,完成端到端的价值闭环。

## 13.4.3　规划执行体系

在数字化战略规划的实施阶段,执行数字化转型计划和项目的同时,要建立有效的监控和评估机制,以跟踪转型的进展和成果,并进行必要的调整和改进。在数字化战略规划早期构建起规划执行的体系,主要包括度量和运营监控。度量和运营监控的主要目的是以量化的方式清晰呈现数字化转型的变化,让利益相关者能够直观地看到转型是否朝着预期方向发展。在发现不一致之处时,能够及时调整和变更。

### 1. 数字化评价体系

数字化评价体系是一个用于衡量和评估组织数字化转型进程的框架和方法。它可以帮助组织了解数字化转型的实际进展情况、成功指标以及需要改进的领域,从而支持决策制定和持续改进。

### 2. 成效监控体系

在数字化评价体系建立以后,要设置对应的成效监控体系,包括工具和奖惩措施,从而让评价体系能够定期、及时地跟踪反映数字化转型的进展和成果,一旦发现有问题和有风险的地方,及时提醒。

### 3. 反馈和优化迭代机制

成效监控体系是保证数字化转型的过程成果被看到，而这些指标要能够反馈到企业的高层和决策层，从而形成正反馈。要有对应的优化迭代机制来保证这些信息能够被采纳，形成对应的行动。

### 4. 变更管理机制

数字化战略规划的关键差异化能力之一是建立敏捷的变更管理机制，以灵活应对数字化转型的策略和项目执行计划的调整需求。变更管理机制是一种有效管理组织内变革和转型的方法，旨在确保变更有序规划、实施和控制，最大程度减少负面影响，并促进员工的参与和接受。该机制通常包括**变更识别、变更沟通、变更影响评估、变更计划执行、风险管理、持续改进、变更认可和确认**等内容。变更管理机制可帮助组织保持灵活性和敏捷性，在不断变化的市场和业务环境中更好地适应。

## 13.5　输入资源

### 13.5.1　企业愿景和目标

**企业愿景**是指企业未来所希望达到的理想状态，是对企业长期目标的概括性描述。**企业目标**是指企业在短期或中期内需要达成的具体目标，通常是为实现企业愿景而制定的。

制定数字化战略需要明确企业的愿景和目标，因为数字化战略应该是为实现企业长期目标而设计的。清晰的企业愿景和目标可以为数字化战略提供方向和目标，从而以终为始确定数字化战略的重点和优先级。

### 13.5.2　企业外部信息

在制定企业的数字化战略规划时，通常需要以下外部信息来作为支撑：行业趋势和竞争情况、技术创新和数字化趋势、客户和市场洞察、法律和监管环境、合作伙伴和生态系统。这些可以通过行业报告、商业媒体报道、行业会议等获得。

### 13.5.3　企业内部信息

在制定企业的数字化战略规划时，通常需要以下企业内部信息来作为支撑：组织结构和战略目标、业务流程和价值链、内部资源和能力、绩效和指标、客户洞察和用户体验。同时，数字化战略规划需要重点关注企业的信息化现状信息，主要包括信息化架构、数据架构和技术架构，为数字化战略规划提供关键的基础和限制条件。通过了解企业现有的信息技术和数据基础，可以确定数字化战略的目标、重点和实施路径，并确保数字化转型与现有架构的协调和整合。

### 13.5.4 精益数字化工作坊

精益数字化工作坊是一种价值驱动、以终为始的新型战略规划执行工具。它是《精益数据方法论：数据驱动的数字化转型》一书中创新出的一种结合传统战略规划和设计思维以及 Cynefin 框架于一体的响应高速变化的价值驱动的数字化战略规划工具。该工具通过精益价值树来对齐和分解业务愿景目标，利用数据和数字化技术，以一套游戏卡牌数字化剧本杀为载体，让业务与技术共创，共同制定出精益数字化战略规划，从而做到业技融合，保证数字化战略的价值可度量、可执行和可落地。

## 13.6 总结与思考

数字化战略规划是一项全面的任务，旨在通过数字技术和信息化手段助力企业实现数字化转型，达成企业目标和愿景。该规划以企业战略为基础，明确数字化目标和方向，并制定具体计划和行动方案。卓越的数字化战略规划需要实现六大目标：紧密衔接业务与数字化、降低数字化转型风险、资源合理配置、持续竞争优势、促进协作和传播、监测与优化。八大设计原则涵盖价值导向、可行性、整体性、用户体验、可持续性、数据驱动、变革管理、快速迭代。

本章详细介绍了经典的五步骤数字化战略规划方法和价值驱动的精益数字化战略规划方法，企业可根据不同阶段选择采用。数字化管理师需要深刻理解数字化战略概念，掌握目标与设计原则，熟悉规划方法，以引导企业实现数字化转型、提升竞争优势。注重业务价值导向、用户体验、数据驱动等关键原则有助于在不断变化的环境中灵活调整战略，推动数字化战略成功实施。

**思考题**

1. 深刻理解企业业务模型和战略目标，确保数字化战略与业务方向紧密对齐的方法是什么？

2. 有效管理组织文化变革，促使形成适应性强、支持创新的数字化文化的方法是什么？

3. 持续监测、评估数字化转型绩效并灵活调整战略方向的策略是什么？

**本章测试题**

1. 在制定数字化战略规划过程中，哪个步骤是首要的？

    A. 制定目标和愿景　　　　　　　B. 定义关键绩效指标

    C. 分析竞争对手　　　　　　　　D. 制订预算和资源分配计划

2. 在数字化战略规划课程中，为成功执行战略，以下哪个因素最为重要？

    A. 技术工具的选择

    B. 与关键利益相关者的沟通和合作

    C. 制订详细的执行计划

    D. 设定短期目标

3. 数字化战略规划区别于传统的 IT 规划的地方重点在于以下哪个方面的考虑？

    A. 需要更加敏捷和更加价值导向    B. 只需要识别价值场景

    C. 只是自上而下的顶层计划    D. 创造大量数字化项目

4. 以下哪一项是数字化转型蓝图规划中体现业务价值的关键？

    A. 数字化业务蓝图    B. 数字化场景蓝图

    C. 数字化技术蓝图    D. 数据资产蓝图

5. 下面哪些要素不属于数字化战略规划的目标？

    A. 紧密衔接业务与数字化    B. 资源合理配置

    C. 促进协作和传播    D. 帮助企业上云

6. 以下哪个选项不应是数字化战略规划的原则？

    A. 价值导向原则    B. 整体性原则

    C. 投资规模最大化原则    D. 快速落地迭代原则

7. 有关数字化战略与业务战略的关系的描述，哪一项是不正确的？

    A. 数字化战略是服务和继承业务战略的

    B. 数字化战略要支持业务战略的达成

    C. 数字化战略和业务战略是相互独立的

    D. 数字化战略可以驱动业务创新

请扫描二维码查看答案解析。

# ❧ 第 V 部分 ❧
# 正高级数字化管理师能力培养

正高级数字化管理师在企事业单位数字化管理中扮演着主要引领者之一的角色，负责制定和推动数字化驱动的发展战略，对数字化转型贡献重大。

正高级数字化管理师需要具备的关键能力包括如下。

- 企业架构设计与管理
- 组织设计与管理
- 数字化战略规划
- 数字化变革与创新
- 效益与价值管理

在开始本部分的学习之前，请先自我判断对于正高级数字化管理师角色和能力的了解程度。

**1. 正高级数字化管理师的主要角色是什么？**

    A. 是数字化管理的主要引领者之一，负责制定数字化驱动的发展战略

    B. 作为企事业单位各经营管理领域的数字化管理的主要责任人，参与数字化战略的制定

    C. 是数字化管理的主要引领者之一，负责设计相关组织架构、业务架构、业务运营模式等

    D. 负责数字化管理的基础工作承担者，具备一定的数字素养与技能

**2. 正高级数字化管理师需要重点关注以下哪项能力？**

    A. 深入了解行业趋势和市场竞争环境

    B. 理解和应用企业架构、组织管理、数字化战略、变革创新、效益管理等能力

    C. 制定长期业务战略和目标

    D. 提高员工的工作效率和生产率

**3. 正高级数字化管理师的提升路径主要在于哪一项？**

    A. 深耕行业专业领域，成为行业的数字化管理专家

    B. 专注变革创新，提升自身领导力和团队管理能力，成为组织的数字化领导者

    C. 参与国内外顶级学术会议，推动数字化管理理论与实践的交流与发展

    D. 培养创新思维，引领企业进行数字化创新与变革

可扫描二维码查看答案解析。

# 第 14 章

# 数字化变革与创新：策划变革、推动创新，引领组织保持领先地位

## 14.1　概述

### 14.1.1　背景与目标

在当今快速变化的商业环境中，数字化变革与创新已成为组织数字化转型的不可或缺之途径。创新为组织注入新的活力，而变革赋予组织跨周期的生命力。在推动数字化创新和变革的过程中，有效管理整个周期是实现组织数字化转型、保持竞争优势和持续增长的关键要素。

尽管数字化变革和创新为组织带来广阔机遇，但却伴随着一系列挑战，包括技术复杂性、变革阻力、组织文化与习惯改变、资源分配与投资风险、数据安全与隐私问题、市场不确定性和竞争压力、人才招聘与培养、管理与领导能力、不断变化的技术趋势以及持续监测和评估。

这些挑战要求数字化管理师具备解决问题、创新思维和领导才能等多方面的能力。通过培养这些能力，管理师将能更好地应对挑战，推动数字化变革和创新取得成功。

为有效推进和管理数字化变革，组织需要拥有精通数字化战略、创新管理、沟通协作等领域的高素质团队。培养组织的数字化管理师旨在赋予他们在数字化变革和创新领域的全面能力，使其成为数字化变革的引领者和创新的推动者。具体目标包括深入理解数字化变革、掌握创新管理、提升沟通与协作能力、识别战略性创新机会、应对数字化变革挑战、推动数字化变革与创新。

全面培养数字化管理师的数字化变革和创新能力的根本目标是更好地应对数字化转型带来的挑战。通过策划变革、推动创新，有效提升业务竞争力，引领组织保

持领先地位，实现持续增长和发展。

### 14.1.2 核心概念

深入理解以下核心概念将使数字化管理师更好地引导和推动数字化变革与创新，取得更卓越的业务成果。

**创新**：实现或重新分配价值的新的或变化的实体，包括产品、服务、流程、模式、方法等。创新涵盖多个属性，如流程、数字化、增量、商业模式或社会创新等，可发生在组织内部的不同层面和各个阶段。

**数字化创新**：利用数据和数字技术创造新的想法、方法、产品、服务或业务模式，以满足变化的需求和市场竞争，推动组织增长和进步。

**变革**：包括组织变革和个人变革两个层面。**组织变革**是为实现业务愿景和战略而进行的结构、流程、模式、系统和科技等方面的改变，以提升经营能力和竞争力。**个人变革**是个体为适应新环境而经历的心理过程，需要与组织变革相一致。

**数字化变革**：运用并融合数据与数字技术，重塑业务流程、优化组织结构，旨在提升运行效率，增强客户体验，激发价值创造，并灵活响应市场变化的全面进化过程。

**数字化变革与创新**：在数字化环境中，为推动组织数字化转型而进行的变革与创新活动。在组织中，创新是产生新事物的活动，而变革是破旧立新的活动。

## 14.2 效果检验

为确保数字化管理师全面掌握所需的知识和技能，衡量培养效果的目标可以从7个关键维度出发，并提出相应的具体、可量化的 KPI 指标。这些指标不仅能够反映数字化管理师在培训目标方面的实际表现，还有助于组织评估其成长和能力提升情况，为管理师提供目标和反馈，促使他们持续进步。

#### 1. 数字化变革与创新能力

- KPI1：数字化创新变革与组织战略的融合度；
- KPI2：创新项目数量和成功率；
- KPI3：创新项目的商业价值贡献。

#### 2. 变革管理与领导能力

- KPI4：组织文化对数字化创新变革的匹配度；
- KPI5：变革过程中员工接受度的提升；
- KPI6：创新变革对公司业务/管理/经营的促进度。

### 3. 创新流程和方法应用

- KPI7：创新项目从创意到商业化的转化速度；
- KPI8：创新流程中创意数量和质量的提升；
- KPI9：创新项目的市场反馈和用户满意度。

### 4. 沟通和协作能力

- KPI10：跨部门合作和协作项目数量；
- KPI11：沟通策略的有效性和员工参与度；
- KPI12：沟通和协作带来的问题解决率提升。

### 5. 战略性创新识别与评估

- KPI13：战略性创新点的发现和筛选效果；
- KPI14：与业务战略一致的创新项目比例；
- KPI15：战略性创新的商业影响和未来潜力。

### 6. 持续学习和适应能力

- KPI16：参与培训和学习活动的频率；
- KPI17：在实际工作中应用新知识和技能的情况；
- KPI18：在不同场景中适应变化和应对挑战的能力。

### 7. 创新生态的建设与发展

- KPI19：与合作伙伴的创新项目合作数量；
- KPI20：创新生态中合作伙伴的贡献和创新能力；
- KPI21：创新生态对业务生态圈的影响和增值。

## 14.3　输出结果

　　数字化管理师可通过以下具体输出结果更清晰地了解在数字化变革与创新过程中的任务、标准和效果，提供实际操作和执行的指导，使培养的效果更具体、明确和可衡量。

　　**数字化变革与创新计划**：开发详细的数字化变革与创新战略计划文档，包括目标、策略、时间表、资源分配和关键里程碑，为数字化管理师指导实际行动。

　　**创新项目和成果**：建立创新项目管理体系，包括项目提案、评估、执行、监督和总结的流程和方法，同时生成项目报告、成果展示、商业价值评估等输出文档。

　　**变革管理和领导实践**：制定变革管理计划模板，包括变革目标、沟通策略、风险评估和员工参与等内容，为数字化管理师提供在实际变革中的操作指南。

创新流程和方法应用：编制创新流程图和方法手册，明确创新阶段、工具和活动，提供实用指导，同时记录创新案例、实验结果和最佳实践。

沟通与协作实践：建立跨部门协作指南，涵盖沟通渠道、会议安排、信息共享平台等，同时记录沟通纪要、合作计划和问题解决记录。

战略性创新识别和评估：制定创新点识别工具和评估模型，包括创新点清单、评估表、市场分析等，帮助数字化管理师系统地评估创新机会。

持续学习和适应实践：提供学习资源库，包括培训课程、学习资料、在线学习平台等，同时建立个人学习计划和实践总结文档。

创新生态建设与发展：建立创新生态合作框架，包括合作伙伴招募、项目合作协议、创新生态报告等，促进数字化管理师参与创新生态。

# 14.4　数字化变革与创新的核心管理体系与方法

## 14.4.1　数字化变革管理框架体系

**数字化变革管理体系**旨在引导和支持组织实现数字化变革目标，从战略规划到实际执行，构建完整的组织体系和方法论。变革管理是确保数字化转型成功推进的关键保障，与组织文化的转变相辅相成，形成变革的"正反馈"，推动全员自发参与，加速数字化转型进程。

通过综合借鉴多个变革管理框架，包括约翰·科特的"8个加速器"战略模型和 Prosci ADKAR 变革管理模型，并经过研究和实践，人们提出了组织变革管理框架体系(如图 14-1 所示)，融合了八大关键要素，同时考虑了组织变革和个人变革两个方面的方法流程。该框架体系提供了完整的体系化方法和指导，适用于各种变革，包括数字化变革。组织要构建自己的变革管理框架体系，数字化管理师理解并掌握变革管理方法至关重要。

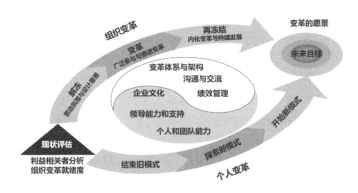

图 14-1　变革管理框架体系

### 1. 变革管理的八大关键要素

成功的组织通过把握八大变革关键要素来实施变革管理，这些要素相互融合，为变革计划奠定坚实基础，并确保在实施过程中有效地管理组织面对的所有关键变革问题。变革管理采用建立在这八大变革管理关键要素之上的实施框架来进行指导，如图 14-2 所示。

图 14-2　变革管理的八大关键要素

- **现状评估**分析：在启动变革前进行全面的现状评估，深入了解管理情况、人员状态和组织变革就绪度，为变革计划制订提供基础。
- 明确**未来目标**：设定明确的变革目标，通过业务重构和能力提升，提高整体管理水平，指导变革的方向，激发员工的参与和努力。
- 培养**领导能力和支持**能力：识别决策者，建立适应组织发展并支持业务能力实施的管理风格和行为，培养领导团队在变革中的洞察力和支持能力。
- 发展**个人和团队能力**：通过有计划的培训和发展，提升员工的个人和团队素质与能力，以适应新的变革要求。
- 考虑**企业文化**：在制定变革计划和沟通策略时，充分考虑组织文化和工作习惯，确保变革与价值观相一致，融合现有文化。
- 构建**变革体系和架构**：建立稳健的变革管理团队，重新设计组织架构，明确新的工作体系中的责任与相互关系。
- 双向**交流与沟通**：在领导层、项目团队和员工之间建立畅通无阻的双向沟通渠道，确保变革信息高效传递并获得反馈。
- 项目**绩效管理**：对变革项目进行绩效评估，激励员工积极参与和投入变革项目，确保变革计划按预期顺利推进，实现既定的变革目标。

这八大核心要素紧密相关，共同搭建了一个立体的变革管理框架。该框架从现状分析起步，经由目标设定，延伸到领导力培养与团队效能提升，再深入文化塑造与变革架构搭建，最后覆盖沟通策略与绩效监控，全方位包裹了变革进程的每一个关键节点，确保变革不仅能成功实施，而且能够持续健康发展。

### 2. 组织变革的三阶八步法

在变革管理框架体系中，组织变革的方法流程采用如下三阶八步法。

**1) 阶段一：解冻——营造氛围与设计愿景**

在解冻阶段，组织须清醒认识现实，与旧方式决裂。目标是创造变革动力，打开对话渠道。首要任务包括通过开放对话创造变革氛围，识别潜在危机制造紧迫感，增强变革迫切性。领导联盟须明确变革愿景和策略。在启动变革计划前，组织须采取措施确保人员支持，避免阻力产生。建立心理安全感的沟通渠道至关重要，员工反馈是推动变革的关键资源。

(1) 围绕重大机遇营造紧迫感：通过识别危机，营造紧迫感，激发对商机或变革的迫切性。

(2) 组建和完善指导联盟：确保建立具有威望和内驱力的领导团队联盟，高效协同推动变革。

(3) 形成战略愿景和举措：明确与战略机遇匹配的愿景，并选择战略性变革举措，推动组织迈向未来愿景。

**2) 阶段二：变革——广泛参与与推进变革**

在变革阶段，关注广泛组织成员的参与，推动变革并持续衡量成功。这包括征召志愿者，广泛传播变革愿景，以将整个组织凝聚在共同愿景下；积极克服执行过程中的各种障碍，保持变革动力，确保进程不受阻碍。另外，创造和庆祝短期胜利有助于保持团队信心，识别与业务目标相关的成功因素，维持变革的积极势头。

(4) 感召志愿者：吸引并激发更多支持变革的人，传播变革愿景，形成强大的变革力量。

(5) 排除障碍来促进行动：积极克服执行过程中的障碍，创造有利于变革的环境。

(6) 取得并庆祝短期胜利：通过取得短期小胜利，展示业务成果，增强团队信心，促进整个组织更紧密合作。

**3) 阶段三：再冻结——内化变革与持续发展**

再冻结阶段旨在实现从变革管理到嵌入式变革的过渡，通过变革制度化，将变革内化于组织文化中，确保持续发展。关键在于持续维护变革的运行并明确新的行为方式与组织成功的关系，以建立确保顺利发展和持续演进的方法和制度。

(7) 保持加速势头：持续保持变革势头，不断前进，适应变革环境，引入新方向和改革者。

(8) 变革制度化：将变革融入组织制度流程，培养变革文化，确保其持续发展，成为每个员工的思维方式。

### 3. 个人变革的三阶五步法

在组织变革中，个人变革的三阶五步法旨在确保个体适应新环境，摆脱思想上的困扰，并积极参与变革。

**1) 阶段一：结束旧模式**

在结束旧模式阶段，个体经历兴奋和期待，同时感到沮丧和保留。

(1) 认知(Awareness)：认知到变革的必要性。

**2) 阶段二：探索新模式**

探索新模式阶段充满困惑、怀疑和创造活力。

(2) 渴望(Desire)：渴望参与并支持变革。

(3) 知识(Knowledge)：具备如何变革的知识。

(4) 能力(Ability)：执行新技能和行为的能力。

**3) 阶段三：开始新模式**

开始新模式阶段包含不确定、兴奋和成就感。

(5) 巩固(Reinforcement)：巩固以维持变革成果。

这 3 个阶段构成了个人变革的过程，帮助个体适应并积极参与组织的变革。

## 14.4.2　数字化创新管理体系及过程

ISO 56002 创新管理体系国家标准提供了全球各类组织的创新管理框架，包含 7 个关键要素，覆盖了从创意到最终产品的创新管理各个方面。该标准引导组织整合创新管理到业务中，促进有效管理创新活动，为可持续发展提供支持。

ISO 56002 创新管理体系由相互联系的要素组成，以实现创新价值。它通用于所有组织类型，包括数字化创新。构建适用于组织的创新管理体系框架(如图 14-3 所示)对于数字化管理成功至关重要。

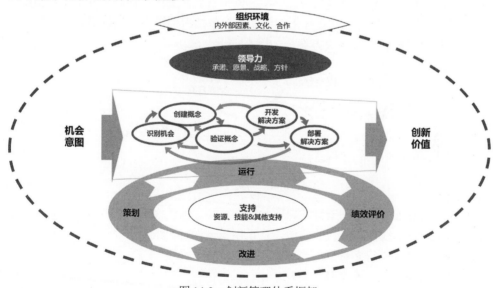

图 14-3　创新管理体系框架

### 1. 创新管理体系的 7 个关键要素

创新管理的成功因素包括 7 个关键要素：组织环境、领导力、策划、支持、运行、绩效评估和改进。系统方法认为这些要素相互关联来确保创新成功。

- 组织环境：识别外部和内部环境，包括机会领域、相关方需求、运营风险和文化支持。
- 领导力：最高管理者展现领导力，承诺创新，设立愿景、战略和方针，明确组织角色和权限。
- 策划：应对变化和不确定性，制定创新实施计划，包括风险和机遇应对、创新目标和组织结构。
- 支持：提供多方面支持，包括具备必要能力的人员、财务、资源、意识、沟通、工具和知识产权管理。
- 运行：使用适当的创新过程，建立和执行创新行动，包括机会识别、概念验证和解决方案开发。
- 绩效评价：定期评估创新管理绩效，使用创新绩效指标，考虑愿景、战略和目标。
- 改进：持续改进创新管理体系，关注环境、领导力、策划、支持和运行的关键差距和偏差，并及时处理。

### 2. 创新过程：五步创新法

为有效把握创新机遇，组织需要规划、执行和监控创新倡议、创新过程及所需支持。创新过程是创新管理体系的核心，具体步骤灵活变化，根据创新类型和组织环境的不同而配置。ISO 56002[1]提出的创新过程包括**识别机会、创建概念、验证概念、开发解决方案和部署解决方案**，如图 14-4 所示。

图 14-4　创新过程

这个过程是连续的、创造性的、实验性的循环，强调探索、获取知识，可根据需要形成灵活、非线性和迭代的通道。建设创新过程时，组织可以借鉴设计思维、精益创业和敏捷开发等多种创新形式和方法。

创新过程遵循下面 5 个基本步骤。

(1) 识别机会：全面收集内外部数据，分析并确定创新机会。通过与顾客沟通，了解可能的困难、时间分配、需求不清晰等，并与其他组织进行比较。

---

1　ISO 56002《创新管理-创新管理体系-指南》是 2019 年发布的一项国际标准，专注于创新管理体系的发展、实施、维护和持续改进。

(2) 创建概念：基于确定的机会，通过创造性思维找出新的解决方案，形成可验证的初步价值实现模型，包括价值主张。

(3) 验证概念：通过研究、试点或实验验证概念解决方案，评估可行性，减少风险，获取知识，并检查知识产权侵权情况。

(4) 开发解决方案：将验证过的概念开发成具有价值实现模型的解决方案，通过迭代确认新服务和新产品。与合作伙伴建立关系，规避风险，解决出现的问题。

(5) 部署解决方案：将易于交付和使用的解决方案交付给顾客，监测使用情况及反馈，检验关键指标，推动持续改进，获取新知识以触发新机会。与市场营销和销售人员合作，提高成功交付的速度。

### 3. 实施创新管理体系

创新管理体系的实施涉及组织机构和文化变革，包括下面 4 个阶段。

(1) 准备：评估现有创新管理能力，了解正在进行的创新活动和管理体系。识别创新机会和挑战，包括用户需求、技术趋势、竞争动态和环境变化。确定创新意图和目标。

(2) 实施：制定创新战略和政策，确定重点领域、资源分配、参与团队，并建立衡量和跟踪机制。从容易实现的计划入手，不断沟通，建立共识，强调能力发展，提供数字工具和方法。

(3) 规模和维护：通过最高管理层的承诺，形成创新投资组合，激励和吸引更多人员和外部合作伙伴参与创新。支持所有领导者树立创新文化。通过营造正向激励氛围，实证创新对组织及所有利益相关者的价值贡献，并维持创新机制的活力与长效性。

(4) 评估和改进：分析和评估创新管理体系绩效是否捕捉到关键创新机会、创新目标是否实现以及是否建立正确的文化。根据评估结果，调整创新战略、重新分配资源、加强合作伙伴参与等，不断改进体系。

这些阶段的成功实施依赖敬业和胜任的创新管理专业人员和高层管理人员的持续承诺。

### 4. 创新矩阵

组织创新并非"万能药"，不同组织需要不同创新能力。实现组织创新使命和愿景的关键在于引入"创新矩阵"组合。这是一组对业务创新影响最大的关键活动集，组织需要优选适宜的创新组合方案。创新矩阵框架包括 4 种创新战略原型和 16 种创新举措，如图 14-5 所示。每个原型并非比其他更优越，而是面对不同情况的不同业务。组织可根据现状及目标，选择多个创新举措形成组合创新架构，支持实现数字化创新的使命和愿景。

图 14-5　创新矩阵

**1) 创新战略原型：实验者——点燃兴趣**

**重点**：自下而上、低投入的内部举措以激发兴趣。

- 内部孵化器：一种组织内部的创业孵化机构，旨在将组织内部的创业者分隔出来，以验证创意解决方案的适合性。
- 实践社区：一个跨职能的创新大师团队，旨在促进创新文化的培养和知识共享。
- 设计冲刺：一种通过与客户一起进行设计、原型制作和测试来探索解决业务问题的快速方法。
- 创新训练营：一种短期创新特训模式，旨在提升员工的知识、兴趣和能力。

**2) 创新战略原型：建设者——变革组织**

**重点**：自上而下、高投入的内部组织变革之举措。

- 创新实验室：一个独立的实体，用于承载在盈利之前具有较高潜力的内部创业项目。
- 创新变革团队：一个负责知识发展和技术开发管理的中央核心创新领导团队，起着集中协调创新工作的重要作用。
- 内部加速器：一个虚拟或实体空间，旨在培育核心组织之外的内部创业项目或公司，并验证其市场的契合度。
- 卓越中心：一个由专家组成的正式团队，旨在协调创新举措，并将创新 DNA 嵌入组织。

**3) 创新战略原型：探险者——发现连接**

**重点**：自下而上、低投入的外部举措以发现连接。

- 外部孵化器：一个旨在支持外部初创企业早期验证的计划。
- 联合实验室：两个或更多组织之间的联合开发测试，旨在验证创意解决方案的适合性。

- 寻究初创公司：一个系统性的过程，旨在识别特定领域内相关的初创企业，并验证它们的潜力，并与其创始成员互动。
- 共创工作坊：与客户或合作伙伴一起进行设计思维活动，旨在将利益相关者共同的问题转化为创意。

**4) 创新战略原型：狩猎者——共创业务**

**重点：** 自上而下、高投入的外部共创业务之举措

- 企业创投基金：一个投资于内外部机会的资金池，旨在组织核心领域之外创造增长的机会。
- 合资合作：两家公司之间建立的正式合作关系，旨在共同启动多个合资合作企业，包括创业项目、融资和并购。
- 外部加速器：为支持外部初创企业的成长和价值评估而设立的(实体)环境。
- 共同探索：由两个或更多组织共同探索的项目，旨在探索前沿技术、场景的市场适应性。

## 14.4.3　数字化黄金圈：4 种不同的创新模式

《数字化黄金圈：企业数字化蓝图与行动指南》一书深度探讨了数字化变革，将其划分为四大战略方向：数字化赋能、数字化优化、数字化转型和数字化颠覆。每个方向采用不同的创新模式，呈现深刻战略思考，如图 14-6 所示。

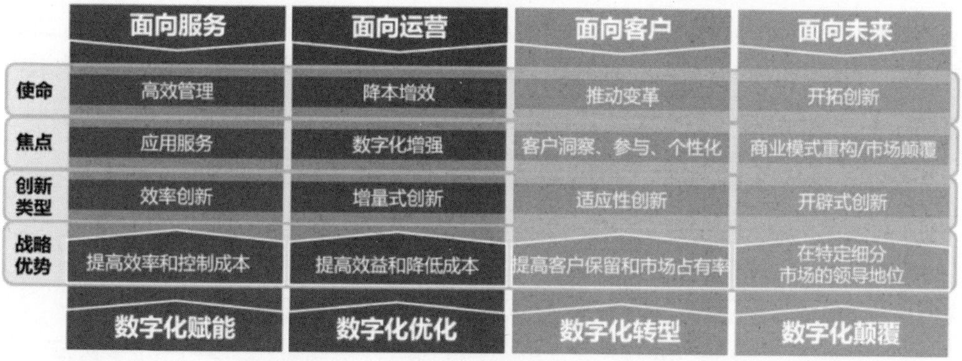

| | 面向服务 | 面向运营 | 面向客户 | 面向未来 |
|---|---|---|---|---|
| 使命 | 高效管理 | 降本增效 | 推动变革 | 开拓创新 |
| 焦点 | 应用服务 | 数字化增强 | 客户洞察、参与、个性化 | 商业模式重构/市场颠覆 |
| 创新类型 | 效率创新 | 增量式创新 | 适应性创新 | 开辟式创新 |
| 战略优势 | 提高效率和控制成本 | 提高效益和降低成本 | 提高客户保留和市场占有率 | 在特定细分市场的领导地位 |
| | 数字化赋能 | 数字化优化 | 数字化转型 | 数字化颠覆 |

图 14-6　组织数字化变革四大战略方向

**1. 面向服务的数字化赋能：效率创新**

关注内部员工，运用数字技术简化运营，提高组织效率和成本控制。核心使命在于高效管理，依赖效率创新。通过数字技术和流程优化提升生产力、降低成本，强调在现有业务框架内引入数字化。

### 2. 面向运营的数字化优化：增量式创新

专注于内部运营模式的数字化升级，通过数字化增强产品服务和重构业务流程，提高效益并降低成本。采用增量式创新，通过小步快走的方式推动数字化优化，不断改进和迭代。

### 3. 面向客户的数字化转型：适应性创新

将消费者置于中心，重塑客户体验和业务模式。通过适应性创新，灵活调整自身以适应迅速变化的消费者需求和市场环境。强调与消费者互动，创造新的数字化产品与服务。

### 4. 面向未来的数字化颠覆：开辟式创新

着眼于未来发展，以数字化作为业务愿景的推动力。通过引入全新的数字化技术，寻求开辟式创新、商业模式重塑和新市场开拓，以改变行业格局。要求组织具备巨大的创新胆识和决心，跳出传统思维模式，重新定义业务。

这一全面的框架帮助组织从多个战略角度思考数字化转型。在数字化时代，组织需要根据战略目标、资源状况和市场环境，灵活选择适宜的创新方法，实现可持续变革和创新。

## 14.4.4  从问题到规模化增长的生意创造框架

在中国数字化创新环境中，我们构建了问题到规模化增长的生意创造框架，涵盖实验、孵化和加速 3 个阶段，确保数字化创新与业务增长目标一致，如图 14-7 所示。

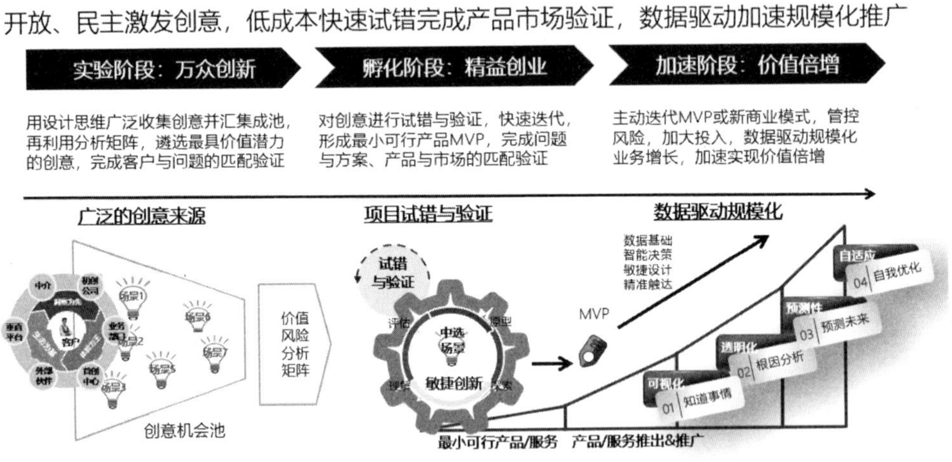

图 14-7  从问题到规模化增长的生意创造框架

### 1. 实验阶段——从构思到孵化决策

- 广泛收集创意和数字化机会点，通过矩阵分析筛选出最具业务价值的概念。
- 实验验证初步战略意图，验证问题与客户的匹配，输出孵化计划书。

### 2. 孵化阶段——从孵化到运营决策

- 利用敏捷和精益原则构建原型，不断调整、迭代，形成最小可行产品(MVP)或新业务模式。
- 通过低成本试错验证问题与方案、方案与市场的匹配，输出运营计划书。

### 3. 加速阶段——从运营到价值倍增

- MVP 或新业务模式经过迭代完善后正式发布，业务进入加速阶段。
- 重点在持续运营和推动改善，通过数据驱动实现快速规模化，联合外部资本加速扩展，实现目标的价值倍增。

通过这一框架，组织能更好地引导数字化创新，确保创新与业务增长目标一致，实现数字化时代的成功。

## 14.5　输入资源

为建立、实施、维护和持续改进数字化变革与创新管理体系，组织需要快速确定并提供以下资源支持。

### 1. 人力资源

- 最高层管理者的参与和承诺。
- 吸引、招聘和留住所需的多样化人才。
- 构建跨学科和多元化团队。
- 制定激励措施，鼓励试错并容忍失败。

### 2. 时间管理

- 建立平衡的时间管理方法，确保在工作时间内进行创新活动和培训。
- 为创新活动留出充足的时间和空间。

### 3. 知识管理

- 采用有效的知识管理方法，获取内外部知识。
- 促进知识获取、再利用、管理和保护。

### 4. 财务资源

- 明确并提供与创新活动相关的财务机会、风险和约束。

■ 设立独立的数字化创新预算，根据风险和类别分批次进行投入。

## 5. 基础设施

■ 提供有形和无形基础设施，包括实验室、软硬件、新技术、网络等。

■ 支持内外部基础设施，考虑分离与共享，综合考虑灵活性、成本效益和协调效益等因素。

# 14.6 总结与思考

在当今市场的迅速变革中，数字化变革与创新已成为保持竞争优势和实现增长的核心策略。为有效迎接这一挑战，培养数字化管理师的能力至关重要。

关键要素包括全面培训和支持，涵盖变革管理、创新管理、沟通技巧等多领域培训，并制定个性化培训计划，采用多元化的培训方式。全方位支持体系提供全面资源支持，包括人力、时间、知识、财务和基础设施，以及个性化的支持。激励与认可机制通过与能力提升相关的绩效奖励和提供晋升通道，激发数字化管理师的积极性。持续学习与评估机制提供持续学习机会，定期评估与反馈，助力管理师不断提升。平衡数字化技术与创新能力包括整合数字化技术与创新思维，实现业务的增长和创新的成功，以及平衡数字化变革与创新，开创新机遇。

培养数字化管理师的能力对组织具有重要意义，通过全面的资源、支持和激励机制，他们将在数字化变革与创新中发挥关键作用，助力组织不断进步，迎接未来的挑战与机遇。

**思考题**

1. 数字化管理师在推动创新时，应如何处理组织内的文化差异和抵触情绪？如何克服组织内可能出现的文化冲突以及员工可能对变革和创新产生的抵触情绪？

2. 如何识别和评估潜在的战略性创新机会？在众多创新点中，如何准确地辨识出与业务战略最契合的创新机会并进行有效的评估？

3. 风险管理在数字化变革与创新中的作用是什么？如何通过风险识别、评估和规避策略，最大限度地降低数字化变革与创新过程中可能出现的风险？

**本章测试题**

1. 为有效推进和管理数字化变革，组织需要拥有精通数字化战略、创新管理、沟通协作等领域的高素质团队。这样的团队旨在_____。

　　A. 提升业务竞争力　　　　　　　　B. 减低组织的数字化复杂性

　　C. 降低资源投资风险　　　　　　　D. 扩大组织的市场份额

2. 下列哪个描述最准确地定义了数字化变革与创新的关系？

    A. 数字化变革主要关注改变组织的结构和流程，而创新则是为了创造新的产品和服务

    B. 数字化变革和创新是两个独立的概念，彼此没有直接联系

    C. 数字化变革与创新密切相关，是为了推动组织数字化转型而进行的变革与创新活动

    D. 数字化变革侧重于技术的应用，而创新则侧重于商业模式的改变

3. 下列哪个 KPI 最能够反映数字化管理师在内部数字化变革与创新能力方面的实际表现？

    A. 组织文化对数字化创新变革的匹配度

    B. 跨部门合作和协作项目数量

    C. 参与培训和学习活动的频率

    D. 与合作伙伴的创新项目合作数量

4. 下列哪个关键要素最能够确保变革计划制订的基础？

    A. 明确未来目标            B. 构建变革体系和架构

    C. 现状评估分析            D. 双向交流与沟通

5. 在组织变革的阶段一"解冻"中，以下哪个步骤是这一阶段的关键任务？

    A. 感召志愿者              B. 排除障碍，促进行动

    C. 组建和完善指导联盟     D. 围绕重大机遇营造紧迫感

6. 在创新过程中，哪个步骤涉及通过研究、试点或实验验证概念解决方案，评估可行性，减少风险，获取知识，并检查知识产权侵权情况？

    A. 识别机会               B. 创建概念

    C. 验证概念               D. 开发解决方案

7. 在建立、实施、维护和持续改进数字化变革与创新管理体系中，哪项资源支持是至关重要的，以确保最高管理层对数字化变革和创新的成功参与和承诺？

    A. 人力资源               B. 时间管理

    C. 知识管理               D. 财务资源

请扫描二维码查看答案解析。

# 第15章

# 效益与价值管理：定义价值目标，引领变革成功

## 15.1 概述

### 15.1.1 背景与目标

#### 1. 效益与价值管理的必要性

随着新一代信息技术的快速崛起，中国正处于数字经济高速发展的新时代，数字安全与经济发展并重。在这个数字时代，数据作为基础性战略资源对经济和社会变革至关重要。企业已经深刻认识到数据的重要性，将其视为战略资源，因此数字化转型已成为不可避免的选择。这一趋势不仅改变了企业的运营方式，也促使企业审视其原有的经营模式。

在数字化时代，企业探索数字化转型路径的同时，引入效益与价值管理显得愈发迫切。以下是加强效益与价值管理的必要性的具体原因。

- 转变思维方式，将数字化视为投资：企业须从传统成本管理的角度转变，将数字化投资视为战略投资，持续建设数字化能力，以在竞争中取得优势。
- 强化计划预算管理，提升执行力：通过实施效益与价值管理，企业能够在计划、预算和决策方面实现更强的执行力，借助客观数据监控效益和价值，确保预期效果的实现。
- 关注投资回报，提高决策质量：基于投资回报率的效益与价值管理有助于企业辨识项目或投资的效益和价值，使企业更集中于价值投资，提高决策的准确性和质量。

- 聚焦核心价值需求，优化资源配置：通过效益与价值管理实践，企业能够将有限资源聚焦于最具价值的业务领域和战略方向，优化资源配置，提高投资回报率，减少不必要的支出。
- 以客户为中心，满足客户需求：效益与价值管理以客户需求为导向，帮助企业更好地理解和满足客户需求，提供符合市场需求的产品和服务，实现核心竞争力，促使企业持续有序发展。

在当前数字经济大发展的时代，随着经济转型和市场竞争的日益激烈，企业需要更加注重价值和效益来保持竞争优势。总之，**效益与价值管理通过投资回报率的测算，用数据支撑决策，将数字化视为战略投资，有助于增强计划预算执行力、提高决策质量、优化资源配置，并更好地满足客户需求，促使企业实现持续有效增长。**因此，中国企业强化效益与价值管理实践显得尤为必要，将有助于在市场中保持领先地位。

### 2. 效益与价值管理的发展

效益与价值管理(VBM)的源起可追溯至 20 世纪 60 年代的英国。当时，英国政府在进行大型基础设施建设项目时面临进度延误、成本超支和效益不佳等问题。为有效应对这些挑战，英国政府进行了效益管理和价值工程的研究和实践，逐步构建了效益与价值管理的整体框架和实施方法。

**效益与价值管理的核心理念**在于通过对项目或投资效益和价值进行投资回报的定量分析和评估，以数据为依据，协助决策者做出最佳决策，从而提升投资的效益和价值创造能力。该方法强调全局观，综合考虑效益和价值在整个企业中的实现，避免只关注局部因素而忽视整体效益和价值。

虽然效益与价值管理最初源于大型基础设施建设项目，但随着时间推移，它逐渐拓展到企业范畴，成为企业管理的重要理念之一。如今，效益与价值管理不仅广泛应用于大型基础设施建设项目，还渗透到企业战略、项目投资、产品设计、数字化项目实施等方面，成为现代企业管理的重要工具和方法。

在数字化项目和企业投资项目领域，效益与价值管理的方法尤为引人注目。**数字化管理师通过学习这一方法，可以培养财务视角的思维方式。**在企业数字化实践和管理中，他们能够站在财务效益与价值的角度，通过投资回报的定性分析和定量评估，用客观数据辅助决策者做出更为优质的决策，从而提升投资效益和价值创造能力。

我们认为，真正成功的数字化项目不仅仅在于实现技术功能和业务效益，更需要将其内化为组织机能，使数字化能力成为企业的核心竞争力。

### 3. 效益与价值管理的目标

企业实施效益与价值管理的**目标是定义价值目标，引领变革成功**。这涉及企业通过专注于业务战略、投入价值资源、解决关键问题、明确绩效价值目标，并适时衡量关键结果，引导团队和企业沿着明确的方向不断前进，并持续关注目标，确保向成功迈进。具体而言，这些目标主要包括以下 4 个方面。

- 解决核心问题，提高企业效益：企业须关注核心问题的解决，通过优化资源配置、降低运营成本、提高生产效率以及控制企业风险，多方协同提高企业效益。效益管理的目标是通过有效管理和控制企业各种成本，降本增效，以最小的成本获取最大的利润。
- 聚焦企业战略目标，增强企业价值：实现企业战略的落地需要全员协同合作，通过优化战略和运营，提高品牌价值和市场地位，可以增强企业的价值。价值管理的目标是通过不断提高企业的核心竞争力和市场地位，形成价值创造-价值评价-价值分配的管理闭环，提高企业的长期价值。
- 资源配置立足降本增效，提高企业竞争力：面对有限的企业资源，投入到价值领域，企业可通过优化资源配置、提高生产效率和降低成本来提高竞争力，同时防范企业风险。效益与价值管理的目标是以核心问题为驱动，数字化投资着眼于降本增效，帮助企业在激烈的市场竞争中保持领先地位。
- 构建科学评价体系，目标导向牵引企业成功：企业通过优化战略和运营，提高品牌价值和市场地位，并构建数字化项目等投资项目的科学评价体系，持续构建数字化能力，以增强企业的持续性。效益与价值管理的目标同样包括构建科学评价体系，以目标导向的方式帮助企业在长期的发展中保持稳健、健康的状态。

## 15.1.2　相关概念解析

### 1. 效益与价值管理的基本概念与内涵

效益与价值管理(Value and Benefit Management，VBM)是一种旨在提高企业决策效率和准确性的综合性管理工具与方法。以下是 VBM 的基本概念和内涵。

**效益**：效益指的是某个决策、政策、项目或投资的影响程度，综合考虑经济、社会、环境等多个维度。这种影响可能包括直接和间接的效益，为决策提供全面的评估。

**价值**：价值是指一个决策、政策、项目或投资所附加的意义、贡献或收益。这可以涵盖生产成本、市场竞争力、公共服务等多个方面，突显决策的综合贡献。

**综合思维**：综合思维强调将效益、价值和各种因素整合考虑，制定最优的决策。这需要从多个角度勾勒风险、机会和利益，考虑不同方案的长远影响，实现科学决策。

**价值链**：价值链以客户为中心，涵盖从生产到销售的一系列活动，持续为客户提供价值。在 VBM 中，价值链被视为一种分析工具，用于了解企业或政府在整个价值链中增加的价值，并通过调整或改进不同环节来提高效益和价值。

**效益与价值管理**：VBM 是一种综合性管理方法，目标在于通过评估和最大化企业的价值创造和效率，提高企业的可持续性和长期发展，持续引领企业成功。该方法融合了金融、战略规划、绩效评估、投资评估、数字化变革规划等多个领域的方法，协助企业制定更为精准的决策，并有效地管理资源分配。

综上所述，效益与价值管理的目标是定义价值目标，引领变革成功，为企业提供一种重视价值创造和效率的方法，以实现企业价值的最大化。效益与价值管理的基本概念和内涵聚焦于关注效益和价值、采用评估方法、实施综合思考、分析价值链等方面。这些方法和技术有助于企业或政府更好地进行决策和资源分配，提高效益和价值，实现可持续发展。

### 2. 效益与价值管理的定位

效益与价值管理的战略定位是一个全面考虑企业价值创造和效率的综合性管理方法，致力于助力企业提高价值创造和效率水平，从而实现长期可持续发展。其核心目标在于促进企业持续发展并取得长期成功。VBM 将企业价值与战略目标、绩效评估和激励机制相结合，帮助企业制定更为精准的决策，优化资源分配策略。应用范围逐渐扩大，不仅仅局限于商业和企业领域，还包括政府机构、非营利组织等。

VBM 的关键特点与优势如下。

- 多领域融合：VBM 结合了多个领域的管理方法，包括战略规划、绩效评估、投资评估、资源分配、数字化变革规划等，以提升企业整体运营效率。
- 战略目标聚焦：专注于企业战略目标，通过优化资源分配、降低运营成本、提高运营质量和效率，最大化提高企业的价值创造能力和效益水平。
- 跨组织应用：不仅服务商业和企业领域，还适用于政府机构、非营利组织等不同类型的组织和部门，体现了其广泛适用性。
- 市场竞争力提升：通过优化战略决策，帮助企业更好地适应市场和行业的发展变化，提高市场竞争力。
- 数字化转型支持：在企业数字化转型项目中引入 VBM，加强效益与价值目标导向，有助于项目的有序开展与实施。

总体而言，效益与价值管理的战略定位强调全面考虑企业价值创造和效率，通过跨领域融合、战略目标聚焦、跨组织应用等特点，为企业提供科学的管理方法，使其在不同领域中实现可持续发展与长期成功。该方法的引入不仅有助于提高企业的运营效率，还为数字化转型项目提供有力支持，使企业更好地适应变革和提升市场竞争力。

## 15.2　效果检验

### 15.2.1　效益与价值管理的测评指标设置

为实现数字化转型的效益与价值管理目标，须设定全面的测评指标，综合考虑多个因素以确保企业在价值创造、效率提升和竞争力等方面取得最大收益。以下是4个方面的测评指标。

- ■　效益方面的测评指标：着重评估项目或投资创造的经济效益，如市场份额、投资回报率、经济附加值、成本效益分析等。这些指标有助于企业衡量经济效益，实现市场竞争下的有效增长。
- ■　价值方面的测评指标：关注企业为客户创造的价值，包括客户订单、客户满意度、品牌知名度、员工满意度等。这些指标有助于评估企业在市场竞争中创造的价值，促使持续有效增长。
- ■　企业竞争力的测评指标：强调构建数字化核心竞争力，通过评定绩效评估和激励机制的公正性、透明度等指标，提高员工的绩效和创新能力，构建价值创造和分配的管理体系，以增加组织活力。
- ■　持续改进的测评指标：着眼于 VBM 的持续改进和优化，包括改进频率、改进成果实现情况等。这些指标有助于确保决策和项目执行能够持续创造最大效益和价值，体现数字化投资的长效机制和持续迭代。

这些综合测评指标涵盖效益、价值、竞争力、持续改进等多个方面，需要全面规划、统筹推进。企业应根据具体情况选择适当指标进行测评，并持续改进和优化。

### 15.2.2　效益与价值管理的衡量标准

效益与价值管理的评估可通过多种衡量标准进行，具体选择应根据情况，对于不同决策或投资，应选择合适的标准。企业应全面考虑多种标准，与目标达成及测评指标有效匹配。建议从4个方面综合考虑，如图15-1所示。

效益与价值管理可以通过多种衡量标准来评估项目、投资或决策的效益和价值。以下是一些常用的衡量标准，选择哪种衡量标准应该根据具体情况而定，对于不同类型的决策或投资，应选择适当的标准来评估效益和价值

| 投资回报率 | 成本效益分析 | 客户价值 | 市场份额 |
| (ROI) | (CBA) | (CV) | (MS) |

衡量标准需要与目标达成及测评指标有效匹配，一般建议从4个方面考虑

图 15-1　效益与价值管理的衡量标准

- 投资回报率(ROI)：衡量投资金额与预期收益的比率，是评价项目或投资效益的核心指标。在数字化转型项目中，如华为的变革项目，采用 ROI 指标，并借助变革绩效评估 TAM 模型，对全生命周期管理变革项目的价值进行管理。

- 成本效益分析(CBA)：用于比较不同决策方案，包括成本和效益两个方面的分析。在数字化项目决策中，需要财务视角评估成本和效益，确保决策得到数据支撑。

- 客户价值(CV)：衡量企业为客户创造的价值，关注解决客户痛点，提供满足客户需求的价值解决方案。客户价值是衡量市场竞争力的重要标准，包括产品、服务和品牌等方面。

- 市场份额(MS)：衡量企业在市场中的销售额或销售量占比，反映企业在市场中的地位和竞争优势。聚焦战略方向，创造客户价值以"多打粮食"，提高市场份额，使企业持续有效增长。

通过综合考虑这 4 个方面的衡量标准，有助于企业全面评估每项决策或投资的效益和价值。

# 15.3  输出结果

## 15.3.1  效益与价值管理的成果导向

企业在实施效益与价值管理时，应注重成果导向，以确保计划预算的有效性和企业发展的可持续性。以下是 4 个成果导向原则，有助于企业以客户为中心，在改善业务过程的同时最大化效益和价值创造，实现长期发展，如图 15-2 所示。

图 15-2  效益与价值管理的成果导向

- 以客户为中心，关注价值创造：将客户期望置于首位，不断改进产品和服务的质量和性能，创造客户价值。以最大化价值为目标，确保所有业务过程都以满足客户需求为导向。

- 优化资源配置，做好责任分配：优化资源使用，追求最大效益，包括资本、人力、原材料、技术和数据等。明确各级责任，分配管理职责，使员工和团队充分认识到自身的角色和价值贡献。

- 加强绩效评估，建立激励机制：设立绩效评估机制，定期评估员工和组织绩效，鼓励卓越表现，推动持续改进。建立激励机制，奖励个人和团队的高绩效，促进组织的发展。
- 增加沟通透明度，坚持持续改进：建立透明的沟通机制，向员工、客户和其他利益相关者公开企业信息，增加信任和共识。采用持续改进方法，通过削减浪费和提高效率，提供更优质的产品和服务。

## 15.3.2　效益与价值管理的体系建设

效益与价值管理的体系建设应该在综合考虑组织情况、实践目标和相关因素的基础上，设计适用的实践框架和工具。这需要引入相关技术、通过培训和沟通机制提高员工的实践能力，并持续进行改进。体系建设的关键方面包括以下 6 个步骤(如图 15-3 所示)。

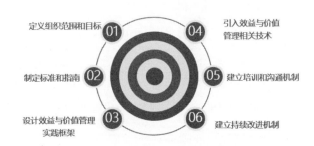

图 15-3　效益与价值管理体系

(1) 定义组织范围和目标：明确企业的效益与价值管理实践范围，制定清晰的目标。通过业务审视，识别关键业务痛点，评估数字化项目对业务的价值。

(2) 制定标准和指南：制定指导性的标准和指南，可参考国际标准(如 ISO 21505:2017)或特定行业的标准。建立数字化项目的定量和定性验收标准。

(3) 设计效益与价值管理实践框架：根据组织特点和管理目标，设计符合实际情况的实践框架，包括决策流程、方法工具、绩效评估和跟踪机制等。

(4) 引入效益与价值管理相关技术：提高效率和精确度，引入相关技术(如项目立项模板、数据分析工具、在线协作平台)，支持效益与价值管理的实践。

(5) 建立培训和沟通机制：传达效益与价值管理实践的重要性，提供员工实施的知识和技能。建立领导小组或专门团队，协调计划和实施。

(6) 建立持续改进机制：通过评估效益与价值管理实践的影响和结果，识别不足之处，并反馈到框架和流程中，以实现持续优化改进。

## 15.4　效益与价值管理体系建设开发过程

### 15.4.1　VADEC 全周期数字化价值增效模型

如今，在商业领域，企业数字化转型已成为关键的战略举措，不仅提升了企业竞争力，还为长期可持续发展奠定了坚实基础。在数字化时代，掌握效益与价值管理成为企业数字化管理师的必备技能之一。接下来，介绍 VADEC 全周期数字化价值增效模型，该模型有助于企业更有效地规划、实施和优化数字化转型中的效益与价值管理实践，从而实现最大化的价值创造和效益提升。以下是对 VADEC 模型的详细解析，如图 15-4 所示。

图 15-4　VADEC 全周期数字化价值增效模型

#### 1. 阶段一：价值——策划与目标确定

在价值阶段，企业需要明确效益与价值管理的目标和范围，确保其与企业愿景相契合，并识别出涉及的利益相关者。这个策划与目标确定阶段的核心聚焦在准备与规划方面，包括明确价值与效益、制定实施计划以及投入所需资源等。虽然企业资源有限，但要解决的问题却不少。因此，在这一阶段，必须识别关键问题、聚焦价值需求，并将核心资源与业务战略相匹配，以确保转型聚焦于核心价值需求，并为后续步骤奠定战略基础。

**1）输出物**

- 明确的效益与价值管理目标和范围；
- 与企业愿景相契合的目标价值；
- 初步识别的利益相关者。

**2）活动步骤**

(1) 确定效益与价值管理的范围和目标。

(2) 确保目标与企业愿景一致。

(3) 识别关键利益相关者。

**3) 输入物**

■　企业愿景和战略；

■　内部资源和能力概况；

■　初始的市场环境分析。

## 2. 阶段二：分析——分析与策略制定

在分析阶段，企业深入研究市场环境、内部资源、利益相关者需求和竞争态势。通过对信息的仔细分析与评估，企业能够确定关键因素，如价值、成本和效益等。此外，企业还能够进行可行性分析与风险评估，以便更好地理解潜在机会和挑战。在这一阶段，对数字化转型效益与价值相关指标的全面分析非常关键，而制定综合而可行的效益与价值管理策略则是将价值目标与实际资源和机会相融合的关键一步。

**1) 输出物**

■　全面的市场环境分析报告；

■　内部资源和能力的详细分析；

■　初步的效益与价值管理策略。

**2) 活动步骤**

(1) 深入了解市场环境和竞争态势。

(2) 评估内部资源和能力。

(3) 确定效益、成本和风险等关键因素。

(4) 制定初步的效益与价值管理策略。

**3) 输入物**

■　企业战略和目标；

■　市场调研和分析数据；

■　内部资源和能力概况。

## 3. 阶段三：设计——计划与设计

在设计阶段，企业需要制定详细的效益与价值管理策略与方案，明确相应的项目或业务流程。通过设计绩效评估和监控方法，企业能够将制定的策略转化为切实可行的操作步骤，以确保数字化转型与价值目标紧密关联。在这个阶段，务必将目标的实现与指标监控相结合，及时进行目标的优化调整。

**1) 输出物**

■　详细的效益与价值管理方案；

■　项目或业务流程的设计与规划；

■　绩效评估指标和监控方法的制定。

**2) 活动步骤**

(1) 制定详细的效益与价值管理方案。

(2) 明确项目或业务流程的设计与规划。

(3) 设计绩效评估指标和监控方法。

**3) 输入物**

■ 初步的效益与价值管理策略；

■ 项目范围和要求；

■ 内部资源和能力分析结果。

### 4. 阶段四：执行——执行与效果监测

在执行与效果监测阶段，企业付诸实施效益与价值管理的计划与方案。同时，还须实施绩效评估和监控方法，以确保计划按预期得以实施。企业在这一阶段着重实际执行效益与价值管理，同时将目标锁定于业务目标的达成。对项目进展与效果的持续监测以及以财务数据推动相关业务的改进以实现预期效果也是这个阶段的关键任务。

**1) 输出物**

■ 实施的效益与价值管理计划；

■ 绩效评估和监控报告；

■ 实际效果和业务改进数据。

**2) 活动步骤**

(1) 执行效益与价值管理计划。

(2) 实施绩效评估和监控方法。

(3) 持续监测项目进展和效果。

**3) 输入物**

■ 详细的效益与价值管理方案；

■ 项目范围和要求；

■ 内部资源和能力分析结果。

### 5. 阶段五：持续改进——评估与持续优化

在持续优化阶段，企业需要对效益与价值管理实践过程与效果进行评估。基于评估结果，对策略、项目组合和业务流程等不断地调整和持续改进，以提高效率与价值创造能力。这个阶段的目标是确保达成预期目标，以数据为导向，实现长期可持续发展和竞争优势。

**1) 输出物**

■ 评估结果报告；

■ 调整后的效益与价值管理策略；

■ 持续改进的项目和业务流程。

**2) 活动步骤**

(1) 对效益与价值管理实践进行评估。

(2) 根据评估结果进行纠正、调整和持续优化。

(3) 改进项目和业务流程，提高效率和价值创造能力。

**3) 输入物**

■　实施的效益与价值管理计划和方法；

■　绩效评估和监控报告；

■　实际效果和业务改进数据。

通过数字化转型效益与价值管理的 VADEC 全周期数字化价值增效模型，可为组织提供一个全面且系统的指南。这个模型帮助组织在数字化转型过程中有条不紊地规划、实施和优化效益与价值管理实践，确保每个阶段都紧密契合价值目标，从明确价值目标到持续优化，引导企业实现效益最大化和价值创造，进而实现长期的可持续发展和竞争优势。

## 15.4.2　效益与价值管理的案例分享

以下是一家高科技制造企业的数字化转型实践案例，展示了效益与价值管理在数字化转型中的应用。**该企业通过实践效益与价值管理，成功地将数字化转型与效益和价值管理紧密结合，使数字化转型成为企业增长和创新的关键驱动力。**

该企业是一家生产和销售通讯设备的公司，通过效益与价值管理的实践，他们成功地在数字化转型方面获得了以下成果。

■　确立明确的数字化目标和策略：该企业结合公司发展战略制定了明确的数字化策略和目标，包括优化流程、加强供应链管理、提高产品质量等，以实现效益和价值的最大化。

■　选择合适的数字化指标：为衡量数字化转型的效益和价值，该企业选择了一些关键的数字化指标，包括结果(如现金流、规模增长、客户满意度)以及能力(如质量、成本/效率)等。数字化转型变革项目立项时，各利益相关者都关心如何评价变革项目的价值，该公司在总结变革实践后，设计出度量变革项目价值的变革绩效评估 TAM 模型。参考 TAM 模型，在项目立项过程中，完成 Value Book 的设计——Value Book 分为两部分：定性描述(目标、范围、变革点)和定量指标承诺。

■　优化数字化决策流程：该企业优化数字化决策流程，形成强有力的数字化变革管理体系，有效地集成了各个部门和系统，建立了规范化的决策流程，在数字化转型过程中做出更准确、更高效的决策。

■　鼓励员工参与数字化转型：该企业鼓励员工积极参与数字化转型，鼓励领导和骨干员工积极参加变革项目，通过绩效评估和激励机制鼓励员工在数字化转型中创造价值。

■ 持续改进和优化：该企业持续改进数字化转型策略和实践，根据数字化指标监测效益和价值的创造，并不断优化数字化决策流程和实践方式，以最大化数字化转型的效益和价值。

这个案例证明，实践效益与价值管理对于企业在数字化转型中获得成功至关重要。企业需要制定明确的数字化策略和目标、选择合适的数字化指标、规范数字化决策流程、鼓励员工参与数字化建设，并持续改进和优化数字化转型过程，以最大化数字化转型的效益和价值。

## 15.5　输入资源

### 15.5.1　效益与价值管理的资源投入

实施效益与价值管理是一项复杂而系统化的工程，为确保成功，企业需要有以下资源投入方法。

■ 高层领导力支持：确保企业高层领导充分支持，对齐公司战略方向，为效益与价值管理提供财务和人力资源，并获得数字化项目预算支持。

■ 跨部门全面配合：确保业务、数字化、财务和人事等部门协同配合。数字化项目须以业务为导向，对接企业价值需求，通过投资收益回报分析，要求业务、数字化和支持部门全面协同。

■ 引入合适方法论：选择适用的效益与价值管理方法，形成企业内部的统一交付语言。利用实操性通用框架，为企业提供指导，确保实施方法的一致性。

### 15.5.2　效益与价值管理的模板工具

为评估投资、项目或决策的效益和价值，效益与价值管理可借助以下模板和工具，以支持更明智的决策。

■ 项目成本效益分析表：用于比较不同决策方案的成本和效益，帮助确定最佳决策，包含直接成本、间接成本、直接效益和间接效益等部分。

■ 项目风险管理矩阵：用于识别潜在风险和障碍，评估其严重程度和概率。列出各种风险和障碍，分析它们对决策的可能影响。

■ 效益与价值指标树：将不同的效益和价值指标与决策或项目相对应，详细列出各种指标、定义和相关性。

■ 变更管理记录表：跟踪投资、项目或决策的变更历史，记录变更的原因和影响，帮助确定后续步骤，防范类似问题。

### 15.5.3 效益与价值管理的关键成功要素

为确保效益与价值管理的成功实施，企业需要注重以下 6 个关键要素。

- 清晰战略和目标，方向大致正确：明确战略和目标，确保决策与企业整体方向一致，以最大化效益和价值。
- 可量化指标，数据驱动决策：选择可量化的效益和价值指标，为决策提供准确数据支持，以更好评估项目或投资的效果。
- 规范决策流程，高效协同：建立规范的决策流程，明确决策授权和责任，确保决策的准确性和高效性，促进部门协同。
- 充分信息共享，有效沟通：确保信息充分共享，建立有效的沟通机制，使决策者具备必要的技能和知识，促成最佳决策。
- 及时绩效评估，激励机制到位：建立及时的绩效评估机制，根据实际业绩制定激励方式，激发员工在决策和项目执行中创造更多价值。
- 持续改进和优化，坚持长期主义：不断评估和监测决策和项目执行，发现并解决问题，持续改进并优化决策和项目执行，保持长期主义的视角。

### 15.5.4 效益与价值管理体系建设的 6 点建议

随着数字化转型的推进，企业的效益与价值管理体系必须适应数字时代的需求。这也成为数字化管理师关键的能力之一。为此，数字化管理师需要整合技术、确定可量化指标、设计决策过程并建立绩效评估体系。以下是企业进行效益与价值管理体系建设的 6 点建议。

- 数字化整合：充分利用数据分析和人工智能等技术，收集、分析、共享决策信息，帮助更好地评估决策效益，及时调整项目或投资。
- 客户导向：在实施效益与价值管理体系时，以公司战略、目标和客户需求为中心，定义可量化、可衡量的效益和价值指标。
- 结果导向：建立绩效评估体系，包括度量指标、数据采集与分析、激励机制等，以评估决策和项目执行的预期效益和价值。
- 数据决策：以数据为依据设计决策过程，确保根据效益和价值指标做出准确决策，并确定针对不同类型决策所需的工具和技能。
- 适应变化：持续监测、分析和改进效益与价值管理体系，适应市场和业务环境变化，建立反思机制实现决策和项目执行的不断优化。
- 理论与实践结合：加强理论学习与实践探索，在数字化转型中，企业须通过实践总结形成适合自身特色的方法和路径，以不断推动效益与价值管理的成功实现。

## 15.6　总结与思考

通过本章的深入研究，我们全面探讨了效益与价值管理在组织数字化转型中的关键作用与价值。我们明确定义了效益与价值管理的内涵与概念，并提供了 VADEC 全周期数字化价值增效模型，涵盖了明确价值目标到持续优化的全过程。在实施执行阶段，我们强调了绩效评估和监控的关键作用，以确保计划按预期有序执行并持续改进。

数字化管理师需要掌握效益与价值管理的能力，以在数字化时代获得竞争优势。本章提供的方法和指导将成为数字化转型中的可靠支柱，帮助组织明确定义价值目标，引领变革成功，并实现长期可持续发展。然而，在未来实践中，数字化管理师需要不断学习和实践，并根据不同组织情况灵活调整效益与价值管理体系。充分利用所掌握的知识和技能将有助于在竞争激烈的商业环境中持续前行，为企业带来持久的竞争优势和卓越的业绩表现。

**思考题**

1. 在当前数字化转型中，你观察到哪些效益和价值管理方面的挑战？请提出可能的改进建议。

2. 基于贵单位的实践经验，你认为效益与价值管理的成功关键因素是什么？请分享在实际操作中如何有效实施这些要素。

3. 在数字化管理师的职责中，如何巧妙平衡效益与价值管理的短期收益和长期战略目标？

**本章测试题**

1. 效益与价值管理的核心目的是什么？
   A. 提高组织的经济效益　　　　　　　B. 实现组织的社会价值
   C. 确保组织的可持续发展　　　　　　D. 满足利益相关者的需求

2. 效益与价值管理的主要目标是什么？
   A. 最大化短期利润　　　　　　　　　B. 实现长期可持续发展
   C. 提高市场份额　　　　　　　　　　D. 增强竞争优势

3. 在效益与价值管理中，关键的成功因素不包括下列哪项？
   A. 定义明确的价值观和目标　　　　　B. 变革管理和文化转型
   C. 单一的财务指标　　　　　　　　　D. 跨部门和跨职能的协作

4. 效益与价值管理的资源投入不包括哪个？
   A. 企业高层领导的大力支持
   B. 业务部门与数字化、财务及人事等部门的全面配合
   C. 引入合适的效益与价值管理方法
   D. 数字化部门内部达成共识

5. 效益与价值管理的设计原则不包括哪个？

    A. 以客户为中心，关注价值创造

    B. 优化资源配置，做好责任分配

    C. 加强绩效评估，建立激励机制

    D. 增加流程透明度，促进协作和打通

6. 在效益与价值管理中，以下哪项措施不是常用的工具或方法？

    A. 平衡计分卡                 B. 经济增加值(EVA)

    C. 市场占有率分析          D. 产品生命周期分析

7. 关于未来效益与价值管理的发展趋势，以下哪项陈述是正确的？

    A. 效益与价值管理将越来越关注短期的财务指标

    B. 效益与价值管理将更加注重跨部门和跨职能的协作

    C. 效益与价值管理将逐渐被传统的财务管理所取代

    D. 效益与价值管理将更加关注产品的性能

请扫描二维码查看答案解析。

# 附录

# 《企事业单位数字化管理师能力评价标准》团体标准

请通过二维码扫描下载官方 PDF 文档。

# 参 考 文 献

[1] 人社厅. 数字化管理师国家职业技术技能标准[S]. 2021.

[2] 国家市场监督管理总局，国家标准化管理委员会. 工业互联网平台 应用实施指南 第1部分：总则：GB/T 23031.1-2022[S]. 2022.

[3] 中央网络安全和信息化委员会. 提升全民数字素养与技能行动纲要[Z]. 2021.

[4] 中国软件行业协会. 企事业单位数字化管理师能力评价标准：T/SIA 035-2022[S]. 2022.

[5] 国家工信安全中心. 全民数字素养与技能发展研究报告[R]. 2022.

[6] DMI. 项目管理知识体系指南(PMBOK®指南)[M]. 电子工业出版社，2013.

[7] 海史密斯. 敏捷项目管理(第2版)[M]. 清华大学出版社，2010.

[8] 中国国家标准化管理委员会. 数据管理能力成熟度评估模型：GB/T 36073-2018[S]. 2018.

[9] 中国国家标准化管理委员会. 数据管理能力成熟度评估方法：GB/T 42129-2022[S]. 2022.

[10] 中国国家标准化管理委员会. 信息技术服务治理第5部分：数据治理规范：GB/T 34960.5-2018[S]. 2018.

[11] 华为技术有限公司. 华为数据之道[M]. 机械工业出版社，2021.

[12] CDA数据科学研究院. 精益业务数据分析[M]. 电子工业出版社，2022.

[13] CDA数据科学研究院. 商业策略数据分析[M]. 电子工业出版社，2023.

[14] 中国国家标准化管理委员会. 基于互联网的个人知识服务通用要求：GB/T 41306-2022[S]. 2022.

[15] 中国国家标准化管理委员会. 知识管理第2部分：术语：GB/T 23703.2-2010[S]. 2010.

[16] 陈珺，卫莹. 新媒体技术环境下传统媒体融合发展的思考[J]. 新闻传播，2022，No.424(07)：59-60.

[17] 广东省智能制造研究所. 一种大型设备的知识图谱构建方法及装置：CN202010234402.3[P]. 2020-06-19.

[18] 陈其伟，左少燕，李圆. 数字化黄金圈：企业数字化蓝图与行动指南[M]. 人民邮电出版社，2022.

[19] 朱雪清，葛杨. 六西格玛管理法在高值耗材管理流程优化中的应用研究[J]. 中国护理管理，2020.

[20] 田西君. 企业管理中的公文收文工作流程优化探讨[J]. 办公室业务，2022.

[21] 陈建光. "流程优化"先要建立流程管理思想[J]. 中国邮政，2009.

[22] 金澎怀. 基于精细化管理的 D 公司固定资产流程优化研究[D]. 浙江工商大学，2022.

[23] 华为企业架构与变革管理部. 华为数字化转型之道[M]. 机械工业出版社，2022.

[24] 中国轻工业联合会. 企业合规师职业技术技能考试指导教材[M]. 中国民主法制出版社，2021.

[25] 王志乐. 企业合规管理操作指南[M]. 中国法制出版社，2017.

[26] 郭清红. 企业合规管理体系实务指南[M]. 人民法院出版社，2019.

[27] 陈瑞华. 企业合规基本理论[M]. 法律出版社，2020.

[28] 华东师范大学合规研究中心. 企业合规讲义[M]. 法制出版社，2018.

[29] 李素鹏，叶一珺，李昕原. 合规管理体系标准解读及建设指南[M]. 人民邮电出版社，2021

[30] 刘新宇. 数据保护-合规指引与规则解析[M]. 中国法制出版社，2020.

[31] 方拯. 企业合规管理实战入门[M]. 北京：人民邮电出版社，2022.

[32] 孟洁，薛颖，朱玲凤. 数据合规：入门、实战与进阶[M]. 北京：机械工业出版社，2022.

[33] 张红旗，杨英杰，唐慧琳，常德显. 信息安全管理(第 2 版)[M]. 人民邮电出版社，2017.

[34] 卞志汉，廖杰熙. 华为风险管理[M]. 中国工信出版集团，2022.

[35] 郭鑫. 信息安全风险评估手册[M]. 机械工业出版社，2021.

[36] 芭芭拉·卡克诺德. 七步掌握业务分析[M]. 北京：电子工业出版社，2010.

[37] 加拿大国际商业分析协会(IIBA). 商业分析知识体系®指南(原版第三版)[M]. 同济大学出版社，2021.

[38] 克莱顿·克里斯坦森. 繁荣的悖论[M]. 中信出版集团，2020.

[39] 库尔特·卢因. 社会科学中的场论[M]. 中国传媒大学出版社，2016.

[40] 约翰 P. 科特. 变革加速器——构建灵活的战略以适应快速变化的世界[M]. 机械工业出版社，2016.

[41] 贝尼昂. 用户体验设计[M]. 北京：机械工业出版社，2020.

[42] 杰西·詹姆斯·加勒特. 用户体验要素：以用户为中心的产品设计[M]. 北京：机械工业出版社，2011.

[43] 加文·艾伦伍德. 国际经典交互设计教程：用户体验设计[M]. 北京：电子工业出版社，2015.

[44] 汤姆·图丽斯. 用户体验度量：收集、分析与呈现[M]. 北京：电子工业出版社，2020.

[45] IBM. IBM 数据治理统一流程[R]. 2010.

[46] ISO. ISO 56000: 2020 创新管理 基础和术语[S]. 2020.

[47] ISO. ISO 56002: 2019 创新管理 创新管理体系指南[S]. 2019.

[48] 网信办. 提升全民数字素养与技能行动纲要[EB/OL]. 2021.

[49] DAMA 国际. DAMA 数据管理知识体系指南[M]. 机械工业出版社，2017.

[50] 人力资源报. 2018 年，你应该学习知识萃取[N]. 2018-01-22(D3).

[51] 太平洋 IT. ChatGPT 是什么 ChatGPT 是聊天机器人吗[EB/OL]. 2022-12-21.

[52] 吴庆海. 人工智能时代下的知识管理[EB/OL]. 行者互联科技. 2019.

[53] The Open Group. TOGAF 9.2 Guide[S]. 2018.

[54] The Open Group. TOGAF 10 Guide[S]. 2022.

[55] The Open Group. IT4IT™ Standard Version 3.0[EB/OL]. 2022.

[56] The Prosci ADKAR Model. https://www.prosci.com/.

[57] SFIA 8 Framework reference. https://sfia-online.org/en.

[58] SkillsFuture Singapore (SSG). Skills Framework for ICT.https://www.imda.gov.sg/How-We-Can-Help/TechSkills-Accelerator-TeSA/Skills-Framework-for-Infocomm-Technology-SFw-for-ICT.

[59] CEN. e-Competence Framework (e-CF)—A common European Framework for ICT Professionals in all sectors: BS EN 16234-1: 2019[S]. 2019.

[60] UNESCO. A Global Framework of Reference on Digital Literacy Skills for Indicator 4.4.2[R]. 2018.

[61] International Institute of Business Analysis. A Guide to the Business Analysis Body of Knowledge (BABOK® Guide)(v2)[M]. Toronto, ON: International Institute of Business Analysis. 2009.

[62] International Institute of Business Analysis. A Guide to the Business Analysis Body of Knowledge (BABOK® Guide)(v3)[M]. Toronto, ON: International Institute of Business Analysis. 2015.